RACIONALIDAD POLÍTICA
DE LAS CIENCIAS Y DE LA TECNOLOGÍA

Ensayos en homenaje de Ricardo J. Gómez

Eduardo R. Scarano
(compilador)

RACIONALIDAD POLÍTICA DE LAS CIENCIAS Y DE LA TECNOLOGÍA

Ensayos en homenaje a Ricardo J. Gómez

Argus-*a*
Artes & Humanidades
Arts & Humanities

Buenos Aires, Argentina - Los Ángeles, USA
2022

Racionalidad política de las ciencias y de la tecnología. Ensayos en homenaje a Ricardo J. Gómez

ISBN 978-1-944508-44-9

Ilustración de tapa: Foto de František G., gentileza de unsplash.com

Diseño de tapa: Argus-*a*.

© Eduardo R. Scarano 2022

All rights reserved. This book or any portion thereof may not be reproduced or used in any manner whatsoever without the express written permission of the publisher except for the use of brief quotations in a book review or scholarly journal.

Editorial Argus-*a*
1414 Countrywood Ave. # 90
Hacienda Heights, California 91745
U.S.A.
argus.a.org@gmail.com

Ricardo J. Gómez

Racionalidad política de las ciencias y de la tecnología

ÍNDICE

Prólogo i

I Un hombre curioso, comprometido y formador

Adenda personal
Tomás M. Simpson 3
Conversación con Ricardo Gómez
Eduardo R. Scarano 5
Ricardo Gómez como filósofo y como docente
Alicia E. Gianella 15

II Cuestiones de Filosofía de las ciencias

Un análisis de la dimensión valorativa en la psicología del desarrollo: los aportes de la categoría de marco normativo de Ricardo Gómez
José A. Castorina y Alicia Zamudio 25
En defensa de un mayor realismo en economía
Leonardo Ivarola 53
El fin de (una manera de practicar) la ciencia
Cecilia Hidalgo 85

Ricardo Gómez y la corriente disidente en la filosofía de la matemática
Javier Legris 103

III Filosofía política de las ciencias y la tecnología

Ricardo Gómez - Un puente entre dos mundos
Mario Casalla 117

El Marx de Gómez - Un comentario crítico
Néstor P. Lavergne   129

*Algunas observaciones respecto de la epistemología
de Ricardo Gómez: una propuesta político-económica
para una vida mejor en comunidad*
Agustín Berasategui y Sandra Maceri   165

Libertarianismo y Justicia distributiva
Gustavo Marqués   185

*Ricardo J. Gómez, el largo camino de la crítica epistemológica
al neoliberalismo*
José Guadalupe Gandarilla Salgado   209

Una filosofía política de las ciencias desde el Sur
Ambrosio Velasco Gómez   231

*La Filosofía de las Ciencias como Filosofía de la Liberación.
Una lectura intercultural nuestroamericana
a textos de Ricardo J. Gómez*
Alcira B. Bonilla   247

ANEXO I

Curriculum Vitae de Ricardo J. Gómez   275

AUTORES   287

Racionalidad política de las ciencias y de la tecnología

Prólogo

Este libro surge como consecuencia del homenaje realizado a Ricardo Gómez en las *XXVI Jornadas de Epistemología de las Ciencias Económicas*, en la Facultad de Ciencias Económicas de la Universidad de Buenos Aires. En esta Facultad tuvo una extensa trayectoria docente desde principios de los setenta, en el período 1973-1976 fue profesor de *Ciencias Fácticas* y *Formalización de Teorías* en el Doctorado y luego de su exilio regresó para dictar seminarios de doctorado después de la vuelta de la democracia y continuó haciéndolo prácticamente sin interrupciones hasta 2016. Participó en numerosos congresos y seminarios vinculados al área epistemológica, supeditados a sus compromisos docentes en la California State University. Por esta razón, no siempre pudo participar de las actividades del *Centro de Investigaciones en Epistemología de las Ciencias Económicas* (CIECE), particularmente de las Jornadas que este realiza anualmente. Viajaba desde California a dictar su seminario de manera intensiva y regresaba rápidamente, pero esto no significa que dejara de impulsar y animar las Jornadas y, desde mucho antes, a consolidar un equipo de investigación que permitió conformar un sólido grupo (Gustavo Marqués, Pablo García, Javier Legris, Silvia Lerner, Eduardo Scarano) y formar colaboradores, becarios y doctorandos. Siempre nos apoyó para la financiación de proyectos aceptando ser la contraparte externa, nos vinculaba con potenciales conferencistas para las Jornadas y les explicaba por qué no podíamos pagar su viaje y, a veces, ni la estadía.

Fueron prácticamente 50 años de pertenencia institucional a la Facultad, y un apoyo fundamental para consolidar el grupo de investigación mencionado y las actividades que realiza el CIECE, actualmente afiliado al *Instituto Interdisciplinario de Economía Política* (IIEP).

Era natural, por lo tanto, realizar un homenaje a su trayectoria que luego de varios imponderables pudimos realizar en las XXVI Jornadas, y del que participaron Alicia Gianella, César Lorenzano y Javier Legris y cuya organización estuvo a mi cargo.

Dado el interés y los debates que despertó esa reunión, nos propusimos profundizar el análisis del pensamiento de Ricardo J. Gómez, invitando a participar en la publicación de un libro en su homenaje, proyecto que rápidamente fue aceptado.

Las razones para este homenaje no se limitan a las señaladas; su influencia en la Facultad fue mucho más amplia. Colaboró en la formación de destacados profesores, de numerosos economistas (Luisa Montuschi, Manuel Fernández López, Jorge Fernández Pol, Omar Chisari, Guillermo Escudé, entre otros muchos), en el área de matemática y estadística (Juana Brufman, Heriberto Urbisaia, Alberto Landro), en Administración (Rodolfo Pérez, Juan José Gilli, Juan Carlos Gómez Fulao), por solo citar solo unos pocos de cada disciplina que el doctorado abarcaba en ese entonces.

Hasta aquí nos restringimos a sus actividades en la Facultad, pero anteriormente las había desarrollado en la de Filosofía y Letras de la Universidad de Buenos Aires, en Humanidades y Ciencias de la Educación de la Universidad de La Plata, en la que además ocupó cargos de gestión, dirigió el Instituto de Lógica y Filosofía de las Ciencias, el Doctorado en Filosofía de las Ciencias y fue Decano de la misma institución. En este período realizó numerosas publicaciones que pueden apreciarse en su *curriculum vitae* al final de este libro.

No solo fue docente, investigador y difusor de Filosofía de las Ciencias, sino que se caracterizó por hacer conocer y debatir las nuevas corrientes de ese entonces como Kuhn, Lakatos, Feyerabend, Laudan.

Su compromiso con la transformación de la realidad para conseguir un mundo mejor excedió el ámbito estrictamente intelectual; desde joven adhirió al peronismo y como alumno en la universidad manifestó su compromiso político formando parte de un grupo que proponía una filosofía de la liberación. Este tipo de compromisos es el que le hizo aceptar la designación de Decano de la Facultad de Humanidades y Ciencias de la Educación en 1973, que le valió el secuestro por las fuerzas represivas y finalmente el exilio.

La dimensión política fue crecientemente tematizada en sus escritos. El problema principal que se planteó fue explicar cómo aparece esta

Racionalidad política de las ciencias y de la tecnología

dimensión en las teorías científicas y en la tecnología cuando se las considera epistemológicamente. Pero nunca cayó en el facilismo y el error de considerar la ciencia, la tecnología y la epistemología simples medios para conseguir fines políticos.

También hay que resaltar la originalidad del pensamiento de Ricardo Gómez, y creo que nada mejor para este fin que señalar que fue uno de los pioneros en el país en reflexionar acerca de la tecnología desde el punto de vista epistemológico. Justamente el título de su último libro muestra el vínculo entre sus intereses más profundos, *Tecnología y Sociedad. Una filosofía política* publicado en el año 2021.

Este libro en su homenaje es apenas un mínimo gesto para señalar la importancia, los aportes y la originalidad de su pensamiento que las contribuciones mostrarán con profundidad y detalle.

Finalmente, mi agradecimiento a los autores de los artículos que conforman este libro por su colaboración permanente y, especialmente, a Lola Proaño Gómez que participó activamente de las diferentes etapas y realizó el anexo final.

Eduardo R. Scarano

I
Un hombre curioso, comprometido y formador

Racionalidad política de las ciencias y de la tecnología

Adenda personal

Tomás Moro Simpson

Considero a Ricardo Gómez un mamífero de alto vuelo, además de un amigo muy querido y hermano de la vida.

Es difícil nombrar a otra persona que, como él, pueda escribir con solvencia y de modo estimulante sobre temas tan diversos como la teoría de la moralidad, la mecánica cuántica (ver su contribución al volumen de *Homenaje a Mario Bunge*, quien elogió enfáticamente su análisis), la epistemología, el infinito matemático y algunas observaciones sugerentes sobre *El Capital* de Marx. Falta sumar a esta lista su erudición tanguera, en particular sobre las letras de Enrique Cadícamo y Homero Manzi, que dieron lugar a diálogos intensos y placenteros.

En síntesis, se trata de un hombre muy curioso.

Quiero agregar aquí tres recuerdos personales:

Primero, debo a Ricardo haberme enterado, tardíamente, (¡Ay!) de la carta que escribió Rudolf Carnap a Kuhn, celebrando su libro *La estructura de las revoluciones científicas*.

Segundo recuerdo, una breve discusión sobre el concepto de infinito en matemáticas: No coincidimos totalmente; pero ello nos llevó a compartir una regla absoluta durante décadas: "Cómplices en la discrepancia" y cualquier desacuerdo fue así, muy afectuoso y fructífero.

Tercero, alguna vez asistí a un Seminario sobre Kant que el dictó y me dejó una marca imborrable. De esta experiencia surgió mi aforismo: "Cualquier duda sobre Kant, consultar a Ricardo Gómez". Esto sucedió después de que Ricardo conociera la magnitud de la crueldad humana durante la dictadura militar. Esta tragedia agregó a su formación académica una dolorosa sabiduría, lo cual no formaba parte, por cierto, de la intención original de los militares que lo secuestraron.

Bien dijo Jeremy Bentham: "*A veces nos preguntamos si los animales razonan, pero es más importante preguntarse si sufren*".

Finalmente me complace decir que una de las muchas cosas que me acercan a Ricardo Gómez es que es un hombre capaz de comprender esta reflexión de Roberto Arlt: "*El gato tiene al hombre; pero al hombre ¿quién le abrirá la puerta misteriosa?*".

Racionalidad política de las ciencias y de la tecnología

Conversación con Ricardo Gómez[1]

Eduardo R. Scarano
CIECE-IIEP, UBA

Comencemos por un panorama de tu rica trayectoria, que no es una trayectoria común. Has pasado por muchas cosas.
Yo diría "cosas que me han pasado". Muchas muy importantes no las busqué, no fueron planeadas, por ejemplo, la nefasta noche en que me detienen. Lo resumiría afirmando que esas imposiciones de la realidad me obligaron a ser de una manera que por mí mismo no hubiera sido.

Respecto de tu formación, ¿cómo llegaste a la filosofía?
Fundamentalmente por algunos de mis maestros. Por ejemplo, Gregorio Klimovsky. Al él le interesaba la matemática y la física, y a mí también, era lo que más me interesaba. Había tomado muy buenas clases de matemática y física, pero tomarlas con él fue distinto. Advertí cosas que no me habían dicho. Las clases de Klimovsky son una de esas cosas que te cambian la vida. No solo era un excelente expositor, sino que hablaba de cosas que a nadie había escuchado.

¿No tuviste influencias más tempranas, en el secundario, por ejemplo?
Sí, aunque son difíciles de precisar, tuve condiciones desde chico. Condiciones en el sentido que no rechazaba esas disciplinas como generalmente hacían los demás.

Cursé el secundario en el Mariano Acosta[2], en la calle Moreno y General Urquiza en la Capital Federal. Quedaba muy cerca de mi casa, a

---

[1] Esta entrevista se desarrolló en dos tramos el 23 de marzo y el 21 de abril del corriente año. El texto en cursiva corresponde al entrevistador y el texto normal a R. Gómez.

[2] Fundada el 16 de junio de 1874 como escuela normal, actualmente se denomina *Escuela Normal Superior en Lenguas Vivas N° 2 "Mariano Acosta"*, es un tradicional establecimiento de educación pública, que abarca desde el nivel primario al terciario. Egresaron

cinco cuadras. Iba y volvía caminando. Me brindó un muy buen nivel y me permitió hacer un puente antes de ir a la universidad. Muchos de mis compañeros se sorprendieron cuando al terminar el secundario en lugar de ir directo a la universidad me quedé en el Mariano Acosta para hacer los cursos de física y matemática, tenía profesores de excelente nivel. Mis compañeros me veían como el modelo del que se iba a la Facultad de filosofía y letras y, sin embargo, me quedé cursando ahí. Y los profesores me entusiasmaron, realmente me entusiasmaron con estas temáticas, aunque tenía muy claro que terminaría en filosofía.

Tenés una fuerte vocación docente, y lo hiciste en todos los niveles.
Comencé enseñando como maestro del nivel primario en la escuela N°4 del distrito escolar 14 del barrio de Chacarita. Ahí tuve como alumno a Mario Casalla -un contribuyente de un capítulo de este libro-, y posteriormente un colega de toda la vida. Tengo recuerdos muy vívidos de la escuela y me emociona no solo pasar por delante de ella sino también evocar distintas situaciones. Era muy joven cuando comencé como maestro, todavía no había cumplido con el servicio militar obligatorio en el ejército, lo hice un año y medio después de incorporarme como maestro.

¿Qué o quiénes te guiaron a la filosofía?
No sé qué fue lo más importante. Como dije, tuve la suerte de ir a la escuela normal del Mariano Acosta, de ahí egresé como maestro normal nacional, luego también egresé como profesor en matemáticas y física. Y ahí tuve la suerte de tener a un profesor muy severo pero que me guió, se llamaba Cosme Lázaro. Cuando terminé el secundario me llamó y me preguntó qué iba a hacer. Le conté que mi proyecto era insertarme en la enseñanza en el profesorado que acababa de terminar. Él me preguntó, ¿usted está seguro de que lo que más le gusta y lo que va a seguir es matemática y física? Le di una serie de razones y terminó la conversación. Al poco tiempo nos encontramos nuevamente y me ofreció una recomendación

---

de él destacados intelectuales y hombres públicos como Manuel Sadosky, José L. Romero, Enrique Santos Discépolo, Leopoldo Marechal, Julio Cortázar, Marcelo Torcuato de Alvear, Isaac Rojas, Américo Ghioldi. (Nota de E. S.).

escrita si llegaba a necesitarla. Pero también agregó un comentario: "Ricardo, usted va a cometer un error. Por lo que usted escribe y por sus exposiciones no estoy frente a alguien que quiere profundizar más en esas disciplinas, sino frente a alguien que realiza reflexiones filosóficas sobre esos temas, tiene por debajo la duda. Piénselo bien antes de iniciar esas carreras." Me hizo pensar en mi vocación y en qué decisión debía tomar.

Esta fue una de las guías, pero aludiste anteriormente a otras.
En efecto, otra influencia muy importante fue la klimovskyana. Lo escuchaba con frecuencia, me impresionaba su entusiasmo por enseñar. Klimovsky vivía preguntándome qué iba a hacer cuando terminara el profesorado. Le decía que iba a ir a la universidad y él agregaba: "¿Y no va a enseñar?"

¿Las vinculaciones con el peronismo se dan desde el Mariano Acosta o, incluso, desde antes? No de tu casa, porque recuerdo que me has dicho que tenían otra orientación política.
El peronismo es muy fuerte en mí, pero no viene de mi casa, todo lo contrario. Mi mamá entendía un poco más pero mi padre era muy antiperonista y no le gustó cuando conoció mi adhesión al peronismo.

Te he escuchado hablar de un profesor de la universidad, de filosofía, que influyó mucho en vos, particularmente en tu peronismo.
El profesor del que hablás fue Mercado Vera, fui ayudante de primera de él en la asignatura Filosofía moderna. Teníamos una relación misteriosa, en el sentido de muchas actitudes y sobreentendidos tácitos. Hay otra persona que me incitó a entrar a la universidad por razones políticas, Amelia Podetti; la conocí antes de entrar a la universidad, ella estaba en el grupo de docentes de Mercado Vera y era *la* peronista del grupo. Mercado Vera y yo estábamos en el grupo político de Amelia.

¿Klimovsky y Mercado Vera enseñaban los dos en la facultad?
Sí, enseñaban en la misma época, pero el primero no veía con buenos ojos al segundo, yo diría que Mercado Vera le producía "alergia".

¿Cómo era Klimovsky en esos tiempos?

Era una persona muy frontal, dura en sus críticas, y antiperonista, declaradamente antiperonista. En eso coincidía con otro profesor de la facultad, Mario Bunge quien en los últimos años cambió de opinión, aspecto que señalé en un artículo que me agradeció.

Tu percepción de Bunge es positiva.

Lo que hizo Mario Bunge por la Filosofía de la Ciencia en Argentina no tiene parangón. Muchos contribuyeron, por supuesto, pero lo de él es inigualable. Además, fue el introductor de la filosofía analítica en Argentina.

¿Enseñar en Filosofía Moderna fue una cuestión de inclinación por esos temas o una oportunidad?

Un poco las dos, pero fundamentalmente fue por mis conocimientos de física y matemática, tenía un perfil que interesaba para conectar esos campos con los problemas filosóficos.

¿Como se produjo la conexión con el Departamento de Filosofía de la Universidad de La Plata?

A través de Ana Maróstica. Ella era docente de Lógica cuyo titular era Rodolfo Agoglia, a su vez director del Departamento de Filosofía en la Facultad de Humanidades y Ciencias de la Educación de la Universidad de la Plata. Maróstica me escuchó dar clases y le comentó a Rodolfo Agoglia quien me llamó para conversar. Rápidamente se manifestaron nuestras coincidencias, entre ellas una de las más importantes, el peronismo. Él me dijo: "Me comentaron que a usted lo vieron en actos peronistas", y le contesté, "Sabe una cosa profesor, qué coincidencia, ¡a mí me comentaron lo mismo de usted!" Me propuso ser profesor del departamento. Siempre me apoyó, nunca me falló.

Por mi experiencia como alumno próximo a graduarme, creo que la época de Agoglia y tuya en el Instituto fue la mejor época de filosofía en La Plata, incluso comparada en ese momento con Buenos Aires.

Considero que sí y que fui parte para que eso ocurra. Agoglia siempre me consultaba antes de traer algún profesor y confiaba en mi cuando le proponía a alguien.

¿Cómo fue la incorporación de Klimovsky a filosofía de la Universidad Nacional de La Plata?

Él vino para el posgrado, para el doctorado que habíamos propuesto en el área de filosofía de la ciencia. Por una parte, lo pedían ciertos graduados, pero por otra parte, producía recelos en otros debido a su posición antiperonista. Agoglia preguntó mi opinión y le dije que era un excelente profesor de filosofía de las ciencias formales, el mejor de Latinoamérica y que si queríamos elevar el nivel del posgrado, tenía que estar.

Tengo la impresión de que, si bien Klimovsky era el más fuerte en filosofía de las ciencias formales, José A. Coffa era el más "moderno" en filosofía de las ciencias fácticas.

Sin dudas, el interés dominante de Klimovsky fue la lógica y la matemática, más tarde se interesa por la filosofía de las ciencias fácticas. Pero fue muy clásico, sostenía posiciones popperianas. Coffa, en cambio, siguió la evolución de la filosofía de las ciencias. Para mí, es el que más proyección futura tenía en el grupo klimovskyano.

Cuando te exilás, el primer país al que te vas es a Estados Unidos.

Efectivamente, primero a Santa Bárbara porque tenía conocidos y, luego, a Indiana. Recién llegado resultaron fundamentales las recomendaciones y los apoyos de Mario Bunge y Héctor Neri Castañeda. A Mario Bunge le hablé, él estaba en Canadá, y me recomendó que insistiera en Estados Unidos. Me dijo, "no se vaya de Estados Unidos. Tiene nombres, véalos y si alguno lo satisface quédese, si ninguno lo satisface, llámeme otra vez". Ahora, el prestigio académico que tenía Castañeda en Estados Unidos era enorme y en realidad era un "abrepuertas" y me ayudó a quedarme en Indiana, lo hice desde 1978 a 1983. Luego de hacer una maestría y el doctorado en Filosofía de la Ciencia continué enseñando en esa universidad. Luego de un año fui a Los Ángeles y, nuevamente, fue decisiva la recomendación de Castañeda. En 1978, Agoglia me invita a Quito.

Esa invitación fue importante en más de un sentido y, hasta decisiva, porque conoces a Lola Proaño.

Sí, la conocí primero como estudiante que asistió a mis cursos. Luego de varios años en mi viaje del 84, ella ya era profesora del Departamento de Filosofía y empezamos nuestra relación. Luego, viajamos juntos a Estados Unidos.

El exilio en EEUU, ¿en qué sentido te cambió la vida intelectual?, ¿qué te aportó?

Si algo me conmovió en la EEUU es cómo fui tratado. Allí está gente con mucho prestigio. Y a pesar de las diferencias, me trataron muy bien y me facilitaron todo. Incluyendo la cuestión económica porque no es fácil; cada hora de materia hay que pagarla. Prácticamente fue una beca total que me permitió dedicarme a estudiar y sacar los títulos que obtuve (la maestría y el doctorado), de otra manera hubiera sido imposible. Becan a muchos, pero con criterios muy selectivos, la contracara es el rendimiento que hay que tener. Y eligen muy bien; tuve compañeros magníficos, como personas, como colegas, y fundamentalmente por lo que tienen, como lo decía Tomás M. Simpson, 'entre las cejas y la caspa'.

Vos estabas preocupado, cuando dirigías el Instituto de Filosofía de las Ciencias y el Doctorado, por las dificultades de los alumnos para escribir tanto artículos como tesis. Era una barrera. ¿Es diferente en EEUU?

Esta es la principal dificultad del que es becado en EEUU. Depende del título que uno está persiguiendo, lo principal es que hay que ser capaz de decir y justificar aquello que no se ha dicho hasta ahora. Este es el criterio fundamental, con el cual estoy de acuerdo para evaluar un trabajo en nuestra área. No doctoran por lo que se dice, sino por lo que se dice que hasta ahora no se haya dicho, aunque sea muy chiquitito. Lo fun-

Racionalidad política de las ciencias y de la tecnología

damental es la novedad. Las tesis generalmente no son muy extensas, algunas pueden tener solo una treintena de páginas, pero traen novedades fundadas de modo que continúan siendo leídas por mucho tiempo.

Es decir, el aspecto más interesante de tu formación allí no fueron los contenidos de filosofía de la ciencia sino la forma de construirlos, el aporte de novedades.

Sin lugar a dudas, mi tesis doctoral de 1982 es sobre el pensamiento de Kant antes de que incorporara los conceptos trascedentales, con un gran trabajo de apoyo en las fuentes. El mayor aporte era que esa perspectiva no la había desarrollado nadie. Sobre Kant se ha escrito enorme cantidad de textos, pero con este tema poquísimos o ninguno.

Aprovechaste tu formación en filosofía moderna con Mercado Vera

Sí, por supuesto. Y reflexionando sobre esto, quizás mi tesis no hubiera sido aceptada en el contexto del área de filosofía de las ciencias en Buenos Aires. Cuando Castañeda leyó el proyecto rápidamente lo aceptó porque me manifestó que eso no estaba estudiado. Coffa fue uno de los jurados, y percibí que no era de su interés este tema, pero como estaba formado en este estilo norteamericano lo aceptó por su novedad.

¿Quién tuvo mayor influencia en vos en Indiana?

Sin duda alguna, Héctor Neri Castañeda. Tenía muchísimo prestigio y bien ganado, escribió mucho y su enfoque era básicamente analítico. Conocía a todo el mundo, y me orientó muy bien en la tesis acerca de qué destacar y qué no, aunque fuera una genialidad, para evitar conflictos. Además, sus recomendaciones fueron importantísimas para que me contrataran como docente.

¿Cómo fue tu contacto con la Filosofía de la Liberación?

Aunque no se llamara literalmente así, la primera etapa fue a través de Amelia Podetti. Luego, en la época en que residía en EEUU, fue importante el contacto con Enrique Dussel. Fue una amistad fuerte y rápida. Una empatía mutua quizá porque él estuvo anteriormente en mi situación.

A Dussel le costó mucho que lo aceptaran, hacerse un lugar, porque no expresaba el pensamiento dominante.

Vos te criaste en una atmósfera católica, ¿la filosofía de la ciencia te hizo rechazar la religiosidad?
Nunca rechacé ese aspecto y pienso que es constitutivo del ser humano. En mi caso particular, quitás eso y desapareció Ricardo Gómez. Ahora, ¿por qué ser religioso está mal, si uno acepta que la religiosidad es una dimensión del ser humano?

Este punto de vista no era común en los setenta en la universidad
Ahora que estamos hablando de esto, quien era profundamente religiosa era Amelia Podetti, lo expresaba en una época que manifestarlo en la universidad era muy difícil, y le costó caro. Pero ella tenía una gran capacidad de respetar, de simpatizar, con quien no coincidía con ella.
Otro que tomaba en cuenta este aspecto era Mercado Vera que no solo le daba importancia a la historia de la filosofía sino también a las filosofías que no necesariamente eran ateas. Esta es una gran diferencia con ciertos filósofos analíticos nuestros en que el ateísmo era una condición necesaria y suficiente para estar incluso en sus clases.

¿Y cuando los demás conocieron estas creencias, afectaron tus actividades académicas?
Tengo que aclarar muy firmemente que, con los más representativos, por ejemplo, con Klimovsky no me afectó, ni siquiera en el plano político. El conocía ambas preocupaciones, la religiosa y mi adhesión al peronismo, pero nunca influyó con sus evaluaciones académicas de mi persona. Si bien él manifestaba su intransigente antiperonismo, nunca afectó sus decisiones sobre mí. Ni viceversa, como dije antes, facilité que fuera profesor en La Plata. Una vez nos encontramos cuando salía de una clase en La Plata, el peronismo había arrasado en una elección, y hablamos del tema. Me preguntó cómo podía ser que un profesor con la preparación que yo tenía y con las clases que daba, pudiera ser peronista. Lo resolvíamos principalmente con humor.

Racionalidad política de las ciencias y de la tecnología

¿Y con Tomás M. Simpson?

El me reconocía que no se podían negar las razones por las cuales el pueblo argentino era peronista. Está la otra faceta, genial de Tomás, con humor acre daba las respuestas más inteligentes. Es muy, muy inteligente, y por eso mismo no se lo puede ubicar mecánicamente. Tiene muchos matices y una visión crítica, sobre todo hasta de lo más pequeño. Como amigo mío siempre fue formidable, especialmente porque siempre sabíamos que uno no pensaba como el otro, no sentía como el otro. Y a pesar de eso, respeto, cariño.

¿Desde cuándo se conocen?

Desde cuando yo hacía la carrera de filosofía en la calle Viamonte. El participaba de algunas clases que le interesaban. Lo admiro también porque es muy poco frecuente que alguien pueda transmitir y discutir posiciones de filosofía de la ciencia a través del arte.

Estuviste muy cerca de Agoglia en el exilio en Ecuador, ¿siguió produciendo?

La vida de Agoglia quedó marcada desde que asesinaron a su hijo por su posición política, por conducir la Universidad de La Plata, fue su presidente en los setenta. Fue directamente un acto de venganza de la represión. A pesar de eso, nunca un exabrupto, un "ya van a ver", solo el dolor irreparable.

¿Qué vivencias tenés de esa época?

Recuerdo la sensación que tenía cuando era Decano en La Plata, se vivía en un clima en el que continuamente me preguntaba cuando salía de la universidad, "¿estará todavía el auto?", "¿llegaré a casa?" Y si se hubiera dado, qué hacías, silencio. Daba casi por sentado que algo me iba a pasar. Antes me preguntaste por figuras decisivas para mí. Si tengo que hablar de figuras decisivas hay algunas que lo fueron porque se los llevaron sin retorno. También hay gente que tendría que haber hablado y no habló. Te conducían a hacerte la pregunta crítica, "y vos, ¿hubieras hablado?" Cuando hago o me hacen esa pregunta, ¿qué les pasó y cómo lo hicieron?, la respuesta es "no juzgues". Lo que mi vida marca es la necesidad del silencio para sobrevivir. Si me pidieran que resuma el centro de la tragedia de lo vivido en esa época [los setenta], la inevitabilidad del silencio como condición de sobrevida. Cuando estuve detenido en Caballería de la Policía en La Plata, te convencen que tu castigo no tiene tiempo, y el silencio es un silencio que tiene que ver con la sobrevida. No solo la propia sino también la de los que conocés o con los que tenés relación.

Estábamos hablando de exilios, ¿tu vuelta a la Argentina fue muy difícil?
Me pasó algo que es muy común, el olvido. Un mecanismo subconsciente de defensa me fue borrando todo; es el mecanismo de defensa más importante en estas situaciones, olvidarse de situaciones traumáticas. Si uno no tiene un mecanismo así, no puede vivir.

¿Vos ves en tu producción etapas o intereses predominantes a lo largo del tiempo?
Tendría que pensarlo, pero puedo decir que he tenido una constante, siempre consideré que debía tener la suficiente estatura personal para no sacrificar nada a mi postura personal político-religiosa.

Seguramente te llamará la atención la respuesta a quien me hiciera esta pregunta: "Diga lo que más le impresionó, algo de lo cual no hubo retorno". Estaba en Santa Rosa de Lima, conversamos con el padre Galassi y este hacia el final de la conversación me dice, "Ricardo, ud. recuerde la frase, 'cordero de Dios que quitas los pecados del mundo, ten piedad de nosotros' y luego se repite la frase y finaliza 'danos la paz'". ¡Fue tanta la paz! y la tuve en mi mente cuando me pusieron frente al pelotón de fusilamiento en el que hasta escuchamos los disparos, aunque fue una simulación, lo último que pensé fue en esa frase.

Es formidable, la esencia del cristianismo. Es lo que más rige mi vida.

Racionalidad política de las ciencias y de la tecnología

Ricardo Gómez: como filósofo y como docente [3]

Alicia E. Gianella
Facultad de Ciencias Económicas-UBA

Quiero señalar, en primer lugar, que es un placer para mí participar en este merecido homenaje a Ricardo Gómez. Hemos sido colegas en algunas oportunidades, y ha sido mi profesor en algunos seminarios, siempre destacado en las distintas funciones.

Fueron varias las opciones que me he planteado para exponer en esta ocasión. Una de ellas, que me pareció importante, fue la idea de hacer un recorrido sobre sus múltiples tareas a lo largo de varias décadas. Señalar, de un modo histórico, la amplia trayectoria que él ha tenido y los aportes realizados, que son muchos. Pero finalmente me atrajo la idea de dejar de lado el ordenamiento temporal, para centrarme en los importantes valores que subyacen a todas sus actividades académicas: ver cómo se asumen y cómo se manifiestan en su trayectoria, en descubrir la manera en que realiza su tarea apoyado en actitudes muy sólidas y positivas. Dentro de ese objetivo me pareció interesante también diferenciar dos tipos de actividades en las que participa: 1) el hacer *Filosofía* (*Filosofía de la Ciencia* en particular), y 2) hacer *docencia* de esa disciplina, por otro. Se trata de actividades distintas, pero que han sido ejercidas juntas por él y han estado muy vinculadas. Hay también una tercera actividad académica que es muy importante, pero que solo mencionaré, que es el desempeño de cargos directivos, tales como el decanato en la Universidad Nacional de la Plata y la dirección del Programa de Doctorado en Filosofía de la Ciencia en esa misma universidad.

Es adecuado ubicar su trabajo en primer lugar en el área de la *Filosofía de la Ciencia*, que es la disciplina en la que más ha trabajado y la que

---

[3] Este articulo forma parte de lo expuesto por la autora en la reunión de homenaje al Dr. Ricardo Gómez, organizado por el Centro de Investigaciones en Epistemología de las Ciencias Económicas (CIECE) en la Facultad de Ciencias Económicas de la Universidad de Buenos Aires en el año 2020.

tiene un amplio alcance. Muy cercana a ella está la *Epistemología*, disciplina orientada al estudio del conocimiento en general y al conocimiento científico en particular, que se la suele considerar como equivalente a Filosofía de la Ciencia, aunque en sentido estricto hay diferencias entre ellas. Esta última disciplina incluye cuestiones metafísicas tales como la naturaleza y rasgos de aquello que estudia cada ciencia, mientras que la *Epistemología* se ocupa de la naturaleza y rasgos del *conocimiento* científico y de los modos de evaluar la verdad o falsedad de las proposiciones. En cuanto a la *ética* la Filosofía de la Ciencia remite a los problemas morales que cuestiona la ciencia, como serían, por ejemplo, la discriminación racial, los riesgos para la salud humana y la contaminación ambiental, entre otros. Hay asimismo cuestiones *estéticas* tales como buscar en la formulación de teorías la versión más ordenada y más simple. También surgen cuestiones emparentadas con otras disciplinas tales como la Historia, la Psicología y la Sociología, que son disciplinas científicas y no filosóficas que se ocupan en determinados contextos del análisis del *rol* que desempeña la ciencia, que puede ser de interés para la Filosofía de la Ciencia.

El uso muy difundido que tiene el término *Epistemología* con el mismo alcance que tiene el de *Filosofía de la Ciencia* tal vez se deba a la importancia central que ha tenido el conocimiento en el estudio de la ciencia por varias décadas.

Además de las dos grandes disciplinas señaladas (Filosofía de la Ciencia y Epistemología), están otras disciplinas más acotadas como la *Metodología de la Ciencia* y la *Metodología de la Investigación Científica*, que pueden ser consideradas de carácter normativo. Como su nombre lo indica refieren a los procedimientos o métodos empleados por la ciencia estipulando cómo debe investigarse. Todas ellas han sido temas de interés para Ricardo Gómez. También hay disciplinas que se ocupan específicamente de determinadas ciencias como es el caso de la *Filosofía de las Matemáticas* y la *Filosofía de la Física*. Nuestro homenajeado ha dictado en más de una oportunidad, al menos, dos de ellas.

Su campo de investigación ha sido muy amplio, ya que se ha ocupado también de otras áreas como la *Lógica*, la *Historia de la Ciencia* y la

Racionalidad política de las ciencias y de la tecnología

Filosofía de la Tecnología. Es importante por último mencionar su formación científica, con sus títulos de Profesor en Física y en Matemáticas.

Todas estas asignaturas, reunidas o separadas, han sido los temas de investigación y de enseñanza de nuestro destacado profesor. En distintos países y en numerosos centros universitarios Ricardo Gómez se ha ocupado de trabajar sobre esos temas y los ha enseñado en varias universidades argentinas, así como en universidades latinoamericanas como la Universidad de Quito y la Universidad Autónoma de Méjico. También en universidades norteamericanas como la Universidad del Estado de California (California State University, Los Angeles) ha practicado y alentado los temas vinculados a la ciencia que acabamos de enumerar.

Según las corrientes en Filosofía de la Ciencia las consideraciones históricas y sociológicas tienen mayor o menor importancia para el análisis del conocimiento científico. En otros casos lo que se privilegia como herramientas de análisis son la Lógica y la Semántica, así como las teorías del lenguaje.

Hechas esas aclaraciones acerca de la tarea profesional y la docencia de nuestro profesor homenajeado voy a pasar ahora a ocuparme de los valores a los que aludí al comienzo: a los múltiples valores que subyacen en ambas actividades, la de filósofo y la de educador.

¿Cuáles son los valores que subyacen a la actividad filosófica de Ricardo Gómez en la Filosofía de la Ciencia (y disciplinas cercanas)?

1.- En términos generales ha sido notable su aporte en *amplitud*, entendiendo por ella la gran cantidad de rasgos y de problemas considerados. La filosofía se destaca por tener márgenes muy amplios que contribuyen a un notable número de teorías y explicaciones. La curiosidad y la voluntad de evaluar distintas posiciones sin establecer límites que pudieran ser sesgados, contribuyó a que se considere con amplitud a las distintas posiciones, sean ellas descriptivas, normativas, empiristas, idealistas, realistas o de otra naturaleza. Esta amplitud lleva acompañada la multiplicidad y cantidad de posiciones a tratar, que bien ejercida lleva a lo que se puede calificar, en el caso de Ricardo Gómez de *erudición*.

2. – La amplitud ha estado acompañada por la *calidad* y por la profundidad. Los problemas que se plantean en las distintas áreas deberán ser relevantes, interesantes, no menores. Se evaluarán los supuestos con los que se inician las investigaciones, su contenido y su calidad. No es suficiente saber, sino saber cosas importantes, significativas, novedosas, y descubrir nuevos aspectos.

3.- Otro valor que pone de manifiesto en la investigación epistemológica es la *confiabilidad* de las afirmaciones, y particularmente de las conclusiones. Lo que se afirma desde la Filosofía de la Ciencia es un conjunto de enunciados confiables en cuanto a su autenticidad y al sostenimiento de razones genuinas que acompañan a las afirmaciones. La situación ideal es que haya pruebas respecto de su verdad, o al menos de un fundamento seguro de que lo que se afirma en Epistemología no sea falso (y tampoco lo que se afirma y se difunde en la ciencia). Se deberá ser responsable de lo que se afirma. La responsabilidad que lleva a la confiabilidad.

4.- También es valioso que se practique una *apertura* a las diversas posiciones que pueden generar controversias. Suele haber posiciones distintas que pueden entrar en conflicto. En esas situaciones habrá que estar dispuestos a escuchar y tomar en consideración lo que afirman otros. Justificar racionalmente las tesis que se sostienen y confrontarlas con otras. Nuestro homenajeado se ha destacado en este tipo de situaciones. Además de la inteligencia hará falta la tolerancia. Poder escuchar otras posiciones y participar de diálogos y discusiones que resulten positivas.

5.- Otros dos valores importantes y de cierta cercanía son la *creatividad* y la *originalidad*. Aportar y evaluar lo que se sabe a través de interpretaciones nuevas. Aportar el reconocimiento de problemas. Buscar las respuestas o soluciones a esos problemas. Generar hipótesis, construir teorías. Identificar conflictos o contradicciones.

6.- Distinguir los distintos *niveles* que no deben ser confundidos. Por un lado, el nivel de los hechos, de lo que acontece y forma parte de la realidad. Un segundo nivel es el que corresponde al conocimiento científico, que hacen afirmaciones acerca de esa realidad (o de *la* realidad). Hay un tercer lugar, que es el nivel de la Epistemología y la Filosofía de la

Racionalidad política de las ciencias y de la tecnología

Ciencia, que hace afirmaciones acerca de nuestro conocimiento de la realidad. Y si hacemos afirmaciones acerca de lo que se sostiene en la Filosofía de la Ciencia y en la Epistemología tendremos que reconocer un cuarto nivel. Esta distinción complejiza aparentemente el campo de la Filosofía de la Ciencia, pero es necesario tenerla en cuenta permanentemente.

7.- Por otro lado, se considera valioso o positivo dar un lugar a las *críticas*. Se considera que es una actividad positiva, un recurso para discriminar lo verdadero de lo falso. La duda, la búsqueda de refutaciones y la evaluación crítica no son destructivas, sino que tienen mucho valor. El dogmatismo, en cambio, es un mal recurso, no es la defensa de lo que creemos que es verdadero. Es positivo considerar críticamente las ideas, las teorías y las conjeturas. Es positivo aceptar las críticas y deliberar sobre ellas. No es bueno adoptar actitudes dogmáticas y cerradas frente a la evaluación crítica.

8.- Es importante revisar críticamente el conocimiento que se va construyendo e identificar y analizar los *supuestos subyacentes*. Siempre estuvo dispuesto a ejercer una evaluación crítica muy refinada. Me refiero a su capacidad para revisar los supuestos subyacentes, a investigarlos cuidadosamente y sin prejuicios, con la posibilidad de abandonarlos.

Todos los puntos señalados son rasgos que he encontrado y podido reconstruir a partir de sus artículos, sus conferencias, sus libros y sus seminarios. Tal vez hay otros que no he podido registrar. Veamos ahora como opera la actividad docente.

¿Cuáles son los valores presentes en la actividad docente?

Se trata de valores importantes, si bien son bastante ignorados. Difícilmente aprendamos de alguien que no asume esos valores. Aún las personas adultas y experimentadas son sensibles a estos aspectos en situaciones de aprendizaje.

Se trata de múltiples valores, algunos de ellos muy básicos, que se ajustan a cualquier actividad educativa. Veamos cuáles se presentan en la actividad docente de nuestro homenajeado, y de qué manera.

1.- Tener como meta despertar o aumentar el interés por el conocimiento, generar curiosidad.

2.- Facilitar el aprendizaje. Dar lugar a los alumnos para que expresen sus dificultades y contribuir a resolverlas.

3.- Alentar la reflexión acerca de los contenidos expuestos por los distintos autores estudiados. Generar debates que alienten la comprensión de las posiciones diferentes en los distintos textos.

4.- Proveer de las herramientas que permitan entender los aportes de la Filosofía de la Ciencia (y disciplinas cercanas). Ayudar a alcanzar el nivel de abstracción de las ideas en discusión. Buena parte de las dificultades en la comprensión de la Filosofía de la Ciencia se presentan cuando no se ha reconocido la existencia de los distintos niveles en el discurso epistemológico ya señalados (punto 6. de los valores anteriores) Parte central de la enseñanza y el aprendizaje es el reconocimiento de los cuatro niveles, tanto en Filosofía de la Ciencia como en Epistemología. El cuarto nivel debe ser estimulado por la actividad docente, donde se puede caracterizar y evaluar lo que se sostiene en el tercer nivel. El alumno y el docente pueden analizar y opinar lo que se afirma, criticar o aplaudir en relación con el nivel tercero que desempeña la Epistemología o la Filosofía de la Ciencia.

5.- Deberá enseñarse a lograr un adecuado uso del lenguaje, que no sea vago ni ambiguo y se lo pueda comprender. Deberá haber un uso del vocabulario epistemológico y en alguna medida del científico, que sea adecuado, compartido por el docente y los alumnos. Deberá haber una semántica consensuada, y se requiere de un lenguaje accesible y claro acompañado de la claridad expositiva.

6.- Un valor importante es el logro de la calidad argumentativa, en la que se ponen en juego algunas habilidades. Una de ellas es la lógica, y en parte también la retórica. Defender una idea es saber dar razones para adherir a ella. Descubrir y señalar errores y falacias es parte de la tarea.

7.- Hay otros valores básicos que han estado siempre en Ricardo Gómez: el respeto a los alumnos y el modo afectuoso de ejercer la docencia. Estar disponible a consultas, generar climas favorables a pesar de que los temas que se traten tengan dificultades, por lo que presuponen y por lo complejos que suelen ser.

8.- Tener en cuenta que lo que parece racional, no siempre lo es. Puede haber motivos ocultos que llevan a aceptar determinadas creencias, que deben ser analizadas y evaluadas cuidadosamente.

9.- Lograr transmitir las ideas con claridad. La tentación de la filosofía es la oscuridad, pero la claridad es uno de sus principales valores. La búsqueda de ejemplos diversos suele ser un buen recurso utilizado para la comprensión de las teorías científicas y epistemológicas.

Termino mi exposición agradeciendo a Ricardo Gómez el gran aporte que ha realizado para la comprensión y desarrollo de la disciplina en nuestro país y también en otros países en los que ha trabajado, donde un gran número de alumnos se han beneficiado (nos hemos beneficiado) con la gran calidad humana y académica del homenajeado. Ha quedado sin comentar la amplia cantidad de sus publicaciones: los artículos publicados en revistas especializadas y valiosos libros, acorde con los valores señalados tanto en lo educativo como en su contenido.

II

Cuestiones de filosofía de las ciencias

Racionalidad política de las ciencias y de la tecnología

Un análisis de la dimensión valorativa en la psicología del desarrollo: los aportes de la categoría de marco normativo de R. Gómez

José A. Castorina
Conicet; Facultad de Filosofía y Letras, UBA;
Universidad Pedagógica Nacional (UNIPE)

Alicia Zamudio
Universidad Nacional de Lanús) / Programa UBA XXI (UBA) /
Instituto Superior del Profesorado Joaquín V. González

Introducción

Los autores de este trabajo hemos sido alumnos del Dr. Ricardo Gómez, en diferentes circunstancias: Castorina en los inicios del Doctorado de Epistemología en la Universidad Nacional de La Plata, hacia 1973, interrumpido por la misión Ivanissevich, en 1975. Por lo demás, formó parte de un grupo de "platenses" que acompañaron el decanato de Ricardo Gómez en la Facultad de Humanidades, en la época previa a la dictadura militar, y compartieron las vicisitudes académicas y políticas de la universidad pública. Desde entonces, siguió con discontinuidad el vínculo especialmente basado en el reconocimiento de su obra. Por su parte, Alicia Zamudio ha participado de diversos seminarios dictados en la Facultad de Filosofía y Letras de la UBA entre 2007 y 2010. Ambos compartimos el respeto y admiración no solo por su trayectoria académica y su producción intelectual sino, sobre todo, por su capacidad para comunicarla y compartirla generosamente a través de la enseñanza. Ambos nos sentimos influenciados por su pensamiento, sus sólidas y enriquecedoras ideas y sus reflexiones agudas y críticas sobre distintas perspectivas en el campo de la Filosofía de las ciencias. En tanto alumnos, académicos y autores nos sentimos ante la responsabilidad de vincular nuestros modestos trabajos con su rica producción epistemológica. Básicamente, consideraremos los trabajos de Ricardo Gómez sobre la intervención de los valores en la práctica de las ciencias, y sus consecuencias para pensar la objetividad, aunque desde el punto de vista de nuestros propios enfoques y en relación con los campos de conocimiento acerca de los cuales venimos reflexionando. Es decir, sus tesis y argumentos han marcado nuestras reflexiones acerca de la relevancia y significado de los valores no epistémicos en la investigación de la psicología del desarrollo y del cambio conceptual. Nuestro propósito no es hacer un examen cuidadoso o erudito, ni una discusión crítica de sus ideas, sino mostrar la fertilidad de su modo de caracterizar a esos valores en la investigación, al ser extendido o reconsiderado para un campo de conocimiento peculiar. En este trabajo intentamos asumir una posición no de un *lector* que se ocupa de interpretar sus textos o de comentarlos sino de *auctor*, en tanto dialogamos con él y su obra desde nuestra propia interpretación de los problemas epistemológicos de la investigación psicológica.

El marco normativo y su relación con otras categorías epistemológicas

Ricardo Gómez (en adelante RG) ha dedicado muy especialmente sus obras de los últimos años a la relación entre ciencia y valores y ha sostenido la tesis de que la dimensión valorativa es inherente a la producción del conocimiento científico (en especial 2014a; 2014b, 2020). Ha analizado distintas perspectivas epistemológicas a lo largo del tiempo respecto de los modos en que han considerado la cuestión de los valores, así como las controversias suscitadas en torno a este problema. Revisitar la propia historia de la Filosofía de la ciencia desde este eje le ha permitido poner de relieve algunas discusiones no siempre visibilizadas como, por ejemplo, reconsiderar la historia oficial del Círculo de Viena a la luz de los compromisos valorativos de sus miembros y la incidencia de esos compromisos en sus concepciones filosóficas. Así, destacará que la historia oficial siempre ha soslayado que toda la postura, *incluso su fuerte inclinación al empirismo y la reverencial dependencia de la lógica era parte de un proyecto político emancipador y funcional a él* (Gómez, 2014a, 18). Al mismo tiempo analizó en detalle las perspectivas de Carnap, Neurath y Frank y sus diferencias en la consideración de componentes valorativos en sus respectivas teorías de la ciencia. En este sentido, destacó la notable consistencia de estos representantes del ala izquierda del Círculo al afirmar la imprescindible presencia de valores no cognitivos en la justificación de la aceptación o rechazo de hipótesis y teorías.(Gómez, 2014) Del mismo modo, critica exhaustivamente la perspectiva popperiana, que representa para RG el máximo exponente en la defensa de la neutralidad valorativa y, por tanto, de la negación de la incidencia de valores no cognitivos en las teorías y en toda forma de actividad científica. Analizó asimismo las filosofías surgidas a partir de la segunda mitad del siglo XX: Kuhn, Lakatos, Feyerabend, Laudan y más actualmente la perspectiva de Kitcher (2001). En todos los autores Gómez considera las categorías epistemológicas centrales para el análisis de la ciencia (teorías, paradigmas, programas de investigación, tradiciones de investigación) y, en qué medida, éstas incluyen la dimensión valorativa, la eluden o invisibilizan.

Si bien la cuestión de los valores estuvo presente en las perspectivas de los miembros del Círculo de Viena, como destaca RG, la categoría clásica de teoría como producto lógico lingüístico dejó a la cuestión de los valores como condiciones externas. La apelación a la historia de la ciencia de los filósofos post positivistas restituyó para el abordaje de los problemas epistemológicos al sujeto de la ciencia -la comunidad científica (Kuhn, 1962)-, y reconfiguró la unidad de análisis que pasó de las teorías como productos lógico lingüísticos a las prácticas científicas desplegadas en la historia. Estos cambios trajeron aparejadas nuevas controversias en torno de la racionalidad científica y las condiciones de su objetividad. A tal punto que la posdata de Kuhn de 1969 a su obra de 1962, se comprende como una respuesta a las críticas de irracionalismo y relativismo. Otros factores no reductibles al análisis lógico aparecieron como componentes constitutivos de los procesos de producción de conocimiento científico. La tesis de la neutralidad valorativa, sostén de la objetividad científica, se ponía en crisis y junto con ella la dicotomía que la sostiene: hechos/valores.

Nos interesa recuperar este recorrido ya que RG ha puesto de relieve dos cuestiones a nuestro entender fundamentales. En primer lugar, que la cuestión de los valores éticos y políticos no es un tema que se transfiere de la Epistemología a, por ejemplo, la Sociología de la Ciencia. Su presencia es insoslayable en los procesos de producción de conocimientos científicos, en la medida en que estos valores intervienen en la delimitación y la problematización de los hechos del mundo. Constituye así, un tema a ser abordado por la propia filosofía de la ciencia. En segundo lugar, resulta imprescindible generar categorías epistemológicas para analizar las producciones científicas, a fin de incluir la cuestión de los valores no epistémicos, y someterlos a discusión racional. Ello supone que la dimensión valorativa se integra a la racionalidad científica, lejos de atentar contra ella. Al respecto resulta un aporte sustantivo la formulación de la categoría de *marco teórico* (Gómez, 2020) que contiene al *modelo teórico* y al *marco normativo*; este último "está compuesto por los presupuestos ontológicos, epistemológicos y éticos que se asumen a-críticamente, en tanto, por una parte, no son obtenidos o inferidos del mundo factual estudiado ni se someten a testo empírico alguno."(Gómez, 2020, 50). Como veremos más adelante, esos supuestos pueden permanecer implícitos y conformar una especie de sentido común de los investigadores en algunos casos. Sin embargo, en otros se explicitan o se ponen en situación crítica en especial en contextos de cambios teóricos radicales; o en el marco de concepciones científicas o epistemológicas orientadas por una versión de racionalidad práctica no instrumental y que como tales asumen explícitamente la dimensión ético valorativa y la posibilidad de una discusión racional en torno a supuestos y valores.

En algunos de nuestros trabajos (Castorina, 2013; 2016; 2020; Sadovsky y Castorina, en prensa; Castorina y Zamudio, 2019; 2020) sobre las producciones de teorías en psicología y las investigaciones en el campo educativo hemos indagado en el componente valorativo y en los supuestos ontológicos y epistemológicos que permanecen –en buena medida- implícitos en las investigaciones. Nos hemos referido a las categorías que en la historia de la filosofía de la ciencia han posibilitado su análisis y hemos apelado particularmente a la noción de *marcos epistémicos* (en adelante ME), formulada por Piaget y García (1981). Nos interesa pues especialmente analizar las semejanzas, diferencias y relaciones entre algunas de estas categorías y la propuesta de RG de marco teórico (en adelante MT) y marco normativo (en adelante MN).

Racionalidad política de las ciencias y de la tecnología

Para los fines de este trabajo nos limitaremos a la comparación con la categoría de paradigma (Kuhn, 1962 y 1977) y con la de ME, sobre la que hemos trabajado en otras presentaciones. En primer lugar, RG en la línea de la filosofía post positivista, cambia la unidad de análisis a una más amplia y de naturaleza histórica. En este sentido reconoce a Kuhn el haber roto con el *dictum* de una ciencia sin sujeto otorgando un lugar central a la comunidad científica como sujeto de la ciencia. Para Kuhn, "los hechos" están seleccionados y conformados por el paradigma que, al cambiar, transforma el mundo a estudiar. El paradigma tiene entre sus componentes supuestos ontológicos y epistemológicos, ciertos principios más abarcativos que las leyes de una teoría. Pero la revisión de RG se focaliza en el papel asignado a los valores en la aceptación o rechazo de teorías. Desde *La estructura de las revoluciones científicas,* Kuhn sostuvo que no hay reglas ni algoritmos de decisión porque los que se consideran rasgos de una buena teoría científica (adecuación, alcance, simplicidad, entre otros) no funcionan como reglas sino como valores. Así, en determinado momento unos valores pueden considerarse de mayor relevancia que otros, y esta variación en la jerarquía estará dada, en definitiva, "por otros factores relevantes para la elección que están fuera de la ciencia" (Kuhn, 1977, 325). En alguna medida, aunque Kuhn centró sus análisis en los valores epistémicos o cognitivos, al introducir la práctica científica y la dimensión valorativa debió admitir que esta no puede restringirse a estos valores. Sin embargo, no parece haber logrado deshacerse del todo de la dicotomía externo/interno o ciencia/sociedad, de ahí que no examinó estrictamente los valores no epistémicos.

A partir de Kuhn y en las filosofías post positivistas la incorporación de la dimensión práctica -particularmente en la obra de Kitcher, a través del concepto de significatividad práctica (2001) y de su crítica al "mito de la pureza"-, da lugar a la revisión de la tesis de la neutralidad valorativa del conocimiento científico. Como veremos más adelante, la objetividad va a ser examinada en relación a los intercambios entre los miembros de una comunidad, históricamente situada, como intersubjetividad. En esta perspectiva, se abre camino un enfoque que amplía la concepción de la racionalidad, más allá de la modalidad instrumental, incluyendo la discusión argumentada de valores y fines de la actividad científica.

Por su parte, la noción de ME involucra tesis filosóficas de orden ontológico y epistemológico que subyacen a la práctica de las ciencias, con su trasfondo social. Se trata de una concepción del mundo que expresa relaciones sociales y culturales, en una situación histórica, y constituye el sentido común de los investigadores en dicha situación, orientando la actividad científica: "Un sistema de pensamiento, rara vez explicitado, que permea las concepciones de la época en una cultura dada y condiciona el tipo de teorizaciones que van surgiendo en diversos campos del conocimiento" (García, 157). Se trata de una cosmovisión –una concepción de la naturaleza y de la sociedad–, de carácter muy general, y que forma parte del sustento ideológico de una época particular. De ahí que el énfasis está puesto en su intervención en la sociogénesis del conocimiento. Ahora bien, un ME incluye valores no epistémicos, (como el MN) justamente porque los supuestos son inherentes a un contexto histórico, con sus disputas y conflictos sociales, lo que hace inevitable la toma de posición de los investigadores respecto al objeto o frente al mundo social, expresados en los cursos de acción a los que se aspiran. De este modo, si bien la noción de ME no está prioritariamente orientada a la dimensión valorativa, ésta ingresa en virtud de la amplitud que la categoría presenta en relación con el conjunto de concepciones de orden social filosófico e incluso de orden religioso. Principalmente se trata de dar una encarnadura social y contextual a las ideas y supuestos filosóficos, los que resultan insuficientes para dar cuenta del modo en que las concepciones del mundo han restringido la producción del conocimiento (Castorina, 2016). En nuestra perspectiva, a pesar de presentar una cierta vaguedad e imprecisión, la relevancia del ME reside en ofrecer un instrumento para indagar la actividad y producción de la ciencia en la indisociable articulación de aspectos referidos a las propias comunidades de investigación, como los relativos a la sociedad de la que son parte y los contextos históricos de ideas que permean sus producciones (Castorina y Zamudio, 2019). Aquellas tesis básicas y valores asumidos, trascienden los métodos y las teorías, al constituir el contexto en el cual los conceptos teóricos y los preceptos metodológicos se construyen, son las categorías y constructos más básicos del campo. Se puede considerar que todas las teorías y métodos en la investigación científica operan y son formulados en relación de algún ME. Este es preferentemente silencioso –como el MN-, ya que por lo general se impone a los investigadores como "su sentido común académico", asumido acríticamente, sin que sean reconocidas en la ciencia que se hace día a día. Sin embargo, no es seguido ciegamente, entre otras razones, porque las vicisitudes específicas del proceso de investigación promueven su aceptación o su modificación. Un ME es asimilado a los propios términos de los procesos de investigación, se sitúa en el "ciclo metodológico" que Valsiner (2006) reconoció para la investigación psicológica, donde interactúa con las teorías, los métodos, los objetos de conocimiento, las unidades de análisis o los modelos explicativos. Sin embargo, no determina unívocamente los resultados de una investigación, los que dependen de la pertinencia de los métodos y del trabajo de análisis de los datos, desde el recorte del problema hasta la elección de los métodos y las unidades de análisis (Castorina, 2016; 2020). Recíprocamente, los avatares de las investigaciones, o los cambios en los componentes del "ciclo" y las controversias con otras corrientes pueden dar lugar a la revisión de ciertas tesis básicas e incluso antes no explicitadas por los investigadores. Ello evita el riesgo de hacer depender exclusivamente el despliegue investigativo de los supuestos adoptados.

Por último, en un ME encontramos componentes sociológicos, pero también otros que provienen del sistema cognoscitivo. Sin embargo, para Piaget y García, una vez constituido un cierto ME, resulta indiscernible la contribución que proviene del componente social o de los componentes intrínsecos al sistema cognoscitivo. Así constituidos, los ME de diversas épocas y culturas históricas actúan como ideologías que condicionan (pero no determinan) el desarrollo científico. En particular, las preguntas que el investigador puede formularse acerca del mundo y por tanto el tipo de teorizaciones que pueden surgir en ese momento y lugar en los diversos campos del conocimiento. Los factores sociopolíticos y económicos, pero también filosóficos y religiosos, contribuyen a la conformación de un ME, al direccionar ciertas conceptualizaciones, y decidir las preguntas que se pueden formular respecto de un campo de conocimiento (Boido y Baldatti, 2003). En sus últimos trabajos, García (2002) propuso tres componentes del análisis, (en un cierto orden como lo propone RG para marco teórico y teorías, en su último libro): los modos de producción, la distribución de las relaciones de poder, ideas filosóficas y religiosas (como factores del mundo social) de los que emergía una cosmovisión en una instancia histórica, y este es el ME que condiciona los caracteres del conocimiento científico (es decir las preguntas que se plantean). Así, el marco social es indisociable del marco epistémico, pero este es el objeto de estudio epistemológico, porque los factores socio políticos intervienen en el desarrollo de una ciencia por mediación del ME.

Por su parte la categoría desarrollada por RG como nueva unidad de análisis -el MT- consiste en la interacción entre el MN y los modelos teóricos o las teorías científicas propiamente dichas. Tal unidad se realiza en las prácticas efectivas de las ciencias, de ahí que siguiendo a Kitcher, RG nos dice que éstas últimas constituyen las genuinas unidades de análisis. En este sentido, hay una evidente semejanza con la categoría de paradigma, en tanto este último da lugar a un análisis de la práctica de la ciencia y no solo a una versión logicista de la reconstrucción racional, y permite identificar los compromisos ontológicos y también valores asumidos por la comunidad científica. Sin embargo, el modo en que se consideran los supuestos ontológicos, epistemológicos, y hasta los valores éticos, guarda diferencias importantes con la noción de paradigma. De un lado, porque los supuestos mencionados en el MN no derivan solamente de la práctica de la comunidad científica, sino que se vinculan con experiencias sociales y políticas, o aún filosóficas, más amplias que la práctica estricta de una ciencia. Del otro, RG da un lugar prioritario a los valores no epistémicos que, como ya hemos mencionado, fueron reconocidos pero no analizados específicamente por Kuhn, y que intervienen en todas las instancias de las prácticas de investigación.

Entendemos que los MN coinciden en aspectos básicos con los ME, de acuerdo con la caracterización que hemos presentado de estos

Racionalidad política de las ciencias y de la tecnología

últimos: son componentes de una epistemología centrada en la historia de la producción de los conocimientos, de las ciencias como prácticas; involucran valores éticos y políticos y no solo presuposiciones filosóficas; ambos intervienen en el proceso investigativo, sin determinar las características de las teorías o modelos teóricos; ambos son inevitables, son inherentes a la práctica de las ciencias, acompañan a las transformaciones radicales de las teorías; no coinciden con las filosofías argumentadas de los filósofos, sino con una forma de pensamiento "implícito"; finalmente, justamente por el hecho de que buena parte de los científicos no acepta aquella intervención de los presupuestos ni los valores ético y políticos involucrados, las indagaciones pierden el equilibrio dinámico entre las modalidades de conocimiento(particularmente en los casos que hemos examinado: RG el de la economía y en nuestro caso el de la Psicología del Desarrollo)

En síntesis, la relación entre ME y MT, en particular con su componente del marco normativo (MN), muestra el rasgo común más significativo: incluir supuestos ontológicos y epistemológicos, y en especial de orden valorativo no epistémico, como factores de orden epistemológico, inherentes a la producción de la ciencia y no como factores externos. De alguna manera entendemos que ambas categorías disuelven la dicotomía externo/interno así como la dicotomía hecho/valor.

Sin embargo, como hemos esbozado, advertimos que éstas presentan énfasis diferentes. La tesis de los ME hace eje en factores histórico culturales, y en particular en los marcos filosóficos e incluso religiosos que configuran las cosmovisiones. Apunta a la sociogénesis del conocimiento, contra la dicotomía externo/interno, estudiando comparativamente, por ejemplo, el desarrollo de la Física en China y en Europa en tiempos de Newton. (Piaget y García, 2002). En tanto, en la noción de MT y especialmente en su componente del MN, el énfasis está puesto en la cuestión valorativa, contra la dicotomía hecho/valor.

Pese a estas diferencias, el concepto de MN a nuestro entender, guarda importantes semejanzas con el de ME, a partir del cual hemos orientado nuestro análisis de la investigación psicológica y educativa. Como ya hemos señalado, el MN es considerado como una parte central de una nueva unidad de análisis para la filosofía de la ciencia: el marco teórico de cualquier ciencia.

RG utilizó la categoría de MT para aplicarla al caso de la economía y especialmente a las tesis de la economía neoliberal visibilizando sus supuestos. En el caso de la economía neoliberal, el análisis de RG remite a un conjunto de presupuestos ontológicos -la sociedad interpretada como constituida solamente por una agrupación de individuos-, y epistemológicos -el individualismo metodológico y la tesis de la racionalidad instrumental, asociada al cálculo. En el plano de los supuestos ético-políticos, identifica la libertad de mercado, como superior a cualquier otro, advirtiendo que los teóricos no la admiten como valor. Al examinar la teoría de Marx, en un trabajo de 2009, RG subraya que las tesis ontológicas y epistemológicas de Marx son suscitadas por valores, ya que la verdadera ciencia es revolucionaria; ha de ser crítica con el fin de cambiar el orden existente. Así, la Economía política se propone en principio develar los supuestos no explicitados de la Economía, como por ejemplo la propiedad privada (Gómez, 2009). Algunas de sus tesis ontológicas son: la diferencia entre apariencia y realidad, así como, entre otras, el rol de las contradicciones en la dinámica del capitalismo; subsidiariamente, postula ciertas tesis epistemológicas, que la ciencia se aproxima al mundo social independiente de nosotros, o que procede por el camino de abstracciones que van de lo concreto empírico a los conceptos y luego a su articulación para reconstruir la multifacética realidad, etc. La metodología de la investigación y de exposición, se apoya claramente en aquellos presupuestos. De este modo, en la perspectiva de Marx para la economía política, y que RG en sus obras posteriores denominará el MN, no funciona como supuestos asumidos a-críticamente y con carácter implícito. Constituyen puntos de partida declarados de la construcción teórica, en tanto su propósito es develar los supuestos de la Economía que hay que superar, y esto conlleva explicitar especialmente los valores sociales y políticos que están en la base de la ciencia como crítica. A diferencia de lo que sucede con el caso de la Economía neoliberal, Marx explicita desde el primer momento el marco normativo. Según RG, no hay enmascaramiento: "no hay ciencia valora-

Racionalidad política de las ciencias y de la tecnología

tivamente neutra pues ya desde los objetivos de la misma se valoran positivamente la justicia social, la humanización, la cooperación, y se denuestan la explotación, la alienación" (...) "Ciencia es siempre "ciencia para", en aras de objetivos práctico-políticos. Y siempre a partir de "un desde", desde el punto de vista que caracterizó en sus *Manuscritos Económicos y Filosóficos (1844)*" (Gómez, 2009).

Por el contrario, en la economía neoliberal, tales presupuestos no son explícitos, como en la mayoría de los científicos, pero juegan un rol central respecto a la práctica de la ciencia: por un lado, subyacen al recorte de los objetos a ser estudiados; constituyen al mundo de los hechos que se pretende estudiar, de modo que su modificación da lugar a que los investigadores se ocupen de otros hechos; establecen las preguntas que son y las que no son relevantes. Por el otro, el MN no determina a las leyes teóricas (en este caso de la economía), y no podría decirse que éstas se deducen de aquellos presupuestos, en cambio, en todo caso, éstos suscitan las teorías, las condicionan, o las promueven.

Algo que es bien interesante, para nuestro propio análisis, RG señala que al dejar de lado al MN, o al rechazarlo explícitamente, negando que sea parte del modelo teórico, los científicos no incluyen en su producción de conocimiento la búsqueda de coherencia de sus supuestos con otras instancias de su práctica. De ahí que se pierda el equilibrio dinámico entre el nivel empírico, el teórico y la indagación meta teórica. Tal disociación favorece claramente la continuidad o la permanencia del MN, dando lugar a cambios en los modelos, pero subsistiendo el MN, al ser desconocido como tal. Ello equivale a que esos cambios sean limitados, nunca profundamente radicales. Por lo demás, al realizar tal disociación, se enmascara los valores no epistémicos de la ciencia bajo la tesis de la neutralidad valorativa de la ciencia. Sin embargo, siguen operando sobre las diferentes instancias de la actividad científica, desde la formulación de problemas hasta la justificación de sus hipótesis. Aquellos supuestos ontológicos y epistemológicos, así como los valores éticos y políticos, en tanto no son examinados o puestos en cuestión, se vuelven postulados incuestionables y quedan fuera del análisis de la investigación.

Los valores no epistémicos en la psicología del desarrollo y las teorías del cambio conceptual

En lo que sigue, recurrimos a diversos trabajos propios (Castorina, 2013; 2016; Sadovsky y Castorina, en prensa; Castorina y Zamudio, 2020), que apoyados en la noción de ME, han indagado los supuestos ontológicos, epistemológicos y también valorativos, y su intervención en diferentes niveles de la investigación en los campos de la psicología del desarrollo y la educación. Nos interesa especialmente hacer eje en la significación de las contribuciones de RG respecto de la intervención de valores, especialmente no epistémicos en los procesos de investigación.

En los trabajos referidos identificamos como ME la escisión a una concepción que ha presidido –hegemónicamente- (Castorina, 2020) la historia de la psicología. En sentido amplio, se origina en el pensamiento moderno, a partir de Descartes, y en nuestros días, subyace a todas las formas del conductismo o el neo-conductismo; a la versión cognitivista basada en el procesamiento de la información que separa tajantemente el aparato mental de la cultura; al enfoque naturalista de la psicología evolucionista, y aún a ciertas versiones contextualistas que eliminan al sujeto de conocimiento. Este ME no solo orienta (Castorina, 2020) la investigación en psicología del desarrollo, sino también algunas corrientes del estudio del cambio conceptual (Zamudio y Castorina, 2019). En general, el dualismo individuo y sociedad, o naturaleza y cultura, o el reduccionismo naturalista, han marcado el *mainstream* de las teorías psicológicas. Hemos también caracterizado un ME que podríamos denominar dialéctico o relacional, inspirado en el pensamiento de Hegel y de Marx, o en las tesis del enfoque sistémico (Overton, 2014; Whiterington, 2007) que han dado lugar al planteo de nuevos problemas. Así, la psicología de Vigotsky (Castorina, 2013) entre otras, constituye un caso ejemplar de explicitación de ese marco epistémico-dialéctico, comenzando por la crítica del pensamiento de la escisión, sea el dualismo o el reduccionismo naturalista en la psicología de su tiempo. Esta crítica se combina con la adhesión al monismo materialista de Spinoza. De este modo, la dualidad de fenómenos: cuerpo-mente, naturaleza-cultura, exteriorización-interiorización deja de ser una diferencia de esencia entre los términos. En contra del dualismo, Vigotsky propuso en su tiempo una relación constitutiva entre vida intrasubjetiva y práctica social, entre naturaleza y cultura. La tesis ontológica afirma una sola y única materia en perpetua actividad, a la que se puede interpretar no solo en tanto naturaleza sino también como materialidad histórica, esto es, las prácticas sociales que transforman la naturaleza, las relaciones y las fuerzas productivas. Para indagar la emergencia de la vida psicológica de la materia es una condición encarar unidades de análisis que sean relaciones dinámicas entre los fenómenos duales, sea la palabra y la acción social, la naturaleza y la cultura, el signo y la significación, de las que luego hablaremos.

Otra condición central para Vigotsky es la tesis de la existencia de un mundo objetivo, cuyo estatus ontológico último puede ser misterioso, pero que es independiente de cómo aparece a nuestra consciencia. Sintéticamente, los hechos psicológicos que nos son dados en la autorreflexión reenvían a realidades que son independientes de esa autorreflexión. O como decía Marx (1974), la "esencia de la vida social" y en el caso de Vigotsky, la de las funciones psicológicas, nunca coincide con la apariencia, con nuestro sentido común. Los investigadores renuncian, entonces, a tomar como objeto las apariencias y pueden acordar los criterios y los procedimientos de elaboración del conocimiento psicológico (Bronckart, 2002). Las tesis epistemológicas son el rechazo a la lectura directa de la experiencia y a los métodos puramente experimentales, al margen de los problemas teóricos. Se trata de una perspectiva contraria a la escisión epistemológica y centrada en la dinámica de confrontaciones entre los aspectos teóricos y empíricos, con énfasis en la teoría, que resulta compatible con la epistemología pos-positivista. Sobre todo, la recuperación de la dialéctica, en tanto metodología de la investigación psicológica, así como el modo de explicar aspectos centrales del desarrollo psicológico. Vigotsky siguió la dialéctica hegeliana "puesta de pie" por Marx y Engels, en tanto ya no cursa en el terreno del espíritu, sino de la praxis social y en tanto las contradicciones ya no están destinadas a realizar la unidad originaria de ese espíritu (Castorina y Baquero, 2005). La dialéctica como metodología de construcción de la teoría psicológica fue central en la investigación propuesta por Vigotsky, particularmente en lo referido a las unidades de análisis.

El ME relacional -sus tesis ontológicas y epistemológicas- orientó las indagaciones de Vigotsky (Vigotsky,1991; Castorina, 2013) sobre la génesis de las funciones psíquicas superiores, en base a la interiorización individual de las herramientas culturales. La metodología dialéctica para los problemas atinentes a los procesos de desarrollo, se sitúa en aquel ME, y consiste principalmente em un modo de construir la teoría de la formación de los procesos psíquicos superiores. En este último sentido, una manera de formular los problemas de la investigación en términos de la interrelación de los fenómenos que se estudian y de encarar una reorganización teórica de los resultados alcanzados. Así, la unidad de análisis era la identidad de los objetos a estudiar, la que deriva de los sistemas dinámicos, donde están incluidos, de modo que cada parte está definida por sus relaciones con otras partes, en la totalidad, "una unidad de los contrarios"; luego, el énfasis en la oposición de los opuestos de la identidad, en los conflictos mismos, y finalmente, la síntesis de la totalidad, que involucra una o varias resoluciones para superar en términos relativos, los conflictos (entre interioridad y exterioridad del lenguaje; entre sistemas natural y cultural, etc.).

En función de estas caracterizaciones podemos arriesgar que el ME interpretado por nosotros, podría identificarse aproximadamente con el MN en términos de RG. Si bien el primero involucra componentes valorativos, que hemos reconocido y analizado en varios trabajos, la obra de RG ha influenciado nuestras reflexiones, al destacar la primacía de la dimensión valorativa de la ciencia. Citándolo, los valores son "vectores para la acción" encarados positivamente por una comunidad científica y que influyen sobre sus decisiones. Así, podríamos decir que a través del MN que disoció al individuo de las prácticas sociales y la cultura, se ha buscado "el logro del control de los comportamientos individuales", la defensa del "individualismo político" o "la neutralidad valorativa de la ciencia". Una gran parte de la psicología americana profesó la religión laica de "la eficiencia" y "la utilidad", expresadas casi caricaturalmente por el conductismo, en todas sus versiones, mientras el cognitivismo adhirió a la racionalidad y la libertad individuales. Hasta puede afirmarse que fue socialmente guiada por imperativos morales: entre otros, el valor del "excepcionalismo nacional", la creencia en el progreso ilimitado del país, creado por Dios. En este contexto, las ciencias sociales y la psicología –desde el conductismo hasta el cognitivismo naturalista- investigaron bajo la obligatoriedad moral –*urbis et orbis*- de la cuantificación de los fenómenos, del uso decisivo e incondicionado de la estadística, como único modo de "ser científico" (Valsiner, 2012). Por el contrario, los psicólogos culturalistas, críticos o constructivistas sociales, se volcaron hacia la solidaridad o la aspiración de transformar las condiciones de vida de sectores subalternos, hacia la justicia distributiva. Justamente, Vigotsky produjo una buena parte de su obra con el objetivo de contribuir a la constitución del *hombre nuevo socialista*, y sus investigaciones sobre el aprendizaje, las prácticas educativas y aún clínicas se formularon tomando en cuenta ese valor fundamental. Lo verdaderamente significativo es que aquel contexto le permitía llevar a cabo sus valores socio políticos. Habida cuenta que el sistema educativo soviético atravesaba serios problemas, el proyecto de una educación universal para una organización social y económica más justa era pensado como factible. En términos generales, Vigotsky formuló sus propias preguntas de investigación y dio significado a su búsqueda psicológica en función de su perspectiva marxista y de su concepción del hombre nuevo.

En algunos trabajos recientes (Castorina y Zamudio 2019; 2020) hemos analizado los supuestos ontológicos, epistemológicos y valorativos en las investigaciones del cambio conceptual en el aprendizaje de las ciencias (en adelante CC). De manera muy sintética, en este campo convergen investigaciones provenientes de las psicologías de desarrollo desde diferentes vertientes de las psicologías cognitivas, y de especialistas en enseñanza de las ciencias. Las indagaciones responden a concepciones que sostiene la insuficiencia de las explicaciones generales del desarrollo (al modo de la psicogénesis de Piaget) para dar cuenta de las variaciones relativas a los diferentes dominios de conocimiento, y en particular para explicar las dificultades en el aprendizaje en diferentes áreas de la ciencia. A su vez se proponen aportar a las prácticas de enseñanza, al diseño del *currículum* escolar y a la mejora en los aprendizajes. Algo paradójicamente, buena parte de las investigaciones y teorías del CC, particularmente en cuanto a la selección y caracterización de los problemas, no han considerado la naturaleza de las situaciones didácticas. Sin embargo, estas configuran las condiciones y los intercambios para el aprendizaje de conceptos científicos que se adquieren en contextos institucionalizados, que involucran roles diferenciados y procesos específicos de legitimación de conocimientos. Particularmente, en esas situaciones se configura una génesis artificial para el aprendizaje, mediada por diversos instrumentos culturales y especialmente por la intervención intencional del docente. En los supuestos ontológicos del CC intervienen los dispositivos intelectuales o los procesos de elaboración individuales de los sujetos del desarrollo y el aprendizaje, sus concepciones y creencias relativas al dominio objeto de la indagación (físico, biológico, etc.) y los conceptos de las ciencias según sus formulaciones sistematizadas desde los campos disciplinarios, como conceptos a aprender.

Nos interesa destacar especialmente tres tesis básicas de gran parte de las investigaciones sobre CC orientadas por valores no epistémicos, que han operado de modo implícito en los investigadores.

La primera corresponde al modo de interpretar las denominadas ideas previas, ingenuas o los saberes de la vida cotidiana y su papel en los procesos de aprendizaje de conocimiento científico. Como señalan Hallden, Scheja y Haglund (2013) se ha tendido a destacar el carácter erróneo de las denominadas ideas previas de los estudiantes enfatizando sus carencias o insuficiencias. Si bien esta consideración describe el carácter de estas concepciones en su relación con los conceptos elaborados de la ciencia, es importante analizar si al afirmar el carácter erróneo del conocimiento de la vida cotidiana, se legitima una descalificación de los saberes preexistentes. Para muchos investigadores es controversial la idea de concepción errónea en tanto conlleva una valoración subestimadora del conocimiento de la vida cotidiana, desconociendo sus potencialidades para participar de nuevos aprendizajes. Dicha valoración conduce a una idea del CC por sustitución radical. Para Säljo (1991) los sujetos de aprendizaje son caracterizados como carentes de habilidades y modos racionales apropiados para la situación de cuantificar y manejar problemas. Los modos de razonamiento, generalmente académicos y formalmente elegantes, se priorizan como si fueran "mejores" y "los únicos deseables", sin tomar en cuenta lo que el sujeto ha producido e independientemente de lo que esté intentando lograr. Hallden *et al.* (2013) al analizar este problema contrastan esta idea con los trabajos de Piaget que analizó los modos de pensamiento infantil integrados al proceso constructivo del desarrollo cognoscitivo y no como formas de pensamiento erróneo o insuficientes. En clara alusión a la dimensión valorativa de este supuesto, Gupta (2017) señala que las concepciones del CC que interpretan las ideas previas como teorías erróneas, sustituyen la vieja idea del *sujeto página en blanco* por la de *un sujeto que piensa erróneamente*. Y advierte sobre las implicaciones prácticas más allá de las investigaciones, ya que algunos autores han señalado que las clases estructuradas sobre el supuesto del carácter erróneo de las concepciones previas de los estudiantes favorecen la marginación de las minorías o sectores marginados socialmente (Boaler y Greeno, 2000). Por su parte, di Sessa (2017) ha confrontado diferentes perspectivas del CC acerca de las ideas previas y su papel para el aprendizaje, considerando un evento de aprendizaje escolar en física. Al respecto resulta elocuente el caso presentado y las preguntas que suscita: al inicio de la clase, al ser consultados los estudiantes acerca de qué sucede cuando se saca un vaso de leche fría del refrigerador y se lo deja en la mesa de la cocina, uno de los estudiantes describe a la habitación y a la mesa en una batalla metafórica para alcanzar el equilibrio: "la leche ha sido vencida por la habitación porque el más fuerte afecta al más débil". ¿Desde qué perspectiva la explicación que proporciona el estudiante, proveniente del conocimiento cotidiano, puede ser evaluada como deficiente o productiva?, y ¿bajo qué condiciones ésta puede emerger y considerarse una respuesta legítima y factible en el marco de una clase de ciencias? Según Gupta (2017) la postura epistemológica del estudiante sobre una explicación plausible puede no encontrar condiciones para emerger bajo ciertas normas sociales y epistémicas de la clase.

No se trata de analizar la continuidad o discontinuidad del conocimiento ingenuo respecto del saber experto sino de analizar y comprender el significado del conocimiento "ingenuo" para la producción de nuevo aprendizaje de acuerdo con las diferentes interpretaciones. Para este autor los diferentes modelos de la cognición de los estudiantes no es un asunto teórico sino de "justicia social". Y concluye: "la comparación entre perspectivas acerca del aprendizaje necesita moverse de la fría posición clínica al conocimiento de cómo las preferencias teóricas están entramadas a valores". (Gupta, 2017, 39).

Resulta especialmente interesante este caso, porque son los propios investigadores quienes se involucran en las controversias y en el análisis de material empírico, mostrando la influencia de valores no epistémicos. Es decir, el MN es visibilizado y puesto en discusión mediante una reflexión epistemológica de los propios actores del campo, quienes ponen en consideración la dimensión valorativa.

Las otras dos tesis que son parte del MN de las investigaciones del CC, corresponden a la primacía de un sujeto individual y homogéneo social y culturalmente. (Castorina y Zamudio, 2020). Las discusiones, en este caso, contraponen la concepción de un sujeto individual, que hace una elaboración cognoscitiva interna, con escasas o nulas referencias a la intersubjetividad y el carácter social de los procesos de aprendizaje de conocimientos científicos en el espacio escolar. Al examinar críticamente las versiones clásicas del CC, Miyake (2008) destaca la necesidad de considerar el cambio de conceptos con eje en la colaboración y reflexión compartida entre alumnos con docentes y con pares. La reducción del problema a investigar a la dimensión cognitiva individual o, por el contrario, valorar la colaboración y la intersubjetividad, involucran diferencias sustantivas en todas las fases de la investigación, desde la caracterización del problema, la selección de las unidades de análisis, los métodos y la interpretación de los datos. Inagaki y Hatano hacen referencia explícita a la dimensión valorativa, cuándo señalan que las indagaciones del CC han sido "demasiado cognitivas y demasiado individualistas" (Inagaki y Hatano, 259). Nuevamente, la controversia en términos de valores surge de la discusión entre los propios investigadores. Claramente, ha predominado el individualismo cognitivo, con exclusión de la actividad intersubjetiva, y una desvalorización del saber docente, al desconocer su protagonismo en la promoción del CC.

Además de concebirse como individual el sujeto en las investigaciones del CC se concibe desde el supuesto de homogeneidad cultural. En la mayoría de los estudios se considera un sujeto con independencia de su pertenencia a un mundo cultural con sus propias características, una expresión de la preeminencia de la cultura occidental y, en particular, ciertos "patrones de racionalidad universal" relativos al conocimiento científico, que deben ser alcanzados como meta de los procesos de cambio. Por el contrario, una posición favorable a la interculturalidad y diversidad de identidades en los estudios de CC, puede reorientar profundamente las indagaciones. Se trata de identificar la riqueza y variedad de los conocimientos previos de los estudiantes, entendiendo su pertenencia a diversas culturas, en base al reconocimiento de su valor, igualdad y dignidad. Y asumiendo que el intercambio con el saber científico produce un enriquecimiento mutuo. Suponer la homogeneidad invisibiliza la diversidad de las sociedades y contextos escolares, de los sujetos y grupos culturales que las integran; en tanto que reconocer la heterogeneidad hace visible el conflicto o las asimetrías de poder que siempre han permeado la diversidad cultural. Y muchas veces, la desigualdad en la distribución social del conocimiento en los sistemas escolares.

Objetividad del conocimiento sin neutralidad valorativa

En base a todo lo dicho, nos planteamos la cuestión central: ¿el reconocimiento de los valores éticos y políticos en la investigación psicológica elimina la objetividad, en cualquiera de sus significados y enfoques?

A este respecto, los trabajos de RG hacen una contribución muy significativa para sostener la objetividad del conocimiento científico, reconsiderando dicho concepto, al incorporar los valores no epistémicos en la producción y validación del conocimiento científico. Al mismo tiempo esa intervención es concebida como ineludible y legítima. Es decir, la tesis de neutralidad valorativa no es condición necesaria de la objetividad. En este sentido, ha propuesto argumentos convincentes en contra de la dicotomía clásica entre hechos y valores y ha situado a valores éticos y políticos en los MN de la economía política en particular de la versión de Marx (Gómez, 2009) y de las del neoliberalismo (Gómez,1995; 2020) Asimismo, ha defendido la posibilidad de una discusión argumentada entre los científicos sobre los valores.

Estas ideas representan un aporte a las reflexiones presentes en buena parte de nuestros trabajos referidos a este tema (Castorina, 2016; Castorina y Zamudio, 2019; Castorina y Zamudio,2020). Ante todo, recordamos que los presupuestos ontológicos y epistemológicos del ME como del MN, no determinan los procesos de investigación, se integran a un ciclo metodológico, que tiene su propia densidad y especificidad epistémica, y que funciona como una totalidad relacional produciendo la aceptabilidad o rechazo de las hipótesis. En este sentido, ningún método (sea clínico, etnográfico, ANOVA o escalas estandarizadas) garantiza por sí mismo, disociado de aquella totalidad dinámica, la objetividad del conocimiento. En cambio, el cognitivismo y el conductismo, en todas sus versiones, incluso el enfoque naturalista hegemónico en neurociencia cognitiva, han defendido la "unicidad del método científico" como garante de objetividad.

Ahora bien, la pertinencia de los valores no epistémicos y su intervención en la práctica de las ciencias, plantea el problema acerca de cuál es la naturaleza de la objetividad, en contra de la tesis de que una investigación es objetiva si se descartan los juicios prácticos o valorativos, hegemónica aún en muchas investigaciones en psicología. El oficio del científico supone el atenerse "al método científico", utilizado desinteresadamente. Por el contrario, hemos mostrado que aquellos valores han orientado, al menos parcialmente, la psicología del desarrollo y del CC, muy especialmente en la búsqueda de evidencia. Sin embargo, la intervención de esos valores no supone que los problemas se deben formular de modo tal que conduzcan a una conclusión predeterminada; en cambio, que una hipótesis sugerida por valores morales o políticos, pueda ser falsada por la experiencia. De otro modo, la intervención de los valores en la investigación se volvería inaceptable (Gómez, 2014).

Racionalidad política de las ciencias y de la tecnología

Esta presencia activa de los valores en diferentes niveles de una investigación, y su indisociabilidad de la construcción de los hechos y de los problemas, obliga a cambiar a lo que llamamos objetividad en Psicología. Creemos, como RG que se debe tomar distancia de la objetividad pensada respecto de la representación de un mundo único, ya enteramente dado y cognoscible por métodos únicos. Dicho de otro modo, la tesis de que si lo que existe es por completo ajeno a nosotros, entonces los métodos objetivos son el único acceso a dicha realidad, lo que él denominó "la tiranía ontológica", y a la idea del conocimiento como espejo del mundo. RG (2014a) ha coincidido con la epistemología feminista, de Longino (2015), Hasting (2004) y Anderson (1994), en caracterizar la objetividad en términos de la crítica intersubjetiva inserta en una estructura institucional de la comunidad que habilite tal actividad; y una autoridad compartida igualitariamente (Gómez, 2014b). En definitiva, se precisa una igual distribución de la autoridad epistémica: "No hay autoridad más alta ni posición que sea no perspectivística, o que sea trascendente, y desde dónde sea posible adjudicar una suposición fundamental" (Longino, 2015, 35). Es decir, un acuerdo intersubjetivo que resulta de la discusión argumentada de los miembros de la comunidad científica, obtenido luego de una actividad crítica, donde se ha compartido el modo en que se arbitran los debates.

En una vena algo semejante, Bourdieu (2003) sitúa la objetividad en la construcción social de resultados, por la vía de los métodos, la construcción de teoría que ha sobrevivido a las objeciones empíricas, y por los sustentos argumentativos. Y esto puede ser aceptable para diversas teorías de la psicología del desarrollo, en cuanto han resistido a las diversas críticas que se les dirigen. Una vez más, es un proceso "hacia adelante", un proyecto —en el sentido de Bachelard- que se realiza o se conquista históricamente.

Más aún, la tesis de la objetividad sin neutralidad valorativa exige la revisión de la racionalidad instrumental, claramente limitada para abarcar el problema de los valores entendidos como fines u objetivos, como lo ha planteado RG (1995) en relación con la perspectiva popperiana. La racionalidad reducida a su versión instrumental implica que toda relación con la práctica se reduce a incrementar la probabilidad de llevar adelante una acción instrumental exitosa, es decir, identificar el mejor medio para alcanzar un fin. Solo los juicios instrumentales pueden ser verdaderos o falsos pero no así los juicios categóricos de valor; no existe algoritmo capaz de establecer criterio de elección. Estos quedan fuera del alcance de la racionalidad instrumental. Pero si los fines que se asocian con valores morales y políticos son inherentes a la práctica científica, ¿esta deja de ser una actividad racional? Como se pregunta RG, ¿por qué ha de interesarnos la racionalidad de los fines? Justamente porque estos son inherentes a la actividad científica entendida en el orbe de lo práctico (Gómez, 1995). Y según Kitcher (2001), el objetivo de le ciencia es abordar las cuestiones que son significativas en relación con un determinado momento y para una cierta comunidad y su significatividad está ligada a objetivos prácticos. No admitir una versión ampliada de la racionalidad que involucre los fines implicaría concebir a la práctica científica como irracional. Desde otra perspectiva filosófica, Habermas (1989; 1974) ha sostenido que la neutralidad valorativa no solo es imposible, sino falsa. El carácter descriptivo y evaluativo de un enunciado es indiscernible, ya que el juicio es una condición para poder explicar, especialmente en las ciencias sociales. La racionalidad debe ser tan amplia como para incluir aspectos normativos, expresivos y comunicativos, admitiendo así la posibilidad de discutir racionalmente acerca de los mejores valores, "los más racionales".

Por otra parte, afirmar la objetividad como el resultado relativo – no un enfoque relativista- de un proceso de construcción social, es a la vez, rechazar que la validación alcanzada tenga que ver con algún tipo de realismo representativo, con una adecuación entre el conocimiento y el mundo ya dado en los "hechos". Y ello no nos obliga a desechar la idea de que el conocimiento se pueda "aproximar asintóticamente" al mundo o a la realidad preexistente, digamos un modesto "realismo crítico", en el sentido de Bhaskar (2008). Por lo visto, la objetividad se puede considerar social e histórica, y ha sido subrayada por Gramsci (2004), para quien el mundo es real, pero la objetividad no se predica de lo que existe fuera de nosotros, fuera del hombre, como lo pensaba el materialismo mecanicista, sino justamente de lo "históricamente subjetivo", de lo "humanamente subjetivo". Es decir, se apunta a una universalidad progresivamente acordada que, para el pensador italiano, procedía principalmente de una lucha contra las concepciones del mundo que la obstaculizan. Para nuestro propósito actual, es completamente recuperable que la objetividad se asocie con las confrontaciones. Y respecto a la cuestión de la no neutralidad de la ciencia, ella está implicada en la tesis de la construcción intersubjetiva de la objetividad, en un contexto de lucha, en un proceso de crítica de creencias y valores que se oponen a la "universalización" del conocimiento. Para Gramsci la objetividad es "un llegar a ser", una actividad desplegada históricamente, por lo que es insostenible la objetividad fuera de la historia.

En síntesis, se puede inferir que el logro de la objetividad no solo supone una historia de cambios conceptuales, de la validación empírica de teorías, sino también la crítica argumentativa de los valores, que son parte sustantiva de los ME y el MT que tiene en el MN a uno de sus componentes. La conquista de conocimientos objetivos en la psicología del desarrollo involucra una ida y vuelta en el proceso investigativo entre los valores y los otros componentes del ciclo metodológico, al facilitar u obturar la formulación de problemas, el recorte de los objetos o la elección de ciertas unidades de análisis. Así, valorar positivamente el "individualismo", "el control de los comportamientos", la "seriedad" del método experimental, o la "expectativa en la homogeneidad de los sujetos de aprendizaje" hace obstáculo a la problematización de las transformaciones del desarrollo. Como lo ha mostrado RG, los juicios de valor pueden ser examinados por estudios fácticos, en los contextos en que se proponen (Gómez, 2014a; 2014b). Incluso, se pueden dar razones fundadas para discutir las valoraciones no epistémicas del *mainstream* de la psicología académica: así, el rechazo de la mayoría de los psicólogos al compromiso político, se puede estudiar a la luz de su consecuencia fáctica. Por ejemplo, la inmovilidad o la inacción, frente al no reconocimiento de ciertas minorías étnicas, mientras se estudian problemas del desarrollo (Theo, 2008).

Así, los valores no epistémicos condicionan y forman parte de la investigación, pero lo hacen de un modo por lo general implícito. Por ser parte del "sentido común académico", es preciso explicitarlos, por una reflexión que los tematiza para establecer si dificultan la ampliación de las evidencias o si, por el contrario, orientan la obtención de un más amplio rango de evidencias (Douglas, 2004). En otras palabras, los científicos deben aprender a negociar con sus pares la delgada línea que separa los valores que dañan el razonamiento (que llevan a sustituir la evidencia o llevan al dogmatismo metodológico) de aquellos que posibilitan tomar decisiones renovadoras o enriquecedoras (el reconocimiento positivo de la heterogeneidad de los sujetos lleva a diversificar los procedimientos de investigación, a afrontar nuevas cuestiones). Desde esta perspectiva, la propia tesis de la neutralidad ha funcionado y funciona como un valor que obstaculiza la conquista de objetividad.

REFERENCIAS

Anderson, E. "Uses of value judgment in science: A general argument, with lessons from a case study of feminist research of divorce". *Hypatia*, (19); (2004): 1–24.

Bhaskar, R. *A Realist Theory of Science*. London-New York: Routledge, 2008.

Boaler, I., J. G. Greeno. "Identity, agency; and knowing in mathematics world". J. Boaler, ed. *Multiple perspectives on mathematics teaching and learning*. Westport, CT: Ablex Publishing. 2000.171-200.

Boido, G. y C. Baldatti. "La ciencia moderna europea como anomalía histórica". *Redes*, (20), diciembre; (2003): 9-24.

Bronckart, J. P. "Las unidades de análisis en psicología y su interpretación: ¿interaccionismo social o interaccionismo lógico?". A. Thryphon, J. Voneche. *Piaget-Vigotsky: la génesis social del pensamiento*. Buenos Aires: Paidós. 2002. 115-142.

Bourdieu, P. *El oficio de científico*. Barcelona: Anagrama, 2003.

Castorina, J. A. "The Importance of Woldviews of Development Psychology". *Human Arenas*. Springer, N° 1; (2020): 1-19.

---. "Las concepciones del mundo y los valores en la investigación psicológica". *Cadernos de Pesquisa*, Fundacao Carlos Chagas, v. 46; (2016): 362-384.

---. "El impacto del pensamiento de Vigotsky en la teoría y la práctica Psicológica". *Investigaciones en Psicología*, Facultad de Psicología, UBA, Vol. 18, No. 3; (2013): 7-24.

Castorina, J. A. y A. Zamudio. "Los valores no epistémicos en las teorías del cambio conceptual". Ilcic *et al.*, eds. *30° Jornadas de Epistemología e Historia de la Ciencia*, Córdoba: Editorial de la Facultad de Filosofía y Humanidades - UNC Córdoba. 2020.

---. "Supuestos ontológicos y epistemológicos en la investigación del cambio conceptual". *Epistemología e Historia de la Ciencia*, 3, (2); (2019): 49-68.

Castorina, J. A. y R. Baquero. *La dialéctica en la psicología del desarrollo*. Buenos Aires: Amorrortu, 2005.

Di Sessa, A. "Conceptual Change in a Microcosm: Comparative Learning Analysis of a Learning Event". *Human Development*, 60; (2017): 1-53.

Douglas, H. "The irreductible complexity of objetivity". *Synthese*, 138; (2004): 453-473.

García, R. *El Conocimiento en Construcción*. Barcelona: Gedisa, 2002.

Gómez, R. *El fin de la ciencia, la historia y la modernidad: una mirada crítica*. Buenos Aires: Ciccus, 2020.

---. *La dimensión valorativa de las ciencias*. Buenos Aires: Universidad Nacional de Quilmes, 2014a.

---. "Hacia una filosofía política del conocimiento científico". M. C. Di Giorgi, L. Rueda y L. Mattusolo, coords. *El conocimiento como práctica, investigación, valoración, ciencia y difusión*. La Plata: FHCE-UNLP. 2014b. 145-168.

---. "Karl Marx. Una concepción revolucionaria de la economía política como ciencia". *Herramientas*, No. 40, 2009. Disponible en https://www.herramienta.com.ar/articulo.php?id=723.

---. *Neoliberalismo y seudo ciencia*. Buenos Aires: Lugar Editorial, 1995

Gramsci, A. *Antología*. México: Siglo XXI, 2004.

Gupta, A. "Theory of Epistemology and Social and Material Organization in conceptual change". *Human Development, 60-1-17;* (2017): 38-43.

Habermas, J. *Teoría de la acción comunicativa*. Vol. 2, Buenos Aires: Taurus, 1989.

---. *Theory and practice*. Boston: Beacon Press, 1974.

Hallden, O., M. Scheja & L. Haglund. "The contextuality of knowledge: An intentional approach to meaning making and conceptual change". S. Vosniadou, ed. *International handbook of research on conceptual change*. Nueva York: Routledge. 2013. 71-95

Harding, S. "Introduction: Standpoint theory as a site of political, philosophic and Scientific debate". S. Harding, ed. *The feminist standpoint theory reader*. Nueva York: Routledge. 2004. 1-15.

Inagaki, K. & G. Hatano. "Conceptual Change in Naïve Biology". S. Vosniadou, comp. *International Handbook of Research on Conceptual Change*. London: Routledge. 2008. 295-327.

Kitcher, P. *Science, Truth and Democracy*. New York: Oxford University Press, 2001.

Longino, H. "The social dimensions of scientific knowledge". E. Zalta, ed. *The Stanford Encyclopedia of Philosophy*. Spring Edition. 2015. Disponible en: http://plato.stanford.edu/entries/scientific-knowledge-social/

Kuhn, T. "Objetividad, juicio de valor y elección de teorías". T. Kuhn. *La Tensión Esencial*. Mexico: FCE, 1977.

---. *La Estructura de las Revoluciones Científicas*. México: FCE, 1962.

Marx, C. *El Capital*. México: FCE, 1974.

Mikaye, N. "Conceptual change through Collaboration". S. Vosniadou, comp. *International Handbook of Research on Conceptual Change*. London: Routledge. 2008. 453-478.

Overton, W. F. "The Process-Relational Paradigm and Relational-Developmental systems Metamodel as Context". *Research in Human Development*, 11, (4); (2014): 323–331.

Piaget, J. y R. García. *Psicogénesis e historia de la ciencia*. México: Siglo XXI, 1982.

Sadovsky, P.y J. A. Castorina (en prensa). "Los problemas de la intervención de los valores en la investigación en didáctica de las matemáticas". J. A. Castorina y P. Sadovsky, comps. *El lugar de los saberes en los procesos de enseñanza y aprendizaje -Problemas conceptuales*. Buenos Aires: Ed. UNIPE.

Säljo, R. "Piagetian controversies, cognitive competence and assumptions about human cognition". *Educational Psychology Review*, 3; (1991): 117-126

Theo, T. "From speculation to epistemological violence in psychology". *Theory & Psychology*, 18, 1; (2008): 47-67.

Valsiner, J. *A Guided Science*. London: Transaction Publishers, 2012.

---. "The development of the concept of development: Historical and epistemological perspectives". W. Damon & R. Lerner, eds. *Handbook of child psychology*. Vol. 1, 5 th edition. New York: Wiley. 2006. 189-232.

Vigotsky, L. *El significado histórico de la crisis en la Psicología*. Obras Escogidas. Tomo I, Madrid: Visor, 1991.

Whiterington, D. C. "The Dinamic Systems Approach as Metatheory for Developmental Psychology". *Human Development*, 50; (2007): 127-153.

Zamudio, A y J. A. Castorina. "Problemas epistemológicos en las teorías del cambio conceptual". M. O'Lery, L. Federico e Y. Ariza, eds. *Filosofía e Historia de la Ciencia en el Cono Sur. Selección de trabajos del XI Encuentro de la Asociación de Filosofía e Historia de la Ciencia del Cono Sur*. Buenos Aires: AFHIC, 2020.

Racionalidad política de las ciencias y de la tecnología

En defensa de un mayor realismo en economía

Leonardo Ivarola
IIEP-CONICET

En contra de una dicotomía extrema realismo-instrumentalismo (véase, por ejemplo, Duhem 1954), Gómez (1995) sugiere una postura intermedia o "realismo debilitado": un realismo que tenga en cuenta no sólo los distintos ingredientes de una teoría, sino también el momento histórico en el que ésta se ha desarrollado. La ciencia, de acuerdo con Gómez, no funciona bajo una dicotomía realista-instrumentalista, sino bajo una línea continua de grados mayores o menores de realismo.

Esta visión resulta ser particularmente interesante en el campo de lo económico, donde los llamados *fundamentals* usualmente desplazan a la historia, y en donde los ingredientes de las teorías o modelos (esto es, sus supuestos), por irrealistas que suenen a primera vista, son justificados por las principales corrientes en economía.

El caso más emblemático es tal vez el de Milton Friedman (1953), quien ha argumentado que, en un sentido estricto, todos los supuestos son irrealistas, ya que por definición involucran descripciones incompletas, idealizaciones, abstracciones, etc. Por consiguiente, la pregunta correcta no es preguntarse por el realismo de los supuestos (porque nunca lo son), sino por su aproximación con la realidad. A ello Friedman va a responder que el único modo de ver si son buenas aproximaciones o no es chequeando la precisión predictiva de las teorías, modelos y/o hipótesis. Así, el test de los supuestos de una teoría no sería otra cosa que el test de sus predicciones.

Mäki (2009) ha intentado dar una mirada realista a este enfoque prácticamente instrumentalista de Friedman. De acuerdo con Mäki, los economistas pueden ser realistas acerca de sus modelos, aunque estos describan situaciones imaginarias. Esto se debe a que es posible que los mecanismos en funcionamiento en esas situaciones sean las mismas o similares a las que operan en el mundo real. Un modelo captura una verdad significativa en tanto contenga un mecanismo que también opere en la realidad. Esta verdad significativa se puede alcanzar gracias a las falsas idealizaciones empleadas por el modelador.

La pregunta inmediata que uno puede hacerse es, "¿cómo reconocer si el mecanismo descrito en el modelo se asemeja al mecanismo operante en el mundo real? Friedman dirá: "a través de la precisión de sus predicciones", y no de sus supuestos, ya que, según él, éstos no se testean directamente con la realidad, sino indirectamente a través de sus implicaciones.

Ahora bien, para que la propuesta de Friedman sea plausible, la ciencia —en este caso, la economía— debería dar cuenta de regularidades invariantes. Esto no es una novedad. Varios enfoques epistemológicos modernos abogan por la idea de invarianza, sea esta como una expresión de capacidades (Cartwright, 1989), máquinas nomológicas (Cartwright, 1999), mecanismos (Glennan, 2017; Machamer, Darden y Craver, 2002; Woodward, 2003), etc.

¿Pero qué sucede si dicha invarianza no se cumple? Esto es, ¿qué sucede si las regularidades en las que depositamos nuestra confianza se "quiebran" con el paso del tiempo? Entonces el argumento de defender una postura instrumental comienza a desmoronarse. En este trabajo se espera, muy humildemente, poder contribuir a dicho desmoronamiento. Y se hará a través de dos argumentos: uno ontológico y uno epistemológico.

El argumento ontológico refiere a la dificultad de descubrir factores causales estables en economía. Esto se debe a que un elemento central en el nexo causal entre variables sociales son las acciones de las personas, las cuales no responden siempre de la misma manera. Como alternativa, se argumentará que los fenómenos sociales se adecúan mejor a una lógica de "árboles de posibilidades" o "resultados de final abierto".

El argumento epistemológico, por su parte, plantea que, incluso si se encuentran contribuciones estables, nada garantiza que dicha estabilidad prevalezca en el futuro. En este sentido, existen al menos tres posturas que han tratado esta temática: (1) la crítica de Lucas (Lucas, 1976), (2) el problema de cómo "puentear" la captación de causas estables con su respectivo uso (Cartwright, 2007; Cartwright y Efstathiou, 2011), y (3) la teoría del cisne negro (Taleb, 2012).

Finalmente, los argumentos ontológico y epistemológico recién mencionados servirán como punto de partida para proponer un enfoque alternativo donde los modelos se evalúen no por su grado de invarianza, sino por su similitud con una parte seleccionada del mundo real (o sistema objetivo) sobre la que se realizan las correspondientes afirmaciones. Dado que la estructura central de los modelos es descripta por sus supuestos sustantivos (véase Kuorikoski y Lehtinen, 2009), y dado que lo que se pretende con este enfoque es encontrar una semejanza estructural entre un modelo y un sistema objetivo, se argumentará que el realismo (en tanto similaridad) de los supuestos sustantivos es crucial para la evaluación y posterior elección de modelos económicos.

El irrealismo de los supuestos en economía. La postura de Milton Friedman

En su famoso ensayo de 1953 intitulado "La metodología de la economía positiva", Milton Friedman (de ahora en adelante, F53) desarrolló una concepción extrema de los objetivos de la economía en tanto ciencia positiva. Según F53, lo realmente interesante de un modelo, hipótesis o teoría, estriba en su capacidad para proporcionar predicciones correctas, esto es, "un sistema de generalizaciones que puedan ser usadas para hacer predicciones correctas acerca de las consecuencias de cualquier cambio en las circunstancias" (F53, 4). Esta elección revela su enfoque eminentemente práctico, ya que la predicción exitosa constituye la base para la elección e implementación de políticas económicas. Sin embargo, la predicción también se conecta de modo significativo con la *evaluación* de las teorías económicas: "Considerada como un cuerpo de hipótesis sustantivas, una teoría debe ser juzgada por su poder predictivo respecto de la clase de fenómenos que se intenta *explicar*" (F53, 8; énfasis en original).

A este respecto, F53 va a defender tres tesis fundamentales. En primer lugar, sólo la prueba empírica de una teoría es relevante para su evaluación. En segundo lugar, lo que se testean son las predicciones o implicaciones de una teoría, no sus supuestos: "El único test relevante de la validez de una hipótesis es la comparación de sus predicciones con la experiencia" (F53, 8-9). Finalmente, no todo test es relevante para la evaluación de una teoría. Sólo lo es aquél que examina una clase particular de predicciones.[4]

De estas tres tesis, F53 concluye que evaluar a las teorías o modelos económicos testeando sus supuestos es una falacia metodológica. Quienes lo cometen, adhieren a lo que Marqués (2004b) denomina "Tesis del Realismo de los Supuestos", la cual puede ser caracterizada de la siguiente manera:

(a) Las teorías tienen supuestos, y si éstos son 'irrealistas', las invalidan.

(b) Es posible sustituir el test de una teoría por el test de sus supuestos (y tomar sobre esta base una decisión acerca de qué hacer con la teoría)

Existen varios supuestos sumamente controvertidos en economía. La mayor parte de estos proviene del pensamiento neoclásico, como es el caso de la optimización de beneficios, la competencia perfecta, las ventajas comparativas, las expectativas racionales, el desempleo voluntario, etc. Si bien el debate acerca del realismo de las teorías y de los modelos económicos viene de antaño, las discusiones más prominentes desde el punto de vista epistemológico comenzaron a darse a partir de principios del siglo XX, principalmente en lo que se refiere a la teoría de la elección racional del consumidor y del productor.

Un debate más reciente respecto del realismo de los supuestos ha sido llevado a cabo por economistas del *Behavioral Economics*. Dentro de esta nueva corriente de pensamiento se considera que un mayor realismo

---

[4] "Los propósitos perseguidos por los economistas proporcionan el criterio fundamental que permite dividir a las predicciones en dos subclases: aquellas que interesan o son juzgadas importantes, y aquellas que no son ni una cosa ni la otra. Según Friedman, sólo las del primer tipo son relevantes para el test de la teoría" (Marqués, 2004a, 201).

Racionalidad política de las ciencias y de la tecnología

de los supuestos mejorará sustancialmente las teorías y modelos económicos, tanto para explicar y predecir como para intervenir. Y a pesar de que no acompañen sus declaraciones con una elaboración epistemológica adecuada que fundamente su postura, se ha mostrado en los hechos mismos que el reemplazo de supuestos controvertidos por otros más "realistas" (donde dicho realismo se entiende en términos de correspondencia con patrones de conducta avalados empíricamente por la psicología conductista) explica una serie de anomalías no solucionadas dentro de la ortodoxia económica.

Empero, en estos debates lo que se hace es criticar a las teorías y/o modelos por sus supuestos, y es justamente lo que cuestiona F53. En un sentido estricto, *todos* los supuestos son irrealistas. Todos son simplificaciones y/o abstracciones de la realidad. Nunca se podrá dar una descripción exhaustiva del mundo real. Tampoco es necesario. Más aun, es un mérito decir *mucho* con *poco*. El asunto es que, para lograr dicho mérito, las teorías deben ser irrealistas:

> cuanto más significativa es la teoría más irreal serán los supuestos (…) La razón es sencilla. Una hipótesis es importante si "explica" mucho con poco, o sea, si abstrae los elementos comunes y cruciales de la masa de circunstancias complejas y detalladas que rodean al fenómeno que va a explicarse y permite unas predicciones válidas. (F53, 14)

El punto no es examinar el grado de realismo de los supuestos, sino su grado de *aproximación* con la realidad. Y el único modo de saber si son buenas aproximaciones o no es, de acuerdo con F53, examinando las predicciones de la teoría:

> el problema esencial en torno a los "supuestos" de una teoría no es, si son descriptivamente "realistas", porque nunca lo son, sino, si constituyen aproximaciones lo suficientemente buenas para resolver el problema de que se trate. Y esta cuestión puede contestarse sólo comprobando si la teoría funciona, lo que sucede si proporciona vaticinios bastante seguros. (F53, 15)

Tomemos como ejemplo el supuesto de vacío en el marco de la ley de Galileo, la cual suele formularse como s = ½.g.t², donde *s* es la distancia recorrida en pies, *g* la constante gravitacional y *t* el tiempo en segundos. La presión atmosférica cerca del nivel del mar es de una atmósfera o quince libras por pulgada cuadrada. Claramente, el supuesto de vacío es "irrealista". Ahora bien, lo que Friedman sugiere es no prestar atención a si dicho supuesto es o no realista, sino si constituye una buena aproximación a la realidad. El único modo de saber esto es probando si la teoría funciona, esto es, si sus predicciones son bastante acertadas. Supongamos entonces que se arroja desde el techo de una casa un objeto de peso considerable (*v. gr.*, una bola maciza de acero). ¿Cómo saber si el supuesto de vacío es una buena aproximación o no? Observando la fiabilidad de las predicciones. En el presente caso, el valor predicho estará lo bastante cercano al valor real. Por consiguiente, el supuesto de vacío será una buena aproximación. Pero si en lugar arrojar un objeto pesado como la bola maciza lo que se arroja ahora es una pluma, entonces el valor predicho diferirá sustancialmente del valor real. Por consiguiente, el supuesto de vacío no será una buena aproximación.

Otro ejemplo propuesto por F53 es la hipótesis de que las plantas *maximizan* el uso de la luz solar. Dicha hipótesis es claramente falsa: las plantas, por ejemplo, no tienen la capacidad de tomar decisiones basadas en los axiomas de la elección racional, condición necesaria para cualquier tipo de optimización. No obstante, ésta puede ser una buena aproximación a la realidad. Por ejemplo, en el hemisferio norte las copas de los árboles son más frondosas en el lado sur que en el lado norte (caso inverso en el hemisferio sur), suelen presentar inclinaciones cuando la luz no es recibida de manera directa, etc. Comparemos esta hipótesis con la teoría de la fotosíntesis. Esta última presenta una explicación mucho más detallada que la primera, y está más acorde con los mecanismos que efectivamente operan en el mundo real. Sin embargo, a juicio de Friedman, ésta no es la razón por la cual se elige a la teoría de la fotosíntesis por sobre la hipótesis de la maximización de la luz solar. Su elección es producto de las mejores predicciones de la primera respecto de la segunda. En otras palabras, la hipótesis alternativa es más atractiva que la hipótesis primera,

Racionalidad política de las ciencias y de la tecnología

no porque sus supuestos sean más "realistas", sino más bien porque forma parte de una teoría más general que se aplica a una variedad más extensa de fenómenos, entre los que la posición de las hojas de un árbol es un caso especial, porque posee más deducciones capaces de contrastación, y porque ha afirmado su validez en una más amplia variedad de circunstancias.

Y así como el criterio de evaluación de la ley de Galileo y de la hipótesis de maximización de la luz solar es la contrastación de sus implicaciones con la realidad, de la misma manera Friedman sugiere que debería evaluarse la teoría de la elección racional. De acuerdo con el autor, las críticas dirigidas hacia ésta por el uso de supuestos irrealistas están mal fundamentadas. Lo (aparentemente) interesante de la teoría de la elección racional no son las aserciones acerca del modo en que los agentes eligen las canastas óptimas o los productores la combinación de factores productivos que le permitan maximizar sus beneficios. La lectura no debe ser "literal", así como tampoco es literal la lectura que se hace de la hipótesis de maximización de la luz solar. No es que los empresarios produzcan en aquel punto donde el ingreso marginal es igual al costo marginal, sino que se comportan *como si* lo hicieran. Si no actuasen de dicha manera, es altamente probable que sean expulsados del mercado. Lo relevante no es la hipótesis *per se*, sino sus implicaciones.

De lo anterior se sigue que el test de los supuestos y el test de las teorías es uno solo: el test empírico de sus predicciones. Para determinar la significación de las discrepancias entre las condiciones de aplicación asumidas en la teoría y las condiciones concretas que rigen en cualquier ámbito de aplicación particular no hay otro camino que testear las predicciones de la teoría. El único modo de saber si el supuesto de vacío es una buena aproximación o no es examinando la precisión de las predicciones de la ley de Galileo. De la misma manera, el único modo de saber si el supuesto de que las plantas maximizan el uso de la luz solar es un buen supuesto o no es examinando las discrepancias entre los valores predichos y los resultados empíricos. Por tanto, no es posible estimar, independientemente del test de una teoría (y por anticipado), si el desacuerdo entre lo afirmado en sus supuestos (de aplicación) y los hechos descritos por ellos, es o no suficientemente significativo (Marqués, 2004a, 208).

Que los dos presuntos tests –el de los supuestos y el de las predicciones– se reduzcan en realidad a uno solo es un resultado cuya importancia no puede ser pasada por alto. Una de sus consecuencias inmediatas es que la tesis del realismo de los supuestos es insostenible. Pero su significación es mucho más general: si Friedman tiene razón, entonces no va a ser posible hacer un procedimiento en dos tiempos, consistente, primero, en decidir si se cumplen las condiciones de aplicación de una teoría, y luego, en examinar si es adecuada en su dominio de aplicación (Marqués, 2004b).

Problema ontológico: los árboles de posibilidades

Para F53, los modelos o teorías sólo sirven para ordenar y predecir fenómenos observables. De ser cierto, luego lo evidentemente interesante de éstos va a residir en su capacidad para configurar relaciones invariantes entre diferentes variables.

Tomemos como ejemplo la investigación meteorológica. En 1955 Norman Phillips tuvo éxito en reproducir los patrones del viento y de la presión de toda la atmósfera en un modelo de computadora. Phillips usó solamente seis ecuaciones, las cuales se condecían con las leyes de la hidrodinámica. El modelo de Phillips tuvo un gran éxito, puesto que pudo imitar los patrones climáticos bastante bien. Sin embargo, este éxito le duró solo unas semanas: el modelo no era invariante ante cambios en determinadas condiciones iniciales como la dinámica de la atmósfera.

Ciertos modelos alternativos fueron propuestos con el objetivo de dar cuenta de las anomalías del modelo de Phillips. Uno de ellos fue el desarrollado por Akio Arakawa. Este modelo involucraba el deshacerse de los verdaderos procesos, y en cambio focalizarse en la imitación de la dinámica de los resultados. Para garantizar la estabilidad del procedimiento de simulación, Arakawa introdujo una serie de supuestos adicionales, muchos de ellos contradictorios con la física teórica y con la misma experiencia. Por ejemplo, Arakawa supuso que la energía quinésica en la atmósfera sería preservada. Este supuesto es claramente "irrealista": parte de la energía es transformada en calor por la fricción. Asimismo, la disipación es presumiblemente un factor importante para la estabilidad de la atmósfera real. Así, al asumir la preservación de la energía quinésica, Arakawa limitó "artificialmente" la fuente de inestabilidades. Este supuesto no fue derivado de una base teorética. Su lugar dentro del modelo estaba sólo justificado por el mayor éxito predictivo que éste proporcionaba en relación con otros modelos.

Volvamos al caso de la economía. Para que la propuesta de F53 sea viable, es necesario poder dar cuenta de regularidades invariantes. En otras palabras, la invarianza es una condición necesaria en el enfoque de F53. Supongamos un caso muy sencillo que involucre dos variables X e Y. Supongamos que un modelo M muestra que X e Y se conectan con un alto grado de regularidad o invarianza, donde los valores de X representarían las condiciones iniciales de M e Y las respectivas implicaciones. De acuerdo con lo que F53 propone, es irrelevante que las propias proposiciones de M sean verdaderas o no. Lo relevante estriba en mostrar que la mayor parte de las veces que X tome un determinado valor, se podrá predecir con un alto grado de confianza el valor de Y.

A primera vista, el enfoque de F53 goza de apoyo epistémico. Varios enfoques en filosofía de la ciencia (véase, por ejemplo, Cartwright, 1989, 1999, 2009; Glennan, 2017; Machamer, Darden y Craver, 2002; Mitchell, 2003; Woodward, 2002, 2003) defienden la idea de que el mundo real está dotado de factores causales estables, y que la tarea de la ciencia consiste en descubrirlos, para posteriormente utilizarlos para diferentes propósitos (predecir, explicar, intervenir a través de políticas públicas, etc.). Más aún, se cree que cuanto más estable o invariable sea este conocimiento, mayor confiabilidad tendremos en que surjan los resultados esperados.

Se han ofrecido distintas maneras de conceptualizar este tipo de conocimiento. Una de ellas es el enfoque de las "capacidades" (Cartwright, 1989). De acuerdo con la autora, las afirmaciones causales de la ciencia no son acerca de regularidades o conjunciones constantes de eventos, sino acerca de *capacidades* que subyacen a dichas regularidades. Básicamente, las capacidades son propiedades de entidades o variables que contribuyen a la producción de un resultado. Dicha contribución no debe ser entendida en términos legaliformes. Cuando se asevera que "la aspirina tiene la capacidad de aliviar el dolor de cabeza", lo que se está diciendo es que existe una entidad con la propiedad de producir un resultado. No hay un compromiso "legal" del tipo "*siempre* que se tome una aspirina se aliviará el dolor de cabeza", ni tampoco que alivie *la mayor parte de las veces*. En lugar de ello, lo que simplemente se dice es que existe una capacidad estable y relativamente duradera que una entidad lleva consigo misma de caso en caso.

Asimismo, Cartwright (1998) sugiere que, en economía, buena parte de estas capacidades se descubren bajo aislamiento teórico. En disciplinas como la biología o la física, es posible llevar a cabo experimentos de laboratorio a fin de aislar una causa de un conjunto de factores que perturban su contribución pura. En economía, así como en las ciencias sociales en general, estos experimentos son difíciles de ser llevados a cabo. Como consecuencia de ello, los economistas apelan a aislar estas causas de manera teórica. En este respecto, Cartwright propone una serie de condiciones que, de satisfacerse, permitiría el aprendizaje de factores causales o *capacidades* a través de los modelos. Específicamente, para que un modelo tenga éxito en mostrar que un factor C tiene la capacidad de producir un resultado E, debe probarse que:

a) Las características específicas incorporadas en el modelo no interfieren con C en su producción de E

b) Las características deben estar lo suficientemente detalladas para determinar si E ocurrirá o no

c) Deben ser lo suficientemente simples tal que, usando principios aceptados, se pueda derivar E.

d) El contexto debe ser "neutral" respecto de la operación de C, permitiendo que E sea mostrado sin distorsiones.

Si estas cuatro condiciones se cumplen, podremos decir que habrá una hipótesis *fundada teoréticamente* de una capacidad (véase Cartwright, 1998, 45-48). De este modo, la modelización puede ser entendida como un instrumento que, de ser utilizado como herramienta "aisladora", permitiría el descubrimiento de capacidades.

Otro modo de conceptualizar esta clase de conocimiento es a través de los "contrafácticos intervencionistas". De acuerdo con Woodward (2002, 2003), un buen método de descubrir factores causales involucra encontrar regularidades que describan patrones de dependencia contrafáctica, esto es, que describan cómo el sistema cuyo comportamiento se desea comprender cambiaría ante diferentes condiciones especificadas. Para que esto pueda darse, la generalización a la cual se hace referencia debe ser invariante bajo intervenciones en las variables independientes.

De acuerdo con el autor, recolectar información sobre la invarianza entre dos variables no es relevante; por ejemplo, entre presión atmosférica (P) y la altura de la columna de un barómetro (A). Lo relevante es comprender qué pasaría si se interviniese físicamente (sea ya por la acción humana como por un proceso natural) sobre A con el propósito de modificar el valor de P. Para que esta comprensión sea plausible, la regularidad en cuestión debe justificar condicionales contrafácticos intervencionistas. Esta clase de contrafácticos tiene la particularidad de involucrar intervenciones hipotéticas del tipo *si se interviniese sobre X, modificando su valor, cambiaría el valor de Y*. Veamos entonces dos enunciados que emergen de la relación entre la presión atmosférica y el tamaño de la columna de un barómetro:

- Si se manipulase la columna de mercurio del barómetro, esto no modificaría la presión atmosférica.
- Si se manipulase la presión atmosférica, la columna de mercurio del barómetro cambiaría de tamaño.

Si bien las dos aserciones hacen referencia a una misma correlación de datos, es sólo la segunda la que justifica condicionales contrafácticos *intervencionistas*.

Ahora bien, a menudo la ciencia descubre patrones de conducta, pero no se contenta sólo con ello. También trata de buscar un argumento que lo justifique. Dicho argumento es precisamente el mecanismo que da cuenta de la correlación observada. Tomemos como ejemplo la relación que existe entre el cáncer de pulmón y el consumo de cigarrillos. La correlación entre estas dos variables es muy fuerte: el 95% de personas con cáncer de pulmón son tanto fumadores como exfumadores. La ciencia no sólo pretende demostrar que este patrón covariacional puede justificar contrafácticos intervencionistas. De ser posible, procurará descubrir el mecanismo que la explique. Así, en el humo del tabaco se han encontrado varias sustancias carcinógenas, las cuales producen alteraciones específicas en las células, haciendo que proliferen de manera anormal y que por tanto den lugar a tumores malignos. Asimismo, la nicotina inhibe el funcionamiento de ciertos receptores que suprimen el crecimiento de los tumores. Estos dos factores ayudan a clarificar porqué el consumo de cigarrillos contribuye a provocar cáncer de pulmón en las personas.

El ejemplo anterior permite mostrar que los mecanismos poseen mayor profundidad explicativa que las regularidades invariantes. Estas últimas muestran de qué depende el fenómeno *explanandum* (o fenómeno a explicar), aunque no logran dar cuenta de la secuencia completa que va de un momento a otro. Los mecanismos, en cambio, apuntan a abrir la "caja negra" de las regularidades invariantes (véase Hedström y Swedberg, 1998; Bunge, 2004). La invarianza no es lo que cambia; lo que cambia es el grado de especificación del proceso descrito. No sólo se hace mención a patrones covariacionales que justifiquen contrafácticos intervencionistas, sino que también muestran toda la secuencia.

En lo referente al enfoque mecanicista, hay dos nociones que, implícitas en las regularidades invariantes, se hacen explícitas aquí: la de *automaticidad* y la de *actividad* (véase Ivarola, 2017). Con respecto a la noción de *actividad*, uno de los trabajos más citados dentro de la nueva literatura mecanicista es el de Machamer, Darden y Craver (2000), donde se definen a los mecanismos como

> entidades y actividades organizadas de tal manera que son productoras de cambios regulares, desde las condiciones de inicio o set-up a las condiciones de finalización o terminación (Machamer *et al*, 3).

Racionalidad política de las ciencias y de la tecnología

Según Machamer *et al*, un mecanismo está formado por *entidades* y *actividades*. Las *actividades* son las productoras de los cambios en un mecanismo, y se las entiende como *causas materializadas*. Específicamente, Machamer *et al* sostienen que el término causa es en sí mismo bastante general, y solo se vuelve inteligible cuando se lo complementa con verbos causales más específicos, tales como arañar, presionar, quemar, etc. Así, las actividades no son una mera descripción de la clase de cambios que ocurren, sino que de hecho son responsables, en sentido causal, de los cambios que acontecen dentro de un mecanismo. Las entidades, en cambio, son objetos físicos (o cosas materiales) con propiedades específicas que hacen posible el ejercicio de determinadas actividades.

En relación con la noción de *automaticidad*, existe cierto consenso en concebir a los mecanismos como procesos automáticos: luego de activar un determinado factor causal, comenzará una secuencia de eventos que desembocará en un resultado conocido. Recordemos la definición de Machamer *et al.* de mecanismos como procesos que van desde condiciones de *set-up* o inicio a condiciones de terminación o finalización. Estos procesos son automáticos en el sentido de que, generando las condiciones apropiadas de *set-up*, se espera que el proceso prosiga ininterrumpidamente hasta su estadio final. Sólo se requiere de un tipo de intervención: en las condiciones de inicio. En este sentido, la noción de automaticidad significa la no-necesidad de intervenir sucesivamente con el propósito de arribar a un resultado deseado.

Pasemos ahora a examinar, desde lo ontológico, los fenómenos (socio)económicos. A un nivel muy general, estos están mediados por las acciones de las personas y por ciertas condiciones del contexto, las cuales, en alguna medida, influyen en dichas acciones. Las decisiones de las personas no es algo que, *prima facie*, uno pueda considerar como "lineal" o invariante. Los agentes reciben información del mundo, como cambios en variables económicas, anuncios políticos, tapa de un periódico, un rumor, etc. Estas señales dependen de la topología o espacio donde dichos agentes se encuentran: no sólo la información que reciben los madrileños es diferente de la que reciben los porteños cuando leen un periódico, sino que los mismos porteños reciben información diferente dependiendo de qué medios de comunicación estén utilizando. También es importante destacar el carácter subjetivo de la interpretación de las señales recibidas, así como de las expectativas formadas sobre la base de la misma: mientras que para algunos agentes la caída en el valor de las criptomonedas puede ser una buena señal para comprar barato, para otros puede significar un estado de pánico. Finalmente, diremos que las personas actuarán sobre la base de sus interpretaciones y expectativas. Estas acciones darán lugar a nuevas señales, las cuales serán recibidas e interpretadas por otros agentes, etc.

Ahora bien, las personas no actúan en aislamiento, sino que existen condiciones del contexto que, en mayor o menor medida, repercuten en el comportamiento de los individuos. Dicha estructura no es otra cosa que el conjunto de condiciones habilitantes e in-habilitantes de la acción humana. Esto significa que existen ciertas circunstancias del contexto que habilitan a las personas a tomar determinadas decisiones, así como también hay otras que las limitan.

Dentro de la filosofía de la ciencia moderna existe un fuerte interés por explicar los fenómenos del mundo real apelando a una ontología mecanicista. Esto ha llevado al desarrollo de una nueva escuela a la que se ha denominado "Nueva Filosofía Mecanicista". Una particularidad de los mecanismos es que exhiben un comportamiento regular o invariante (Woodward, 2003). Esta invarianza es consecuencia del comportamiento estable de sus partes constituyentes. En otras palabras, las regularidades que denotan el comportamiento de un mecanismo son invariantes porque las *actividades* que se desarrollan dentro de este son invariantes (véase Machamer *et al*).

En contraste, las actividades que se llevan a cabo en el interior de los fenómenos socioeconómicos se corresponden con las acciones de las personas, las cuales pueden ser muy volátiles. Por ejemplo, cualquier cambio en la interpretación de las señales recibidas redundará en una modificación en la formación de expectativas; cualquier cambio institucional redireccionará los cursos de acciones posibles de las personas, etc. Las actividades subyacentes a esta clase de procesos no son, en principio, invariantes.

Racionalidad política de las ciencias y de la tecnología

Un buen ejemplo de esta falta de estabilidad en las actividades de un mecanismo (socio)económico es el conocido "efecto Keynes". Se trata de un proceso por el cual un aumento en la cantidad real de dinero conduce a un descenso en la tasa de interés, estimulando la inversión y en consecuencia el empleo y la producción. Ahora bien, es erróneo pensar que un cambio positivo en la cantidad real de dinero conducirá de manera invariante a un descenso en la tasa de interés, a un aumento en la inversión, y por consiguiente a un incremento en el nivel de empleo y de la renta nacional. Por el contrario, de acuerdo con el marco contextual y con las interpretaciones y expectativas que formen las personas, distintos serán los caminos que puedan tomar esta clase de procesos. Keynes ha sido explícito al respecto:

> si bien puede esperarse que, *ceteris paribus*, un aumento en la cantidad de dinero reduzca la tasa de interés, esto no sucederá si las preferencias por la liquidez del público aumentan más que la cantidad de dinero; y mientras que puede esperarse que, *ceteris paribus*, un descenso en la tasa de interés aumente el volumen de la inversión, esto no ocurrirá si la curva de la eficiencia marginal del capital baja con mayor rapidez que la tasa de interés; y mientras es de suponer que, *ceteris paribus*, un aumento en el volumen de la inversión haga subir la ocupación, esto puede no suceder si la propensión marginal a consumir va en descenso. (Keynes, 2001, 50)

Este ejemplo permite mostrar que los procesos económicos no responden de manera adecuada a la lógica de la invarianza y de los mecanismos. Por el contrario, se ajustan mejor a la lógica de los "árboles de posibilidades" o "resultados de final abierto": al activarse un determinado factor causal, las expectativas formadas —y en consecuencia las acciones llevadas a cabo— pueden ser múltiples. Dependiendo de qué acciones se hayan tomado, distintos serán los resultados empíricos. Así, por ejemplo, sea X la variable independiente (o causa), Y la variable dependiente (o efecto), y A la acción o actividad de las personas. Supongamos que X toma un valor X_1. Por definición, la variable Y podrá tomar más de un valor $(Y_1, Y_2, \ldots, Y_n)$. Todo dependerá de las acciones $A_1, A_2, \ldots, A_n$ de las personas.

La idea de "árbol de posibilidades" pone en duda la posibilidad de establecer una ontología de factores causales estables en la economía (y en las ciencias sociales en general). Comencemos con el caso de las capacidades. Cuando una entidad y/o variable tiene una capacidad, se está diciendo que existe una fuerza causal dirigida permanentemente a la producción de un efecto determinado, por más que a nivel empírico sus resultados no se manifiesten. Decir que "la aspirina tiene la *capacidad* de aliviar el dolor de cabeza" o que "los aumentos en la oferta monetaria tienen la *capacidad* de generar aumentos en la renta nacional" son claros ejemplos de cómo un factor causal está dirigido hacia la producción de un resultado específico. Sin embargo, esto contrasta fuertemente con la idea de que los fenómenos sociales dependen de las interpretaciones que los agentes hacen respecto de las señales del mundo y de un conjunto de condiciones contextuales. El efecto Keynes, por ejemplo, plantea una relación directa entre cantidad de dinero y producto nacional. Empero, como bien destaca Keynes, esta no es la única alternativa. Bien puede ocurrir que el dinero no sea destinado a la compra de activos financieros, sino a la de bienes y servicios. En tal caso, más que una caída en la tasa de interés se observaría un aumento en el nivel general de precios. Asimismo, en un marco de alta incertidumbre, es probable que el exceso de dinero sea destinado al atesoramiento, generando un efecto nulo en la economía real.

Cada alternativa es en principio plausible. Su acontecimiento o no dependerá de cómo las personas formen sus expectativas en ese momento, del marco cultural, institucional, etc. De ser esto así, entonces las entidades o variables sociales no tendrían capacidades *per se*, sino un conjunto de *capacidades potenciales*. La activación de cualquiera de ellas dependerá de las decisiones que tomen los agentes en ese momento determinado, las cuales a su vez dependerán de las interpretaciones que hagan de las señales recibidas y de ciertos factores contextuales.

Con respecto a las regularidades invariantes, un fenómeno o proceso social depende de las acciones de las personas, las cuales a su vez dependen de las expectativas que forman, de factores culturales, institucionales, etc. La invarianza es una posibilidad fáctica: en la medida en que los individuos no cambien de manera sistemática sus decisiones, que haya poca volatilidad en la formación de expectativas, que los arreglos institucionales sean estables a través del tiempo, etc., es plausible que al nivel de los eventos se terminen observando regularidades invariantes. Sin embargo, cualquier cambio en las expectativas o en las condiciones macroestructurales podrá dar fin a esa regularidad. Esto se debe a que la misma no es producto de una contribución estable que *ceteris paribus* genera siempre el mismo resultado.

Para el caso de los mecanismos el análisis es similar. Hay dos características importantes que se señalaron respecto de los mecanismos: la de *automaticidad* y la de *actividad*. En cuanto a la noción de automaticidad, es sencillo percatarse que los procesos sociales pueden ser interrumpidos (*v. gr.*, se detienen en alguna fase intermedia de la secuencia estimada), como así también pueden desviarse del objetivo (*v. gr.*, arriban a resultados diferentes de los predichos). El efecto Keynes comentado anteriormente ilustra con claridad esta falta de automaticidad en los procesos sociales. Es erróneo pensar que un cambio positivo en la cantidad real de dinero conducirá *de manera automática* a un descenso en la tasa de interés, éste a un aumento en la inversión, y por consiguiente a un incremento en el nivel de empleo y de renta nacional. Por el contrario, de acuerdo con el marco contextual y con las interpretaciones y expectativas que formen las personas, distintos serán los caminos que pueda tomar esta clase de procesos. Y en lo que respecta a la noción de actividad, se entiende que los mecanismos son estables justamente porque las actividades que se llevan a cabo dentro del mismo son estables (véase Bunge, 2004; Glennan, 2017; Machamer *et al.*). En contraste, las actividades que se llevan a cabo en el interior de los procesos sociales se corresponden con las acciones de las personas, las cuales pueden ser muy volátiles. Por ejemplo, cualquier cambio en la interpretación de las señales recibidas podrá redundar en una importante modificación en el proceso de formación de expectativas; cualquier cambio institucional podrá redireccionar los cursos de acción de las personas, etc. Y puesto que las actividades de las personas no son necesariamente estables, se sigue de ello que los procesos sociales tampoco lo serán.

En este sentido, no parece apropiado hacer afirmaciones del tipo "la cantidad de dinero tiene la *capacidad* de provocar cambios directos en la renta nacional (o en el nivel de precios; depende de qué teoría estemos hablando)". No hay una fuerza causal que induzca a las personas a demandar mayor cantidad de activos financieros cada vez que la cantidad real de dinero aumente en una economía. Las personas pueden volcar estos incrementos a la compra de bienes y servicios o al atesoramiento. Las acciones no están –por decirlo de alguna manera– "predeterminadas", sino que dependen fuertemente de las condiciones del contexto, de cómo formen sus expectativas, etc.

Problema epistémico: las limitaciones del uso del conocimiento

A pesar de que los fenómenos sociales respondan mejor a una lógica de árboles de posibilidades o resultados de final abierto que a la lógica de la invarianza, de esto no se sigue, necesariamente, que no sea posible observar, en distintas ocasiones, regularidades al nivel de los eventos. Si el precio de la carne aumenta un 500%, es cierto que las personas podrán seguir o no consumiendo, o sólo reducir una mínima parte de su consumo habitual. Sin embargo, también es cierto que, cuanto mayor sea ese aumento, mayor va a ser la *tendencia* a la caída de su consumo. Cuando un perro corre a las palomas en una plaza, existe la posibilidad de que estas se queden quietas, que escapen o que decidan atacarlo. Empero, *casi siempre*, las palomas salen volando. Lo anterior significa que, en diferentes situaciones, por más que sean varias las alternativas de decisión o cursos de acción, puede prevalecer o "dominar" alguna de ellas. Las razones pueden atribuirse a una estabilidad en el proceso de formación de expectativas, a factores del contexto que permanecen invariantes a través del tiempo, a propensiones psicológicas que hacen que las personas tiendan a seguir un determinado curso decisorio, etc.

En situaciones como estas uno puede observar regularidades en un sistema social. Ahora bien, el problema en este caso no sería el acceso a un conocimiento invariante, sino *qué garantía tenemos de que esta invarianza prevalezca intertemporalmente*. En particular, hay tres tesis que resultan ser interesantes mencionar aquí, ya que abordan la problemática del uso del conocimiento invariante cuando se desean hacer proyecciones a futuro: **(1)** la crítica de Lucas (Lucas, 1976), **(2)** el problema de cómo "puentear" la captación de causas estables con su respectivo uso (Cartwright, 2007; Cartwright y Efstathiou, 2011), y **(3)** la teoría del *cisne negro* (Taleb, 2012).

La crítica de Lucas parte de la base que las conductas humanas dependen de las "reglas del juego" que existen en un sistema social (y económico en particular). Cualquier cambio en estas reglas llevará a los agentes a modificar sus conductas, adaptándose así al nuevo escenario. En este marco, los modelos econométricos que no tengan en consideración el hecho de que los sujetos actúan racionalmente en la formación de expectativas pueden presentar errores de especificación, que los harán inadecuados para la comparación de los efectos de distintas políticas. En este marco, la hipótesis de expectativas racionales –hipótesis central en la crítica de Lucas– asume que las predicciones hechas por los agentes acerca del valor futuro de ciertas variables económicas no son intertemporalmente erróneas; en otras palabras, los agentes no cometen errores sistemáticos.

La crítica de Lucas es un primer intento de mostrar cómo el conocimiento derivado de los datos puede ser de escasa utilidad para hacer proyecciones a futuro. Sin embargo, su análisis se restringe no sólo al campo de lo económico, sino también al de la formación de expectativas. Podría entenderse entonces como un caso particular de un análisis más general llevado a cabo por Cartwright (2007). Cartwright considera que, por más que no haya complicaciones con el descubrimiento de factores causales estables, los verdaderos problemas surgirán cuando se deseen *utilizar* dichas causas para diferentes propósitos (predecir, explicar, intervenir, etc.). En otras palabras, estaría faltando un "puente" que conecte el descubrimiento de factores causales con su respectivo uso. Sin este puente, no hay ninguna seguridad de que un determinado factor funcione en diferentes circunstancias.

En particular, Cartwright encuentra dos problemas relacionados con este "puenteo": los *facilitadores inestables* y la *validez externa* (Cartwright, 2007; Cartwright y Efstathiou, 2011). El primero refiere al hecho por el cual la contribución causal de un factor se ve perturbada por las condiciones de fondo en el cual dicho factor opera o puede llegar a operar. En realidad, un factor causal no opera aisladamente. Por el contrario, miríadas de causas actúan alrededor de éste, generando cambios que muchas veces no se pueden predecir. Cualquier efecto de una causa particular depende de un gran conjunto de otros factores causales que operan al mismo tiempo, factores que rara vez son difíciles de identificar.

Ahora bien, los facilitadores inestables no sólo hacen referencia a la miríada de causas que forman parte de las condiciones de fondo. También está el problema de los cambios en las "estructuras sustentadoras" que dan lugar a las regularidades o leyes causales. De acuerdo con esta noción, una regularidad invariante tiene lugar precisamente porque hay una estructura robusta que la sustenta. Sin embargo, la presencia de uno o varios factores pueden alterar dicha estructura, anulando así la invarianza de la relación.

El segundo problema está asociado con la validez externa de los factores causales descubiertos. Se tiene validez externa cuando el resultado obtenido dentro un experimento se mantiene fuera de su respectivo dominio. No obstante, si bien existe la posibilidad de establecer resultados firmemente en una situación experimental particular, el método utilizado para tal caso no provee las bases para extender los resultados a un marco diferente de aquél en donde se hizo dicha prueba. Esta problemática puede ser ejemplificada con los "experimentos galileanos" (Cartwright, 2007; Cartwright y Efstathiou, 2011). El objetivo de este tipo de experimentos consiste en aislar un factor causal central de una miríada de factores perturbadores que lo rodean. No obstante, el descubrimiento de una causa estable en ausencia de factores perturbadores no nos asegura que ésta prevalezca una vez que dichos factores estén presentes.

Una última variante que se examinará en el presente trabajo es la referente a la teoría del "cisne negro" (Taleb, 2012). Desde el punto de vista epistemológico, un cisne negro es una *rareza*, un evento que habita

Racionalidad política de las ciencias y de la tecnología

fuera del reino de las expectativas normales. Dado que es un suceso altamente improbable, es imposible de predecir. Asimismo, sus consecuencias son trascendentales, al punto de que cambian el rumbo de la historia.[5] Ejemplos de ello son los éxitos de internet como Google, Facebook y YouTube, el atentado del 11-S, la crisis financiera de 2008 y, en general, casi todos los grandes inventos y descubrimientos de la historia humana.

La metáfora del "cisne negro" surge de la creencia ampliamente compartida en la antigüedad de que todos los cisnes eran blancos. Las pruebas empíricas eran irrefutables, y cada dato empírico adicional aumentaba el grado de confirmación de ese enunciado universal. No obstante, el descubrimiento de Australia trajo consigo una sorpresa totalmente impensable para ese momento: la existencia de cisnes de plumaje negro.

Ahora bien, este acontecimiento ilustra una grave limitación de nuestro aprendizaje basado en la *confirmación* de hechos. De acuerdo con Taleb, en numerosas situaciones lo que no sabemos puede ser más importante que lo que sabemos. En la lógica del cisne negro prevalece la idea de prestar atención no al conocimiento derivado de los datos, a lo "normal" o invariante, sino al "anti-conocimiento", a lo improbable, a lo extremo, ya que son precisamente estos hechos los que terminan dominando nuestro mundo.

La teoría del cisne negro es una crítica no sólo a aquella actitud del ser humano común y corriente que usa la inducción como modo de aprendizaje, sino también a aquellos académicos que construyen sus modelos sobre la base del enfoque gaussiano de probabilidad. En esta clase de enfoques lo extremo es considerado una absoluta rareza, y por tanto es desestimado como una alternativa posible.[6] Para Taleb existe una tendencia de la mente humana a pensar y establecerse en el mundo a partir de lo ya sabido, de lo conocido. Ahora bien, el conocimiento del pasado no es

---

[5] No toda rareza es un cisne negro. Para que un evento sea considerado como tal, el impacto que provoca en un determinado sistema debe ser importante.

[6] Tengamos en cuenta que, en una distribución gaussiana, tres desvíos involucran el 99% de los casos.

problemático *per se*; lo problemático es lo que hacemos con ese conocimiento. Y por lo general lo que hacemos es desestimar lo desconocido, aquello que *podría suceder*, por más que hasta ahora no haya sucedido nunca. Es este modo de actuar y de pensar lo que hace que las personas se expongan a "cisnes negros", siendo sus consecuencias no sólo negativas, sino también irreversibles en muchas ocasiones.

Conectando con la realidad: Similaridad

Una vez que se conciben a los procesos socioeconómicos bajo la lógica de los árboles de posibilidades se puede pensar en un enfoque alternativo al de Friedman, respecto del conocimiento que proporcionan los modelos económicos, y cómo estos pueden utilizarse para diferentes propósitos. Más específicamente, estos modelos pueden ser entendidos como esquematizaciones de escenarios posibles, donde lo que se modelan son *anteproyectos* que involucran el cierre de los árboles de posibilidades a través de diferentes nodos. Cada modelo representaría entonces un escenario diferente. Si esto es así, entonces, modelos en apariencia incompatibles pueden no serlo, en tanto y en cuanto sus dominios de aplicabilidad sean diferentes. Así, para cada situación tendríamos un modelo que proporcione información acerca de las condiciones se necesitan para llegar a un resultado determinado.

Para entender mejor este punto, consideremos un ejemplo sencillo en el que se desea aplicar una política monetaria expansiva (shock exógeno), proporcionándoles a las familias un dinero extra. Supongamos que el sistema económico real está experimentando una tendencia recesiva por exceso de oferta en el mercado de bienes. Se asume que, al proporcionar este dinero extra, las personas lo destinarán al consumo. Para el análisis de la política se han tomado como base tres anteproyectos o modelos. Cada uno de ellos asume una determinada "ley de movimiento" o patrón de conducta (L) y su respectiva implicación o resultado (R):

Modelo 1:
L: existe una alta propensión al consumo.

Racionalidad política de las ciencias y de la tecnología

R: las personas destinarán el excedente de dinero al consumo de bienes y servicios, estimulando así la demanda agregada.

Modelo 2:

L: a causa de un marco incierto, existe una alta propensión al atesoramiento (preferencia por la liquidez).

R: las personas sacarán del mercado este excedente, por lo cual no habrá repercusión alguna de la política aplicada en la economía.

Modelo 3:

L: existe una alta propensión al ahorro.

R: las personas destinarán buena parte del exceso de dinero a la compra de activos financieros.

Teniendo presente estos tres modelos, lo que se busca es predecir el impacto de un aumento de la cantidad de dinero en la economía. ¿Qué criterio se utilizaría para hacer tal predicción? O, lo que es semejante, ¿Qué criterio se utilizaría para elegir entre los diferentes modelos?

F53 es contundente. El único modo que tenemos para evaluar una teoría o modelo, y por lo tanto para elegirlo a la hora de hacer una predicción, es observando la precisión de sus predicciones. No importa si los supuestos del modelo son verosímiles o no. Lo único relevante es que pueda predecir con exactitud.

Sin embargo, el éxito predictivo no parece ser un buen requisito para evaluar qué modelo servirá mejor, y esto estriba en que la evidencia empírica que constituye el apoyo del modelo escogido refiere, en términos de árboles de posibilidades, a una parte seleccionada de la realidad. Empero bien sabemos que dicha realidad puede cambiar a futuro el curso causal del árbol de posibilidades. Si apelásemos a la lógica propuesta por F53, estaríamos confiando en que el futuro será igual al pasado y al presente (hasta que nos encontremos, claro está, con un "cisne negro").

La invarianza o "éxito predictivo" no puede ser entonces la base para la elección de un modelo que apunte a describir el funcionamiento de una economía bajo posibles shocks exógenos en particular y para la elección de modelos que pretendan representar o explicar algún fenómeno de interés. La correspondencia de los hechos con las predicciones de un modelo puede estar asociada a la semejanza estructural (o de escenarios) de éste con el mundo real en periodos pasados. No obstante, nada garantiza que en el futuro dicha estructura prevalezca.

Contrario a ello, un mejor criterio para elegir entre los diferentes modelos es el grado de *similaridad* que existe entre el escenario descripto por el modelo y el escenario del mundo real. Sin embargo, la manera de reconocer esta similaridad es observando los supuestos del modelo, no sus predicciones. Volviendo al ejemplo de la política monetaria, se puede decir que, una vez obtenidos estos escenarios posibles, el hacedor de política los comparará con el escenario del mundo real. Si lo que domina a los consumidores es la incertidumbre del futuro económico, y dentro de ellos está el temor por perder su trabajo (dada la tendencia recesiva en la que está entrando la economía), entonces es muy probable que ese plus de dinero no sea destinado al consumo, sino al atesoramiento. En tal caso, el escenario descripto por el modelo 2 es el que más estará acorde con la realidad vigente. Si en cambio en la economía real la propensión marginal a consumir es muy alta, entonces es muy probable que el modelo 1 represente mejor las consecuencias de la aplicación de la política monetaria.

Nótese que cada caso es un nodo diferente del árbol de posibilidades, y que los supuestos se encargan de "podar" caminos posibles a fin de direccionar el sendero causal hacia un resultado determinado. Algunos de estos nodos estarán más acordes con la realidad fenoménica que se pretende estudiar en ese momento. Sin embargo, esto no significa que el modelo escogido sea el "verdadero" o que valga para cualquier contexto. Su elección estará basada en los patrones de similaridad que se encuentren con la realidad. Y esta similaridad no será evaluada en función de la capacidad predictiva del modelo, sino de sus supuestos.

A este respecto, conviene hacer una aclaración importante. Bien se sabe que los modeladores económicos introducen supuestos para inferir resultados. Sin embargo, no todos los supuestos del modelo cumplen la misma función. Por ejemplo, sería absurdo que el supuesto de curvas de indiferencia diferenciables en cada punto se tomara como condición a cumplir en un sistema objetivo. Dado que en la mayoría de los modelos económicos sus resultados se obtienen mediante una cadena previa de razonamiento deductivo, es plausible que muchos supuestos del modelo simplemente cumplan el papel heurístico de simplificar o facilitar dicho razonamiento.

En este marco, Kuorikoski y Lehtinen (2009) han examinado diferentes tipos de supuestos según el papel que desempeñan en los modelos económicos. Básicamente, distinguen entre supuestos sustantivos y auxiliares. Los supuestos sustantivos se refieren a aspectos del mecanismo causal central del modelo sobre los cuales se intenta hacer afirmaciones importantes. Son supuestos que tienen cierto grado de mérito empírico, es decir, se piensa que son más o menos ciertos de los sistemas sobre los que se espera que el modelo arroje algo de luz. Los supuestos auxiliares, por otro lado, juegan un papel heurístico o de tratabilidad. Son necesarios para hacer factibles las inferencias desde los supuestos sustantivos hacia las conclusiones. Cuando en se afirma que solo hay dos países o dos bienes, queda claro que se introducen con el único propósito de ganar tratabilidad: nadie esperaría encontrar un mundo donde solo existan dos bienes y dos países. Al contrario, lo que se espera es que el número de países o mercancías no afecte al resultado final. Dado que solo cumplen un rol de tratabilidad en el modelo, son claramente supuestos auxiliares. Sin embargo, cuando se afirma que existe una tendencia creciente hacia la preferencia por la liquidez, o que lo que está prevaleciendo es una alta propensión al consumo, se está hablando de supuestos sustantivos, ya que se incluyen con el propósito de tomar un camino particular de un árbol de posibilidades. El camino lógico-causal de un árbol de posibilidades no debería cambiar —al menos sustancialmente— si se piensa que hay dos o más países, o si se utiliza el cálculo diferencial en lugar de una matemática más compleja. Pero sí se puede ver que, en la propia lógica de un árbol de posibilidades, hay afirmaciones que establecen una demarcación en el camino causal que puede tener un proceso económico.

Una vez hecha esta aclaración, el siguiente paso es hacer el análisis de similaridad. Siguiendo a Weisberg (2013), un modelo M y un sistema objetivo T son *similares*, o bien cuando las variables o supuestos que los describen tienen valores cercanos, o bien cuando los atributos que comparten son mayores que los atributos que no comparten. Cuanto menor sea la distancia entre estos valores (o mayor sea la diferencia entre los atributos compartidos y no compartidos), mayor será el grado de similaridad.

Sea E_{mi} la estructura de un modelo M_i. De acuerdo con lo que se ha afirmado más arriba, cada E_{mi} no estaría conformado por el total de supuestos de cada modelo M_i, sino sólo por sus supuestos sustantivos. Así, sea E_{mi} un conjunto tal que $E_{mi} = \{B_1, B_2, \ldots, B_l\}$, donde cada uno de los B-tuplas es un supuesto sustantivo del modelo i.

Asimismo, dado un conjunto de modelos $C = \{M_1, M_2, \ldots, M_n\}$, la tarea del agente A es encontrar un modelo M^* que maximice la semejanza o similaridad con respecto a T.

Para llevar a cabo esta tarea, A recurrirá a los diferentes modelos y los comparará con T. Según Weisberg (2013), la similaridad entre dos objetos depende tanto de las cosas que comparten como de las cosas que no comparten. Definamos $\varDelta$ como el "conjunto de características". Las características contenidas en $\varDelta$ pueden ser cuantitativas o cualitativas. Sean también m_i y t los conjuntos de características en $\varDelta$ que posee un modelo M_i y un sistema objetivo T, respectivamente. Siguiendo a Weisberg (2013, 144), la similaridad entre un modelo M_i y T puede expresarse mediante la siguiente ecuación:

$$S_i(M_i, T) = \theta f(m_i \cap t) - \alpha f(m_i - t) - \beta f(t - m_i) \qquad (1)$$

donde $S_i(M_i, T)$ representa el valor de similaridad de un modelo M_i con respecto a T, $f(\cdot)$ es una función de ponderación, y α, β y θ son ponderadores.

La función (1) enuncia que la similaridad de M_i con respecto a T es una función de las características que comparten ($\theta f(m_i \cap t)$), menos las características que no comparten ($\alpha f(m_i - t)$ y $\beta f(t - m_i)$).

Ahora bien, las características de los modelos que resultan ser importantes para nuestro análisis sólo están relacionadas con los supuestos sustantivos de los modelos, es decir,

$$m_i = E_{mi}$$

Racionalidad política de las ciencias y de la tecnología

por tanto,

$$S_i(M_i, T) = \theta f(E_{mi} \cap t) - \alpha f(E_{mi} - t) - \beta f(t - E_{mi}) \quad (2)$$

El objetivo de A consiste en maximizar la similaridad entre M_i y T. Para ello, sea H un conjunto por el cual sus elementos son todos los valores de similaridad dados por cada una de las funciones (1), es decir, $H = \{S_1, S_2, \ldots, S_n\}$, donde cada S_i representa el valor de similaridad de cada modelo en relación con T. Además, sea g una función que selecciona el elemento de H con valor máximo. Entonces podemos enunciar la siguiente ecuación:

$$M^* = g(S_1, \ldots, S_n) \quad (3)$$

Por tanto, si A decidiese cambiar un supuesto auxiliar, dicha decisión no debería modificar el valor de similaridad. Sin embargo, este valor sí cambiará en tanto se modifique alguna suposición sustancial. Por ejemplo, si el supuesto de "alta" preferencia por la liquidez es reemplazado por una preferencia de valor "insignificante", o si se asume diferentes valores de propensión a consumir o a ahorrar, entonces es esperable que se encuentren diferentes niveles de similaridad.

¿Qué hay de los supuestos como aproximaciones?

Hemos visto anteriormente que, de acuerdo con F53, lo que se testean no son los supuestos, sino las implicaciones. Por consiguiente, al argumento anterior de focalizar en los supuestos sustantivos de los modelos para hacer un ulterior análisis de similaridad F53 preguntaría "¿cómo reconoceríamos que un supuesto es más o menos similar a lo que sucede en un sistema objetivo?". A lo que respondería "testeando la precisión de las predicciones del modelo", anulando así cualquier posibilidad de realizar dicho análisis de similaridad. Retomemos una vez más el ejemplo de la ley de Galileo. Evaluar esta ley por sus supuestos implicaría, por ejemplo, medir la presión atmosférica actual y ver si está bastante cerca de cero. Al nivel del mar la presión es de aproximadamente 15 libras por pulgada cuadrada. ¿Es entonces el supuesto de vacío irrealista? Claramente lo es, en tanto 15 difiere de cero. Pero esta pregunta no es la correcta. Según Friedman, lo correcto es preguntarse si las 15 libras está lo suficientemente cerca de cero como para juzgar a esa diferencia significativa o no. El único modo de saberlo es probando si la teoría funciona, esto es, chequeando la precisión de las predicciones.

Empero, y tal vez intencionalmente, F53 confunde diferentes estadios o jerarquías a la hora de testear hipótesis o afirmaciones conjeturales. Supongamos, por un momento, que lo que dice es cierto, y que todo test es "indirecto", y que por tanto se deben crear situaciones experimentales para su testeo (véase Mäki, 2009). Lo que F53 no tiene en cuenta es que una afirmación puede ser un supuesto o una implicación dependiendo de qué situación experimental estemos hablando.

A fin de ser más precisos en esto, retomemos la pregunta "¿cuál de las dos afirmaciones sobre la presión atmosférica (p) está más próxima a la realidad: la de $p=0$ o la de $p=15$?". Para este caso, el experimento de Galileo es inútil. Lo que recurrimos es al experimento de Torricelli. En dicho experimento se podrán contrastar dichos valores con el valor real de la presión atmosférica. Es posible que, a causa de cambios en las condiciones climáticas, la presión no sea precisamente de 15 libras por pulgada cuadrada. Pero lo que sí se podrá decir con total confianza es que, en las cercanías del nivel del mar, p=15 estará más próximo a la realidad que $p=0$. Una vez que tengamos estos valores, podremos retomar el experimento de Galileo y hacer la pregunta "¿cuál de los dos supuestos es más realista?". Y ésta no se responde con dicho experimento, sino con el de Torricelli.

Consideraciones finales

En el presente trabajo se ha defendido la idea de que los mecanismos económicos representados a través de diferentes modelos no se refieren a entidades universales, sino a caminos potenciales. En particular, se ha propuesto el concepto de "árbol de posibilidades", es decir, la descripción de un conjunto de eventos que pueden tener lugar una vez que se activa un factor causal.

Racionalidad política de las ciencias y de la tecnología

Como esquema de un camino posible, un modelo económico solo nos dice qué pasaría si se cumplieran ciertas condiciones. Estas condiciones, que en el presente trabajo se han asociado a los supuestos denominados "sustantivos", resultan de vital importancia, ya que, si no se dan en el sistema objetivo, el modelo bajo análisis carecerá de relevancia.

Asimismo, se ha argumentado que, para que la comparación entre un modelo y su objetivo sea adecuada, es necesario realizar un análisis de similaridad. En dicho análisis, se ha mostrado que un modelo puede ser más o menos similar a un sistema objetivo. Todo depende de qué parte seleccionada del mundo se va a examinar, cuáles son los propósitos de los modeladores, etc. En este sentido, encontrar el modelo que "maximiza" su similaridad con un sistema objetivo nos ayuda a tomar decisiones en relación con ese objetivo.

Al utilizar como criterio de elección de los modelos la plausibilidad de los supuestos sustantivos no se está diciendo que un modelo sea verdadero y otro falso, sino que a uno se lo podrá aplicar en circunstancias acordes con la realidad vigente, mientras que el otro será aplicable en condiciones diferentes. No es que uno sea más creíble que otro, sino que se adecúa mejor a la realidad de ese momento. Y la única manera de reconocer cuál de los modelos se adecúa más a esa realidad, es mirando los supuestos sustantivos. La capacidad predictiva no es —a diferencia de lo que F53 pensaba— el criterio de elección de los modelos económicos. En todo caso, las implicaciones o resultados que éstos arrojen serán de utilidad para hacernos una idea de lo que podría llegar a suceder bajo diferentes circunstancias.

El realismo de los supuestos sí resulta ser entonces importante a la hora de evaluar a los modelos económicos. Desde ya que varios supuestos van a ser irrealistas. Sin embargo, debe tenerse presente el sentido del término "irrealismo" que se utilice. Afirmar que *todos* los supuestos son irrealistas porque son abstracciones o idealizaciones no contribuye a la discusión. Tildar de "irrealista" a cualquier modelo sólo porque hace uso de supuestos heurísticos tampoco constituye una crítica constructiva. Sí creemos que puede arrojar luz examinar el realismo de los supuestos (sustantivos) de acuerdo con el grado de plausibilidad que estos tengan de efectivizarse en el mundo real, dado nuestro conocimiento disponible de cómo actúan las personas y de las características del contexto. El "realismo debilitado" propuesto por Gómez es, por consiguiente, una buena manera de repensar el modo de entender y de utilizar los modelos económicos.

REFERENCIAS

Bunge, M. "How Does It Work? The Search for Explanatory Mechanisms". *Philosophy of the Social Sciences*, 34, (2); (2004): 182-210.

Cartwright, N. "Causal laws, policy predictions, and the need for genuine powers". T. Handfield, ed. *Dispositions and Causes*. Nueva York: Oxford University Press. 2009. 27-157.

---. *Hunting Causes and Using Them –Approaches in Philosophy and Economics*. Cambridge: Cambridge University Press, 2007.

---. *The Dappled World*. Cambridge: Cambridge University Press, 1999.

---. "Capacities". J. Davis, W. Hands, y U. Maki, eds. *The handbook of economic methodology*. Cheltenham: Edward Elgar. 1998. 45-48.

---. *Nature's Capacities and Their Measurement*. Oxford: Clarendon Press, 1989.

Cartwright, N. y S. Efstathiou. "Hunting Causes and Using Them: Is There no Bridge from Here to There?". *International Studies in the Philosophy of Science*, 25, (3); (2011): 223-241.

Duhem, P. *The Aim and Structure of Physical Theory*. Nueva Jersey: Princeton University Press, 1954.

Friedman, M. "The methodology of positive economics". M. Friedman, *Essays in Positive Economics*. Chicago: University of Chicago Press. 1953. 3-43.

Glennan, S. *The New Mechanical Philosophy*. Oxford: Oxford University Press, 2017.

Gómez, R. "Más allá de la dicotomía realismo-instrumentalismo". *CRÍTICA, Revista Hispanoamericana de Filosofía*, 27, (80); (1995): 97-118.

Hedström, P. y R. Swedberg. "Social mechanisms: an introductory essay". P. Hedström y R. Swedberg, eds. *Social Mechanisms: An Analytical Approach to Social Theory*. Cambridge: Cambridge University Press. 1998. 1–31.

Ivarola, L. "Socioeconomic processes as open-ended results. Beyond invariance knowledge for interventionist purposes". *THEORIA. An*

International Journal for Theory, History and Foundations of Science, 32, (2); (2017): 211–229.

Keynes, J. *La Teoría General de la Ocupación, el Interés y el Dinero*. Buenos Aires: Fondo de cultura económica, 2001 [1936].

Kuorikoski, J. y A. Lehtinen. "Incredible Worlds, Credible Results". *Erkenntnis*, 70, (1); (2009): 119–131.

Lucas, R. "Econometric policy evaluation: A critique". *Carnegie-Rochester Conference Series on Public Policy*, 1, (1); (1976): 19-46.

Machamer, P., L. Darden, y C. Craver. "Thinking About Mechanisms". *Philosophy of Science*, 67, (1); (2000): 1-25.

Mäki, U. "Unrealistic assumptions and unnecessary confusions: Rereading and rewriting F53 as a realist statement". U. Mäki, ed. *The methodology of positive economics: Reflections on the Milton Friedman legacy*. Cambridge: Cambridge University Press. 2009. 90-116.

Marqués, G. *De la mano invisible a la economía como proceso administrado. Una reflexión filosófica y epistemológica*. Buenos Aires: Ediciones Cooperativas, 2004a.

---. "Dos cuestiones insuficientemente debatidas acerca de los supuestos en economía". *Análisis Filosófico*, 24, (1); (2004b): 59-81.

Mitchell, S. *Biological Complexity and Integrative Pluralism*. Cambridge: Cambridge University Press, 2003.

Taleb, N. *El cisne negro: el impacto de lo altamente improbable*. Buenos Aires: Paidos, 2012.

Weisberg, M. *Simulation and Similarity. Using Models to Understand the World*. New York: Oxford University Press, 2013.

Woodward, J. *Making Things Happen: A Theory of Causal Explanation*. Oxford: Oxford University Press, 2003.

---. "What Is a Mechanism? A Counterfactual Account". *Philosophy of Science*, 69, (S3); (2002): S366-S377.

Racionalidad política de las ciencias y de la tecnología

El fin de (una manera de practicar) la ciencia

Cecilia Hidalgo
UBA Profesora Plenaria
de la Universidad de Buenos Aires

Introducción

En su libro *El fin de la ciencia, la historia y la modernidad: una mirada crítica* (2020), Ricardo Gómez propone una concepción de la ciencia que incluye la consideración de la dimensión valorativa y preserva al mismo tiempo la idea de objetividad científica. Gómez analiza diversas versiones que afirman el próximo fin del progreso científico hacia teorías o paradigmas radicalmente distintos. Tal afirmación se fundaría en argumentos que dan por supuesto que el desarrollo científico ya ha alcanzado la verdad -o está muy próximo a lograrlo- y que lo único que queda a futuro son tareas de detalle, nuevas aplicaciones, mejoramientos y correcciones menores. Como tal desarrollo sólo puede dar en el futuro beneficios decrecientes, a mediano o largo plazo la sociedad perdería interés en apoyar la investigación científica.

En el presente trabajo, que escribo en homenaje a Ricardo Gómez con sincero reconocimiento a la erudición, compromiso social y las extraordinarias lecciones de análisis filosófico en acción que prodiga en sus textos y clases, intentaré mostrar limitaciones importantes en sus intentos de rescatar a la ciencia y la epistemología de visiones canónicas en las que los ideales de verdad y objetividad, aún redefinidos, siguen prevaleciendo. Sostendré que asistimos a un quiebre del consenso epistémico sobre cómo llevar adelante la práctica científica, sobre lo que la sociedad requiere en la actualidad del conocimiento que provee la ciencia y en tal medida también sobre lo que se espera de la crítica epistemológica.

La idea fundante en el Estado Moderno, según la cual cuando se habla de la ciencia se habla de la verdad, de hechos y objetividad, mientras que cuando se habla de la sociedad se habla del bien, de valores, intereses y subjetividades en pugna, forma parte arraigada de la versión del papel de la ciencia provista por la filosofía de la ciencia del siglo XX, que se arrastra inercialmente al siglo XXI. El canon con respecto a la ciencia supone no sólo que los científicos proceden racionalmente, sino que el tipo de racionalidad con que desarrollan su práctica constituye un paradigma de la racionalidad (Newton Smith, 1981). La concepción moderna de la relación ciencia-sociedad supone además que los problemas prácticos que revisten interés social son pasibles de ser traducidos al lenguaje de la ciencia en la forma de problemas técnicos cuya resolución resolvería a su vez el problema práctico-político. Bastaría con que los científicos se orientaran por valores compartidos para que se "resolvieran" los problemas práctico-políticos del conjunto de la sociedad.

Esta versión tiene su correlato en una versión igualmente canónica de la labor filosófica, excelentemente caracterizada por Eduardo Rabossi en su libro *En el comienzo Dios creó el canon* (2008). En líneas similares, el canon profesional de la filosofía presenta una imagen extraordinaria de los filósofos como seres que monopolizan el mejor empleo de la razón y poseen patente exclusiva para buscar la verdad con respecto a problemas que, en este caso, son problemas perennes y en gran medida irresolubles, que eximen a los filósofos de ocuparse de cuestiones contextuales, históricas, donde lo que se diga puede afectar a los involucrados. Rabossi nos invita en su texto a "abandonar una forma de hablar de la filosofía que desde hace mucho tiempo muestra signos alarmantes de irrealidad y que por ello conduce al desprestigio" (Rabossi, 213). Incluso, podríamos agregar en paralelo con lo antes dicho sobre la ciencia, a mediano o largo plazo la sociedad y los científicos podrían perder interés en la investigación filosófica y sus contribuciones atemporales.

Epistemólogos como Gómez intentan rescatar con distintos tipos de enmiendas ambas versiones canónicas, centrándose fundamentalmente en el impacto sobre las dimensiones cognitivas de introducir valores en la consideración epistemológica. Sin embargo, las exigencias del presente tienen un doble carácter cognitivo y democrático: no solo apuntan a la

Racionalidad política de las ciencias y de la tecnología

garantía de la calidad del conocimiento sino a la legitimidad de los procedimientos de toma de decisiones en las que están en juego vidas, salud, justicia, formas de existencia. Argumentaré que lejos de asistir al fin de la ciencia, lo que está tomando forma es el fin de una manera de practicar la ciencia, de concebir la relación ciencia-sociedad y aún la labor de la epistemología, en un proceso de reconfiguración conceptual y profesional que abre paso a modalidades colaborativas. En estos procesos colaborativos, los científicos y los epistemólogos no son los únicos agentes llamados a producir conocimiento.

En las siguientes páginas recorreremos un camino que va desde las posiciones epistemológicas que hemos llamado canónicas hasta diversas versiones de "rescate" que entendemos insuficientes, para presentar luego los rasgos principales de las modalidades colaborativas.

Versiones canónicas de la racionalidad de la ciencia y de la actividad de los científicos

En primer lugar, son los científicos mismos quienes tienden a considerar su práctica como el paradigma de la racionalidad institucionalizada (Newton Smith, 1981): se ven poseedores de un método que proporciona técnicas para la valoración objetiva de los méritos de sus resultados (sean teorías, modelos, entre otros), entienden que aplican ese método de manera desapasionada y desinteresada a la resolución de problemas -a veces teóricos, pero muchas veces de origen práctico-político-, con ello pretenden que han avanzado en el camino hacia la verdad, el conocimiento, la explicación, sobre los que luego fundan recomendaciones de intervención en la esfera práctico-política. En segundo lugar, esta imagen ha sido ampliamente aceptada y reforzada los filósofos de la ciencia del siglo XX y por sociólogos de la ciencia como Robert Merton ([1942]1964), quien la ha elevado al estatus de *ethos* de los científicos. Según el *ethos* mertoniano, la labor científica se caracteriza por el universalismo (los criterios de aceptación o rechazo de los resultados son impersonales, no dependen de los atributos personales o sociales de sus protagonistas), el comunismo (los bienes que se producen son de propiedad común), el desinterés y el escepticismo organizado (suspensión del juicio hasta el escrutinio imparcial de las creencias de acuerdo con criterios empíricos y lógicos).

Entre los epistemólogos, un racionalista prototípico es Karl Popper como queda expresado elocuentemente en la siguiente afirmación: "La historia de la ciencia lo mismo que la historia de todas las ideas humanas es una idea de sueños irresponsables, de obcecación y de error, pero la ciencia es una de las pocas actividades humanas, quizá la única, en la cual los errores se critican sistemáticamente y muy a menudo se corrigen con el tiempo. En otros terrenos hay cambio pero raramente hay progreso" (Popper, 216). No es casual, pues, que Gómez dedique gran parte de su argumentación a la crítica de las posiciones popperianas, aún cuando se puede ser racionalista de acuerdo a modelos de método muy distintos, tal como la historia de la ciencia ha mostrado. En el siglo XIX ser racionalista era ser inductivista, era pensar que el conocimiento racionalmente constituido es aquél que se produjo por inducción a partir de datos empíricos intersubjetivamente aceptados; en el siglo XX, para un hipotético-deductivista el método destaca la naturaleza hipótetica de las afirmaciones científicas y su contrastabilidad.

Lo importante a nuestros fines es que en ambos casos se supone que la ciencia ha encontrado ya cuál es su método, cuyo uso caracteriza e institucionaliza qué ha de entenderse por racionalidad. Es en virtud de su método que se establecen criterios para estimar si cuando se produce un cambio, puede hablarse o no de avances, mejoras, "progreso".

El rescate de las versiones canónicas por diferentes concepciones del "progreso" científico: la centralidad de la dimensión cognitiva

Por cierto, la imagen racionalista ha sido desafiada por posiciones antagónicas, algunas de las cuales han tomado importancia desde el siglo XIX a través de la teoría de la ideología, y en el siglo XX desde los estudios sociales de la ciencia, por un lado, y las controversias internas a la epistemología misma, por otro. Si atendemos a lo que se afirma sobre el método científico, una primera dificultad apunta a que las reconstrucciones provenientes de la historia de la ciencia no coinciden con el modelo de acción

Racionalidad política de las ciencias y de la tecnología

racional prescripta por cualquiera de los métodos reconstruidos por los epistemólogos. La racionalidad se muestra como una complicada combinación indisoluble de ingredientes psicosociales, éticos y lógico-gnoseológicos.

Fue Kuhn (1962) quien en su descripción de cómo surge un paradigma mostró que el cambio científico no tiene tanto que ver con comprobaciones, verificaciones, corroboraciones, sino con un sentido pragmático, utilitario oculto: problemas que no se podían resolver se resuelven, la comunidad científica elige aquello que tiene mayor eficacia para resolver un problema. Esto supone afirmar que la comunidad científica responde satisfactoriamente ante requerimientos que pueden tener distinto origen, sean lógicos, psicosociológicos o prácticos, lo que lejos de corresponder a una acción irracional expresa racionalidad, aunque bajo una definición de racionalidad amplia. Dar cuenta de la racionalidad que rodea el cambio científico y la evaluación del progreso en el conocimiento desafiará a importantes epistemólogos de la segunda mitad del siglo XX.

En *The advancement of science*, Philip Kitcher (1993) nos reafirma en la idea de que la discusión contemporánea acerca de la cuestión del avance de la ciencia (en principio hablar de avance es algo más débil que hablar de progreso científico) es fascinante. Despegados de las perspectivas altamente normativas de la filosofía de la ciencia de la primera mitad del siglo XX, los epistemólogos, todavía inspirados en la visión de los científicos como razonadores paradigmáticos, se impusieron la tarea de exponer las reglas que sus sujetos siguen de hecho, las razones e inferencias que consideras "buenas" y, sin prejuzgar la uniformidad de las distintas prácticas científicas, se embarcaron en estudios de las ciencias particulares.

Los modelos de cambio científico formulados por los "nuevos filósofos de la ciencia" de la década de 1960 entre los que el más influyente fuera Kuhn, coincidieron en una serie de supuestos comunes, que Pérez Ransanz (1999, 231-33) reseña de la siguiente manera:

1) la historia de la ciencia es la principal fuente de información para construir y evaluar los modelos sobre el cambio científico.

2) No hay una manera única de organizar conceptualmente la experiencia.

3) Las teorías científicas se construyen y desarrollan dentro de marcos generales de investigación.

4) Los marcos de investigación también cambian.

5) La ciencia no es una empresa totalmente autónoma.

6) El desarrollo científico no es acumulativo ni lineal.

7) La racionalidad científica no se puede caracterizar *a priori*.

8) Los modelos de cambio científico no tienen una base neutral de contrastación.

Diversas contribuciones de epistemólogos como Lakatos, Feyerabend, Laudan y Shapere en este punto son ya célebres. Las repasaremos brevemente a fin de ilustrar distintos intentos de rescate de la versión canónica.

Imre Lakatos (1970) admitió la dificultad de evaluar el carácter progresivo de las series de teorías de los PIC -programas de investigación científica- en términos del incremento de información empírica, por lo que después de un proceso prolongado de eliminación de programas que no logran corroboración de sus hipótesis, consideró decisivo el juicio retrospectivo que realizan las élites científicas acerca de la racionalidad de los cambios producidos.

Las unidades de análisis de Paul Feyerabend (1975, 1978) son teorías globales abarcativas altamente comprometidas con supuestos metafísicos. La elección de una nueva teoría global no se basa en principio en que esté mejor contrastada que sus rivales, pues ello toma mucho tiempo, pero una vez que ocurre, cambian los significados de los términos cotidianos y observacionales utilizados en ese campo, a los que se reinterpreta a la luz de las categorías conceptuales de la nueva teoría. Para Feyerabend, el crecimiento del conocimiento resulta de la competencia incesante entre diversos puntos de vista sostenidos con tenacidad, y en gran medida la aceptación de tales teorías globales depende de las preferencias subjetivas de los científicos.

Racionalidad política de las ciencias y de la tecnología

En el modelo de Larry Laudan (1977) la progresividad en el cambio científico se da cuando las teorías sucesivas resuelven más problemas que sus antecesoras. De este modo, los cambios no solo no son acumulativos, sino que suelen centrarse en cuestiones no tanto de apoyo empírico como conceptuales, siendo los criterios para evaluar teorías tanto locales como variables a lo largo del tiempo. Para Laudan existe una amplia gama de actitudes epistémicas hacia las teorías además de la aceptación o rechazo. Hay compromisos más básicos y de largo plazo entre las que denomina "tradiciones de investigación" (ontológicos, metodológicos, epistémicos), que se evalúan en términos de su eficacia para resolver problemas, entre los cuales, la eliminación de dificultades conceptuales es tan constitutiva de progreso como el apoyo empírico creciente. Así, la decisión de aceptar o rechazar depende de la eficacia global de la trayectoria seguida por una teoría, abarcando tanto un componente retrospectivo como prospectivo. En *Science and values* de 1984, Laudan habla de la existencia de distintos niveles de evaluación, en un nuevo modelo reticular y no jerárquico, en el que las tradiciones de investigación evolucionan de manera tal que, en distintos momentos, cualquier nivel de evaluación (teoría, objetivos, métodos) puede ser sujeto a revisión, produciendo cambios profundos en los estándares y objetivos de una comunidad científica.

Dudley Shapere (1980) defendió las ideas de continuidad y evolución frente a las kuhnianas de discontinuidad y revolución: el problema de la comparación de teorías requiere que se resuelva el problema de la continuidad entre teorías sucesivas, que propone analizar con el recurso a "cadenas de razonamientos", aplicadas al cambio científico en general. Ningún presupuesto de la investigación científica sería inviolable y la racionalidad de un cuerpo de creencias se establece mostrando la existencia de una cadena de razonamientos que conecta este cuerpo con sus versiones anteriores, donde cada paso en su génesis está motivado por buenas razones. Para que una razón funcione como tal debe haberse mostrado exitosa (empíricamente adecuada en su dominio), debe estar libre de dudas específicas, (ser consistente, compatible con otras creencias aceptadas) y ser relevante para el objeto de estudio. Estos criterios son un producto histórico y por ende son continuamente revisados, refinados o abandonados.[7] Shapere distingue dos formas de introducción de ideas nuevas en ciencia. Por un lado, la de ideas o desarrollos que, al menos a primera instancia, no parecen tener antecedentes reconocibles. Por otro lado, la de ideas o desarrollos con importantes antecedentes reconocibles, no siendo la idea en sí misma lo novedoso, sino sus nuevas aplicaciones y el impacto que causa en un momento dado. Cuando una "nueva" idea tal es reintroducida, no siempre lo es porque agrega mayor contenido empírico, responde preguntas o resuelve problemas sin solución: bien puede ocurrir que se transforme en una alternativa seria porque los contextos más amplios, tanto científicos como extracientíficos han cambiado tornándola más plausible (Schuster, 1999). Según Shapere, los nuevos conceptos científicos a menudo se han forjado a través de un largo y a veces tortuoso proceso de razonamiento. La crítica sola no es suficiente: las objeciones deben apuntar a lo que Shapere (1995, 209) denomina *locus de innovación*, incluyendo un área de debilidad en el trasfondo heredado. De otro modo, las sugerencias innovadoras resultan mera especulación, conjeturas, que luego no pueden ser tomadas seriamente en consideración, pues no proveen un contexto de razonamiento a ser compartido y amplificado por el conjunto de los investigadores.

Este breve repaso muestra enmiendas que en su mayoría giran alrededor de la redefinición de las unidades de análisis epistemológico (teorías, prácticas científicas en el seno de paradigmas o matrices disciplinares, programas de investigación, teorías globales, tradiciones de investigación, entre otros). En todas ellas, la dimensión social es muy modestamente introducida y quienes dirimen las evaluaciones en términos de aceptación o rechazo, avances o retrocesos, son siempre los científicos: los agentes considerados pertenecen exclusivamente al campo académico, puede incluso admitirse la pertinencia de que intervengan diversas disciplinas, pero

---

[7] En un análisis de la creatividad científica que he realizado a partir del análisis de la obra del antropólogo Cliford Geertz (Hidalgo, 2019), he argumentado que la mayoría de estas contribuciones epistemológicas se concentra en los cambios científicos de fondo o de largo alcance y no en los que ocurren a escala cotidiana de la investigación.

Racionalidad política de las ciencias y de la tecnología

la consideración de otros tipos de agentes y valores extraacadémicos es mínima, si es que se diera.

El rescate de las versiones canónicas por parte de Gómez: la sociedad entra en escena, pero quienes entran en el debate son agentes ideales

Gómez reconoce la importancia de la relación ciencia-sociedad y se apoya en las tesis de Philip Kitcher (1993) y de Helen Longino (1990) para rescatar desde otro ángulo las nociones de verdad y de objetividad. Se pregunta con Kitcher por el papel de la ciencia en una sociedad democrática, admite que en ciencia los valores epistémicos se equilibran siempre con intereses prácticos, es escéptico acerca de la existencia de un objetivo general de la investigación y adhiere al ideal kitcheriano de una "ciencia bien ordenada". En una ciencia bien ordenada la verdad significativa conserva un lugar central, pero lo hace dentro de un marco democrático en el que lo que ha de considerarse de "significación científica" surge de una deliberación ideal entre agentes ideales (que representarían la distribución de los puntos de vista en la sociedad), con un árbitro en el caso de desacuerdos. De haber desacuerdos, se asume la importancia de tomar conciencia de sus orígenes y de crear instituciones que gobiernen la práctica de la investigación dentro de la sociedad, para que las investigaciones coincidan con los juicios de los deliberadores ideales en las etapas de (i) determinación de las agendas, (ii) evaluación normativa de investigaciones en términos de los valores y restricciones morales elegidos colectivamente por los deliberadores ideales, y (iii) traducción de los resultados de la investigación en aplicaciones, planes de acción, políticas. Desde ya, los deliberadores ideales no pueden ser solo los expertos de las comunidades científicas. La noción de objetividad de Longino refuerza la idea de Gómez según la cual "objetividad" no se equipara a "neutralidad valorativa", sino que exige participación social de los individuos en una discusión crítica interactiva, condiciones institucionales que permitan y faciliten esa discusión (revistas especializadas, asociaciones, etc.) y estándares compartidos de crítica. La objetividad se daría cuando los individuos participan activamente en la discusión crítica, por lo que lo "objetivo" sería cuestión de grado: a mayor cantidad de puntos de vista participando de la discusión crítica, mayor la objetividad conseguida.

En Gómez, como en Kitcher y Longino, la práctica científica es una práctica social que aún cuando se lleva a cabo de manera individual, se enmarca en una sucesión de prácticas consensuadas por la comunidad científica, combinando a la par metas epistémicas y no epistémicas. A la hora de proponer objetivos, los científicos combinan intereses que no siempre responden exclusivamente al conocimiento como fin último, por ejemplo, el interés en lograr una sociedad más igualitaria. Asumir que la ciencia está atravesada por valores, implica debatir y tomar una posición sobre aquellos valores a los que se aspira como sociedad en una democracia. A partir de este debate, puede pensarse una ciencia bien ordenada como aquella en la que los programas de investigación se enmarcan en esquemas amplios de valores, elaborados idealmente en condiciones de compromiso mutuo.

Agregando algunas notas con respecto a las tesis de Kitcher en su cuadro de cómo avanzan las ciencias, vale subrayar que la racionalidad individual de los científicos se conecta con la racionalidad colectiva de la(s) comunidad(es) científica(s). Se admite que los miembros individuales de la misma comunidad científica difieren en sus prácticas y que los consensos alrededor de la práctica pueden cambiar. De este modo, para juzgar la progresividad de los cambios que se van dando de un momento a otro en los estados cognitivos de los investigadores vale establecer una relación con la secuencia creciente de las prácticas de consenso que van logrando las propuestas de científicos prominentes en las acciones y actitudes de los otros miembros de la comunidad científica.[8] Siempre según Kitcher,

---

[8] Según Kitcher estas acciones y actitudes conciernen a: 1. El lenguaje que los científicos usan en su trabajo profesional. 2. Las preguntas que identifican como problemas significativos del campo. 3. Los enunciados, cuadros, diagramas que aceptan acerca de las temáticas de su campo. 4. El conjunto de patrones o *esquemata* que aparecen en aquellos textos que el científico considerará explicativos. 5. Los ejemplos estándar de fuentes de información creíbles, más los criterios de credibilidad que el científico usa para valorar las contribuciones de fuentes de información potenciales relevantes a las cuestiones o temáticas del campo. 6. Los paradigmas de experimentación y observación conjuntamente con los instrumentos y herramientas que el científico considera confiables, así

Racionalidad política de las ciencias y de la tecnología

una práctica consensuada es una práctica individual, pero difiere de ésta en que la evaluación de su significación es impersonal. El consenso no da peso a los proyectos personales y a los intereses de los individuos particulares, a menos que estos puedan hablar en nombre del campo. Así, es fácil identificar una práctica consensuada, porque está constituida por un lenguaje que equivale a una evaluación impersonal de las preguntas significativas, del conjunto de enunciados aceptados, de los criterios para identificar quién es una autoridad en la cuestión, etc. Kitcher distingue tres variedades de progreso en ciencia: en la esfera práctica, en la esfera cognitiva y en la esfera organizacional. En la esfera cognitiva el progreso puede ser conceptual y explicativo. Hay progreso conceptual cuando se ajustan los límites de las categorías para dar forma a tipos y cuando aumenta la capacidad de proporcionar especificaciones más adecuadas de sus referentes. El progreso explicativo consiste en mejorar la concepción de las conexiones de los fenómenos. Si es cierto como Kuhn (1977) afirma, que algunos cambios no son tanto modificaciones dentro de campos existentes como el rediseño del mapa de las ciencias, indudablemente podemos esperar que se promueva asimismo un progreso organizacional, concebido como el mejoramiento de las relaciones aceptadas entre las ciencias. Los cambios organizacionales trazan nuevas fronteras, modifican ideas acerca de las relaciones entre campos disciplinarios e incorporan conceptos, métodos y criterios de un campo en otro.

La hora de las modalidades colaborativas de producción de conocimiento: pluralidad de agentes, valores e intereses en conflicto reales

Llegados a este punto y si admitimos que la relación ciencia-sociedad que ha ido surgiendo de las revisiones y enmiendas presentadas apuntan a promover un cambio organizacional que dé cabida al debate sobre valores y la inclusión de perspectivas cognitivas y valorativas legítimas que

---

como su criterio de experimentación, observación y confiabilidad de los instrumentos.
7. Los ejemplos de razonamientos científicos considerados buenos y deficientes, conjuntamente con los criterios para valorar los enunciados propuestos por lo que algunos llaman la metodología del científico. Todos están sujetos a revisión y pueden transformarse en cuestiones a debatir.

Gómez alienta, podemos preguntarnos, ¿en qué puede contribuir la epistemología a nuestra comprensión de las ciencias del presente y su papel a la hora de intervenir en las encrucijadas que enfrenta nuestra sociedad? Parece irónico hablar del fin de la ciencia. Es que los límites de lo mucho que se ignora y de las inmensas dificultades de garantizar la legitimidad de los procesos de toma de decisiones públicas se han hecho evidentes en un contexto en el que el cambio global, las crisis sanitarias, entre otros temas, ocupan un lugar de relieve en la agenda pública a escala planetaria.

La pandemia Covid19 ilustra muy bien este punto: distintos aspectos de la práctica científica, con centro en métodos de diagnóstico-tratamiento clínicos y generación de vacunas, se han movilizado y han recibido apoyo financiero en una escala verdaderamente histórica. No obstante, el conocimiento en áreas cruciales todavía está sumergido en la ignorancia (entre las epidemiológicas, fuentes del virus, su evolución, mutaciones, inmunidad de los infectados, reinfecciones y consecuencias a futuro, comportamiento estacional de la enfermedad; entre las sociales, aceptación de la población a las medidas prolongadas de aislamiento o distanciamiento social, reducción, cierre o desaparición de empresas y empleos, entre muchas otras). La experticia en que se basa el asesoramiento sobre políticas relativas a la COVID-19 ha debido apoyarse en suposiciones especulativas sobre el virus mismo y sobre hasta qué punto es posible controlar y predecir cómo se comportarán las personas en circunstancias extremas. Del mismo modo, ante el cambio climático y global el conocimiento experto se muestra débil, incompleto, incierto, y cualquier tipo de predicción cuantitativa se revela poco confiable, en tanto "respuesta numérica" resultado de modelos matemáticos que producen cuantificaciones con pretensión de ser precisas, cuando han sido obtenidas solo a costa de omitir o menospreciar las incertidumbres asociadas (Funtowicz e Hidalgo, 2021).

Si bien el conocimiento disponible es abundante -aunque muchas veces disperso en publicaciones académicas de alcance restringido-, no podemos suponer que la ciencia y la tecnología hayan llegado a verdades que proveerán por sí solas una solución a estas problemáticas, ni que contamos con información científica suficiente y completa. La toma de decisiones requiere contrastar posiciones, compatibilizar diferencias, depurar y acercar puntos de vista fácticos y valorativos, tomando en cuenta no solo la perspectiva de los científicos-expertos, sino de los sectores sociales sensibles a los que incumbe el conocimiento científico producido y aún a los inconformes o excluidos de los beneficios directos de las decisiones que se toman.

En este marco, una de las principales contribuciones al debate público que pueden realizar las comunidades científicas, los expertos individuales y los epistemólogos consiste en, a) ayudar a precisar qué se sabe, y en tal sentido aportar las evidencias y argumentos que ya han logrado desarrollar en sus estudios previos pero, sobre todo, b) delimitar qué se ignora (pero debería saberse) en el terreno fáctico, y en tal sentido disponerse a cubrir la vacancia. Para ello, tanto científicos como epistemólogos tendrán que abrirse a participar en espacios de diálogo, concebir el debate y la deliberación en términos realistas y asumir la existencia y la legitimidad de conocimientos distintos del científico (en particular, conocimiento práctico, *know how* de los agentes extraacadémicos). Este cambio desde el rol de los científicos como productores aislados de teorías, modelos, etc. y de los epistemólogos como productores de especulaciones libres de contexto, supone que ambos sean capaces de participar en los espacios de interacción y diálogo recién mencionados. Espacios reales donde la deliberación y la co-exploración de resultados relevantes se vean enriquecidos, lo que no se logrará sin una dedicación de tiempo adecuada, empatía, humildad, capacidad de escuchar y explicar todas las veces necesarias la perspectiva propia.

Es cada vez más común el llamado a la constitución de redes colaborativas de investigación que reúnen por igual a instituciones científico-académicas, organizaciones gubernamentales y agentes sociales interactuando para co-producir conocimiento relevante y capaz de apoyar la acción colectiva. Las modalidades colaborativas asumen que, por su complejidad, los problemas del presente no pueden abordarse como problemas práctico-políticos pasibles de ser traducidos como problemas técnico-científicos cuya resolución resolverá a su vez los problemas práctico-políticos, sino que requieren involucrar a una pluralidad de agentes, valores e intereses en conflicto (Hidalgo, 2020).

Los significativos avances de la ciencia de nuestros días y la pertinencia de muchas de las contribuciones epistemológicas aún deben ampliarse si han de proporcionar conocimiento del que puedan apropiarse los tomadores de decisiones tanto públicos como privados. Para ello es crucial que mejore la forma en que se analiza, evalúa, sintetiza y comunica el conocimiento. La profundidad de los cambios necesarios para hacer frente a la provisión efectiva de conocimiento relevante se ilustra en las cuatro metas principales que en estos contextos comienzan a capturar la atención:

1) Ya no se trata solo de la producción sino de la interpretación, evaluación y síntesis del conocimiento (científico y no científico) disponible.

2) "Ajuste a medida" de la comunicación de ese conocimiento a distintos agentes y en distintos contextos históricos y sociales.

3) "Traducción" del conocimiento en impactos y resultados esperables o posibles (incluyendo rangos de incertidumbre o credibilidad) de los cursos de acción recomendados.

4) Exploración de las estructuras institucionales necesarias para sustentar la nueva relación ciencia-sociedad.

¿Puede lograrse esto con agentes ideales llamados a deliberar en el escenario ficcional de un experimento mental epistemológico? La respuesta parece ser que no, que no se trata solo de deliberación abstracta, sino la búsqueda de interacción efectiva entre científicos, filósofos y agentes extraacadémicos. Los agentes a participar de la deliberación deben haber sido identificados y reconocidos con anterioridad, pero lo que resulta una condición crucial del éxito en el logro de conocimiento significativo, relevante y útil es que se logre la creación de espacios organizacionales, donde la interacción se sostenga a lo largo del tiempo y donde diferentes actores sociales compartan sus perspectivas y experiencias para enmarcar de un modo distinto los temas a investigar, dirimir cómo encararlos y proponer en conjunto ulteriores planes y medidas de acción. Este contexto, lejos de anunciar el fin de la ciencia, permite entrever el fin de una manera de practicar la ciencia y de entender cómo analizarla epistemológicamente.

Por cierto, la transición hacia esa nueva manera de practicar la ciencia y la epistemología no será fácil, pues los espacios colaborativos suelen poner tanto a científicos como a epistemólogos en una posición cognitiva más débil de la que gozan en la academia, donde sus respuestas se basan en reglas ya consensuadas de argumentación, evidencia e inferencia. En las nuevas formas de práctica científica, tales reglas están en curso de revisión y hasta de creación. El desafío de ser parte de esta transición queda abierto.

REFERENCIAS

Feyerabend, P. *Science in a free society*. Londres: New Left Books, 1978.

---. *Against Method*. Traducción castellana *Contra el método*, Barcelona: Ariel, 1981. Londres: New Left Books, 1975.

Funtowicz, S. y C. Hidalgo. "Pandemia posnormal: las múltiples voces del conocimiento". *Papeles de relaciones ecosociales y cambio global*, n°154; (2021): 127-140.

Gómez, R. J. *El fin de la ciencia, la historia y la modernidad: una mirada crítica*. Ciudad Autónoma de Buenos Aires: Fundación CICCUS, 2020.

Hidalgo, C. "Procesos colaborativos en acción: la provisión de servicios climáticos y la elaboración de pronósticos por impacto en el sur de Sudamérica". *Medio ambiente y urbanización*, publicada por el Instituto Internacional de Medio Ambiente y Desarrollo, IIED-América Latina, Vol.92-93, julio; (2020): 63-92.

---. *Innovación y creatividad científica. La reconfiguración del pensamiento antropológico en la obra de Clifford Geertz*. Colección Primer Círculo, Buenos Aires: EUDEBA, 2019.

Kitcher, P. *Science in a Democratic Society*. New York: Prometheus Books, 2011.

---. *The Advancement of Science*. New York: Oxford University Press, 1993.

Kuhn, T. (1982) [1962]. *La estructura de las revoluciones científicas*. Buenos Aires: Fondo de Cultura Económica.

---. (1977). *The essential tensión*. Chicago and London: Chicago University Press.

Lakatos, I. A. Musgrave, eds. *Criticism and the growth of knowledge*. Cambridge: Cambridge University Press, 1970.

Laudan, L. *Science and Values -The Aims of Science and Their Role in Scientific Debate*. Los Angeles: University of California Press, 1984.

---. *Progress and its problems*. Berkeley: University of California Press, 1970.

Longino, H. *Science as Social Knowledge*. Princeton, NJ: Princeton University Press, 1990.

Merton, R. "Science and Technology in a Democratic Order". *Journal of Legal and Political Sociology*; (1942): 115-126. Incluido luego con el título "Science and Democratic Social Structure" en R. K. Merton, *Social Structure and Social Theory*, 1949. Traducción castellana *Teoría y estructuras sociales*, México: FCE, 1964.

Newton Smith, W. H. (). *The rationality of science*. Traducción castellana *La racionalidad de la ciencia*, Barcelona-Buenos Aires: Paidos, 1987. Boston: Routledge and Kegan Paul Ltd., 1981.

Pérez Ransanz, A. R. *Kuhn y el cambio científico*. México: Fondo de Cultura Económica, 1999.

Popper, K. *Conjectures and Refutations*. Traducción castellana *Conjeturas y refutaciones*. Barcelona: Paidós, 1982. Londres: Routledge & Kegan Paul, 1963.

Rabossi, E. *En el comienzo Dios creó el canon- Biblia berolinensis*. Buenos Aires: Gedisa, 2008.

Schuster, F. "Los laberintos de la contextualización en ciencia". G. Althabe y F.G. Schuster, comps. *Antropología del presente*. Buenos Aires: Edicial. 1999. 23-42.

Shapere, D. "On the Introduction of New Ideas in Science". J. Leplin. *The creation of ideas in physics: studies for a methodology of theory construction*. Dordrecht: Springer. 1995. 189-222.

---. "The Character of Scientific Change". T. Nickles, ed. *Scientific Discovery, Logic and Rationality*. Dordrecht: Reidel Publishing Company. 1980. 61–116.

Racionalidad política de las ciencias y de la tecnología

Ricardo Gómez y la corriente disidente en la filosofía de la matemática[9]

Javier Legris
CIECE, IIEP-BAIRES
CONICET

En el ámbito de habla hispana, Ricardo Gómez ha sido reconocido por varias generaciones de estudiantes e interesados en epistemología a raíz de su trabajo de 1972 sobre la ciencia aristotélica (reimpreso muy recientemente Gómez 2016) y, sobre todo, el volumen I de su obra *Las Teorías Científicas* de 1977 (el único publicado). Allí se incluía un examen del desarrollo histórico del concepto de teoría formal y consideraciones exhaustivas sobre el concepto de teoría axiomática, los problemas de la teoría de conjuntos y el desarrollo del programa de Hilbert.

El objetivo de este trabajo es ubicar esta obra en el contexto de las discusiones en la filosofía de la matemática de aquel momento. En particular intentaré mostrar que la perspectiva que Gómez adopta tiene puntos de contacto con la llamada "corriente disidente" (*maverick*) en filosofía de la matemática que comenzaba a manifestarse por esos años. Tomando en cuenta el momento de su publicación, esta es una gran virtud en un texto sistemático y con un objetivo didáctico, ya que implicaba tomar distancia del desinterés por los aspectos históricos vigente en la filosofía de la matemática de la época.

En el volumen, originado en cursos de posgrado en filosofía de la ciencia, Gómez ofrece una introducción a la filosofía de las ciencias formales con cierto nivel de sofisticación, variedad y detalle, incluyendo tesis propias acerca de la naturaleza de las teorías científicas, la filosofía de la

---

[9] Es una gran alegría contribuir a este volumen de homenaje a Ricardo Gómez. Cuando era estudiante de grado, leí con interés y provecho su libro *Las Teorías Científicas* y luego lo utilicé en cursos de filosofía de las ciencias formales. Posteriormente, me enteré de que el libro tenía su origen en cursos de posgrado ofrecidos en la Facultad de Ciencias Económicas de la Universidad de Buenos Aires, en los primeros años de la década de 1970, que fueron un momento esencial en la consolidación de los estudios epistemológicos en esta facultad.

ciencia de ese momento, la actividad científica en general y sobre la matemática en particular. De la lectura del primer capítulo queda claro que este volumen formaba parte de una empresa más amplia que pretendía abordar en un segundo volumen problemas de la filosofía de las ciencias fácticas. No sólo se tenía la intención de discutir las ideas de Popper sobre la investigación científica y la justificación de hipótesis y teorías desde una perspectiva "falsacionista", sino que se aspiraba a analizar la concepción que Thomas Kuhn defendía acerca del desarrollo de las teorías en las ciencias fácticas y que tenía como base estudios de casos históricos en torno de la noción de revolución científica. Por esos años, las ideas de Kuhn eran intensamente discutidas, obligando a los epistemólogos a sumergirse en las aguas no tan cristalinas de la historia de la ciencia.

En su reseña de 1981, Roberto Torretti calificaba al volumen como una "introducción avanzada a la filosofía contemporánea de la ciencia", en tanto plantea problemas y dudas que son evitadas en los manuales más elementales (Torretti, 1981, 244). Sin duda, el libro contiene una mirada original, que se advertirá en las observaciones siguientes.

Gómez señala como uno de los problemas centrales a examinar el del *progreso científico*, o sea la dinámica de las ideas científicas (Gómez, 1977, 15). En este sentido afirma la *crisis* del empirismo lógico, el cual se encuentra en "una serie de callejones sin salida" (Gómez 1977, 16). Esta idea de crisis está focalizada en la filosofía de las ciencias fácticas practicada por el empirismo lógico (tomado en un sentido amplio que abarca tanto las ideas del Círculo de Viena como las del Círculo de Berlín, al menos en la forma en que han sido popularizadas). No obstante, como se verá en breve, también afecta a las ciencias formales. Más específicamente, Gómez señala algunas limitaciones que presenta la concepción de la lógica y la matemática del empirismo lógico, en la que se advertía la influencia (no siempre explícita) del logicismo.

En el volumen se sostiene que "la estructuración contemporánea de la Matemática responde a las tesis de Nicolás Bourbaki" (Gómez, 1977, 401). Según el grupo de matemáticos franceses que firmaban como Bourbaki había diversos tipos de estructuras en los cuales se ubicaban las disciplinas matemáticas. No me voy a ocupar de esta tesis en particular aquí ni tampoco voy a analizar la idea de la unidad de la matemática vinculada con esta. Cabe señalar, en todo caso, que esta preferencia por la caracterización bourbakiana de la matemática marca una primera diferenciación con el empirismo lógico e incluso una aproximación más ligada a la práctica matemática, al abandonar el modelo fundacional, basado en la teoría de conjuntos.

En cambio, hay otras tesis que son filosóficamente más significativas. Así, en el prefacio del libro, Gómez señala:

> Nuestro método se asienta en un supuesto básico: todo análisis filosófico sobre las ciencias presupone el esclarecimiento de los hechos históricos de las mismas. No hay Filosofía de las Ciencias sin, al menos, una fundamentación de la misma en la Historia. (Gómez, 1977, 9)

Esta afirmación evoca las ideas sostenidas en esa misma época por Imre Lakatos (1922-1974), que partía del desarrollo histórico de la matemática. Esto se hace evidente en su trabajo "El método de análisis y síntesis". Lakatos es uno de los autores que se encuentran en el origen de un cambio de rumbo en la filosofía de la matemática del siglo XX. Al trabajar en su tesis doctoral en la universidad de Cambridge a fines de la década de 1950, este autor señaló en una serie de obras la central importancia de la *metodología heurística* (el "método de invención") para el desarrollo de las ciencias y, en particular, de la matemática. Por esa razón, trató de recuperar para la reflexión presente el problema tradicional de la lógica de la invención, que había preocupado tanto a los matemáticos antiguos como a los modernos y que encontró en el *método de análisis y síntesis* una formulación clásica que luego haría historia, y que implicaba una interpretación del método axiomático.

Lakatos analizaba métodos de descubrimiento (o invención) en la historia de la matemática. El procedimiento filosófico subyacente parte de tomar casos históricos específicos que resulten típicos respecto de un espectro amplio de casos interesantes. Como resultado, se obtienen una serie de reglas heurísticas tentativas, pero que no pretenden imponerse como un conjunto de reglas fijas y únicas de invención en matemática. Lakatos había empleado este procedimiento en su tesis doctoral, presentada en 1962 y que se convertiría en su libro *Proofs and Refutations* (publicado luego de su muerte). La investigación de Lakatos encerraba una crítica directa a la línea predominante, que se manifiesta en la paráfrasis que hace de un célebre *dictum* kantiano:

> La historia de la matemática sin la guía de la filosofía se ha vuelto ciega, mientras que la filosofía de la matemática, al darle la espalda a los fenómenos más fascinantes de la historia de la matemática, se ha vuelto vacía. (Lakatos, 1976, 2)

Lakatos criticaba la filosofía de la matemática que se basa en lo que él llama *racionalidad estática* y que consiste en el empleo de criterios puramente lógicos para explicar el desarrollo del conocimiento matemático, con el consecuente acento en el concepto de demostración como una sucesión de enunciados de un lenguaje formal que surge por aplicación de reglas lógicas. Claramente, tanto el programa logicista surgido originalmente del pensamiento de Frege como el formalismo, originado en el programa de Hilbert, vistos como posiciones filosóficas, serían ejemplos conspicuos de esta racionalidad estática.

El caso de estudio del que se ocupa Lakatos es *el teorema de Euler para poliedros*, según el cual el número de vértices de un poliedro sumado a sus caras excede exactamente en 2 al número de sus aristas. No me voy a detener en el examen que hace Lakatos de las demostraciones de este teorema. La posición de Lakatos es un importante caso, tal vez el más conocido de una *línea disidente* (*maverick*) en filosofía de las ciencias formales (siguiendo la denominación propuesta por William Aspray y Phillip Kitcher en la introducción a 1988). Esta línea disidente se oponía a la "línea principal" (*mainstream*) que estos autores consideraban enfocada hacia los problemas de fundamentos. Ejemplo de esta línea es la muy conocida compilación de Paul Benacerraf e Hilary Putnam sobre filosofía de la matemática, publicada originalmente en 1964 (pero con una segunda edición revisada y aumentada en 1982), obra que incluso en la actualidad sigue siendo una referencia insoslayable.

Racionalidad política de las ciencias y de la tecnología

Si nos limitamos a la tradición analítica en general, la "línea principal" dominó durante buena parte del siglo pasado, centrando sus discusiones en torno de los problemas de fundamentación de la matemática, surgidos, al menos parcialmente, luego del descubrimiento de las conocidas paradojas en la teoría de conjuntos. En ellos se imbricaron las escuelas tradicionales en fundamentos: el logicismo, el intuicionismo y el formalismo (un breve panorama puede encontrarse en Esquisabel & Legris, 2020). Los problemas filosóficos clásicos que presentaba la matemática, de un modo u otro, fueron discutidos a través del prisma de estos problemas. En particular, el acento estuvo puesto en cuestiones ontológicas, discutiendo, por ejemplo, si las entidades matemáticas tenían una naturaleza independiente de las entidades físicas o no. Las cuestiones metodológicas y estrictamente epistemológicas (la noción de demostración, por ejemplo) se proyectaban sobre este fondo ontológico.

Otra consecuencia fue el supuesto de que el conocimiento matemático estaba cristalizado en teorías axiomáticas. Dicho de otra manera, la matemática era considerada como un cuerpo de teorías abstractas más o menos axiomatizadas o en vías de la axiomatización. Aquí se advertía claramente la adopción de un "punto de vista lógico" (que era en parte resultado de un "logicismo implícito" en la línea principal). Sin duda, el impacto que tuvo el fenomenal desarrollo de la lógica simbólica en las primeras décadas del siglo pasado determinó que el análisis del conocimiento matemático se centrara en su sistematización (conceptual y deductiva). La filosofía de la matemática no era más que una *lógica del conocimiento matemático*, o sea, *lógica aplicada*. Este punto de vista se hacía evidente en los criterios que Carnap empleaba para distinguir entre ciencias formales y ciencias fácticas.

Por supuesto, en la compilación de Benacerraf y Putnam de 1964 ya aparecen textos que plantean algunos problemas a la línea principal (lo que se manifiesta aún más en la segunda edición de 1983), como es el caso de los influyentes trabajos de Paul Benacerraf (n. 1931). Por ejemplo, el llamado "dilema de Benacerraf" plantea la imposibilidad (dados ciertos supuestos) de arribar a una concepción unificada de la semántica de las expresiones matemáticas y del conocimiento de las entidades designadas por esas expresiones. Esto llevó a dejar de lado las cuestiones ontológicas y a enfocarse más en las metodológicas.

El hecho es que ambas líneas coexistieron a fines del siglo pasado, conduciendo a modificaciones en la filosofía de la matemática, que se advierten en trabajos publicados en los primeros años del siglo XXI. La línea disidente es un antecedente de la actual *filosofía de la práctica matemática*, que tomó forma en la compilación de Paolo Mancosu con ese nombre (véase Mancosu, 2005; para tener un panorama general, véase Carter, 2019) y que se va haciendo cada vez más presente en el escenario filosófico.

> Según el resumen del libro accesible en el sitio *Philosophical Papers*, Existe en la filosofía de la matemática una urgente necesidad de nuevas perspectivas que le presten mayor atención a la práctica matemática. Este libro trazará el camino: ofrece análisis filosóficos de características importantes de la matemática contemporánea y de muchos aspectos de la actividad matemática que escapan al tratamiento puramente lógico. (*Philosophical Papers* URL: https://philpapers.org/rec/MANTPO-19)

Años más tarde, Mancosu hizo una visión retrospectiva del volumen, donde señala:

> considero que la teoría del conocimiento de la matemática necesita ser extendida más allá de sus confines actuales para abordar temas gnoseológicos que tienen que ver con fecundidad conceptual, evidencia, visualización, razonamiento diagramático, comprensión, explicación, y otros aspectos de la teoría del conocimiento de la matemática que son ortogonales respecto del problema del acceso a 'objetos abstractos' (Mancosu, 2016, 132).

Si bien no hay una caracterización enteramente homogénea de lo que es la *filosofía de la práctica matemática*, Jessica Carter señala acertadamente en su trabajo de 2019 dos rasgos generales que la identifican:

Racionalidad política de las ciencias y de la tecnología

(1) el ámbito de análisis abarca cualquier variedad de lo que se entienda por matemática, sin considerar una visión idealizada de la disciplina;

(2) toma resultados y métodos de otras disciplinas (historia, ciencias cognitivas, sociología, etc.)

En este sentido puede decirse que esta perspectiva parte de una concepción naturalista de la filosofía, un *naturalismo* filosófico (muy defendido actualmente en otras áreas) según el cual los resultados de las ciencias fácticas tienen relevancia para la justificación de tesis filosóficas.

Frente a las objeciones que Gómez plantea a la línea principal, cabe discutir su papel como un antecedente de esta filosofía de la práctica matemática. En el capítulo final de *Las Teorías científicas*, se hacen explícitas una serie de conclusiones que extrae de su exposición. Me detengo especialmente en dos de ellas (Gómez, 1977, 407), que resultan muy importantes en el volumen,

T4) La Matemática Pura se construye a partir de la Teoría de Conjuntos.

T5) El método de la matemática es el método axiomático.

Ambas tesis aparecen en el volumen dentro del contexto de una defensa, ya mencionada, de la concepción *bourbakiana* de la matemática, que toma como concepto básico el de estructura.

En este contexto, se distingue primeramente la matemática pura de la matemática aplicada como ámbitos separados, con criterios de justificación claramente distintos. Gómez afirma:

> Las cuestiones relativas a la Matemática Pura se elucidan con total independencia del orbe factual; las cuestiones de matemática aplicada se resuelven teniendo en cuenta el dominio objetal al cual se pretende aplicar una cierta estructura. (Gómez, 1977, 401-402)

La distinción clásica entre enunciados analíticos y sintéticos (cuestionada desde hace décadas) parece estar subyacente a esta posición. La naturaleza analítica de la matemática lleva a que el estudio de la relación de la matemática con la realidad no sea un tema central (un ejemplo de esta posición se encuentra en el trabajo clásico de Hans Hahn "Lógica, matemática y conocimiento de la naturaleza", Hahn 1933). El "contenido" de los enunciados matemáticos no incluye conceptos empíricos, de modo que las aplicaciones de la matemática no tienen ningún valor en la justificación teórica. En general, la "línea principal" en la filosofía de la matemática del siglo pasado ha prestado poca atención al problema de la aplicabilidad de la matemática, sin inmutarse demasiado ante el "milagro" que el físico Paul Wigner veía en la aptitud de la matemática para formular las leyes de la física (véase Wigner, 1960). Gómez habla de un "traslado" de la teoría acerca de la estructura matemática al ámbito de la realidad fáctica.

La tesis T4 implica la necesidad de una teoría *fundacional* en la que se base toda la matemática pura y al mismo tiempo le otorgue unidad a toda la matemática. En la concepción del grupo Bourbaki existían varias estructuras básicas de la matemática; Gómez, no obstante, afirma la primacía de la teoría de conjuntos. Actualmente, los matemáticos preocupados por este asunto discuten otros candidatos, tales como la teoría de categorías o la teoría de homotipos, que son teorías con un desarrollo más reciente que la teoría de conjuntos. De este modo, la elección de la teoría depende de la evolución interna de la matemática, aunque su justificación no sea una tarea exclusivamente matemática. Las "teorías de fundamentos" se van modificando de acuerdo al desarrollo de la matemática.

Esta situación resulta problemática, si se acepta la siguiente afirmación que Gómez hace unos párrafos más adelante, "Toda teoría de fundamentación de la Matemática constituye el núcleo de toda filosofía de la Matemática" (1977, 409).

No cabe duda de que gran parte de las ideas de las escuelas clásicas en fundamentos de la matemática se originan en desarrollos de la práctica matemática durante la constitución de la "matemática moderna" a fines del siglo XIX.

Gómez contextualiza la tesis 5 en la "estructuración de la matemática", esto es, en la manera en que se va construyendo el edificio de la matemática, y explícitamente se refiere a la tradición que comienza en Euclides y para Gómez culmina en el grupo Bourbaki, donde se presenta como un "método de descubrimiento", según el cual los axiomas definen una estructura y las demostraciones llevan a descubrir teoremas (Gómez, 1977, 407).

Como se ha mencionado, en las últimas décadas los filósofos han cuestionado posiciones excesivamente idealizadas o normativas acerca de las demostraciones y la construcción de sistemas axiomáticos y se han orientado hacia otros temas y problemas: (i) el estudio de la formulación y desarrollo de conceptos, teoremas, teorías en casos históricos; (ii) el análisis de las herramientas cognitivas que están en juego en el descubrimiento matemático, llegando a esbozar un panorama complejo, en el que no es fácil arribar a un único método de investigación (un ejemplo ya clásico es el estudio, mencionado antes, que Lakatos hizo del teorema de Euler para poliedros); (iii) la consideración de un uso *explicativo* de las demostraciones (al modo de las explicaciones nomológico-deductivas en las ciencias fácticas); (iv) el análisis de la función de los diagramas en las demostraciones y la discusión acerca de la posibilidad de demostraciones puramente diagramáticas; (v) el estudio de la llamada *pureza* de métodos empleados en las demostraciones, problema mencionado ya por Aristóteles, pero que se reexamina actualmente respecto de casos históricos concretos (el teorema de Desargues sobre geometría proyectiva, por ejemplo); (vi) el examen de los elementos retóricos que aparecen en las demostraciones axiomáticas (que cobran particular importancia en la Edad Moderna).

Bastan los casos mencionados para advertir los cambios ocurridos en la filosofía de la matemática en las últimas décadas. Dado este panorama, es razonable poner en duda la tesis 5, al menos en la forma en que Gómez la formulaba. En su obra, Gómez trataba de equilibrar el análisis sistemático con la perspectiva histórica y el estudio de casos. Esto lo distanciaba de la corriente principal vigente y lo acercaba a los antecedentes de los desarrollos actuales en filosofía de la matemática.

De este modo, Gómez revelaba una actitud que no es ajena al pensamiento de muchos autores de países de América del Sur y que puede clasificarse claramente como *heterodoxa*. Es esta una actitud que enriquece la discusión al proporcionar puntos de vista alternativos. Al mismo tiempo, sus supuestos filosóficos llevaron a Gómez a concentrarse en los problemas de fundamentación, analizándolos con herramientas formales, y dejando así a un lado los casos concretos de la actividad matemática. Leer *Las Teorías Científicas* a varias décadas de su publicación exige volver a reflexionar sobre temas básicos de la filosofía de la matemática, tales como el carácter necesario y formal del conocimiento matemático, la relación entre la filosofía y la práctica concreta o la actitud naturalista.

REFERENCIAS

Aspray, W. & P. Kitcher, eds. *History and Philosophy of Modern Mathematics, Minnesota Studies in the Philosophy of Science Vol. XI*. Minneapolis: University of Minnesota Press, 1988.

Benacerraf, P. & H. Putnam, eds. *Philosophy of Mathematics: Selected Readings*. Cambridge: Cambridge University Press, 1982.

Carter, J. "Philosophy of Mathematical Practice —Motivations, Themes and Prospects". *Philosophia Mathematica*, 27, (1); (2019): 1-32. DOI 10.1093/philmat/nkz002.

Esquisabel, O. M. & J. Legris. "El simposio de Königsberg sobre fundamentos de la matemática en perspectiva". *Metatheoria – Revista de Filosofía e Historia de la Ciencia*, 10, (2); (2020): 7-15. ISSN 1853-2330. Disponible en: https://www.metatheoria.com.ar/index.php/m/article/view/207

Gómez, R. J. "Sobre el concepto aristotélico de ciencia. Reconstrucción y vigencia". *Disputatio. Philosophical Research Bulletin* 5, (6); (2016): 237-265. (Publicado originalmente en 1972).

---. *Las Teorías Científicas -Desarrollo –Estructura –Fundamentación*. Tomo 1. Buenos Aires: El Coloquio, 1977.

Hahn, H. "Logik, Mathematik und Naturerkennen". B. F. McGuinness, comp. *Empirismus, Logik, Mathematik*, Frankfurt a. M.: Suhrkamp. 1988 [1933]. 141-172.

Lakatos, I. *Proofs and Refutations*. Traducción castellana *Pruebas y refutaciones -La lógica del descubrimiento matemático*, Madrid: Alianza, 1986. Cambridge: Cambridge University Press, 1976.

Mancosu, P. "Algunas observaciones sobre *The Philosophy of Mathematical Practice*". *Disputatio. Philosophical Research Bulletin*, 5, (6); (2016):131—156.

---. *The Philosophy of Mathematical Practice*. Oxford: Oxford University Press, 2008.

Torretti, R. "Review" of (Gómez, 1977). *Noûs*, 15, (2); (1981): 244-246.

Wigner, P. "The Unreasonable Effectiveness of Mathematics in the Natural Sciences". *Communications on Pure and Applied Mathematics*, 13, (1); (1960): 1-14. DOI 10.1002/cpa.3160130102

III

Filosofía política de las ciencias y la tecnología

Racionalidad política de las ciencias y de la tecnología

RICARDO GOMEZ
Un puente entre dos mundos

Mario Casalla
Asociación de Filosofía Latinoamericana
y Ciencias Sociales (ASOFIL)

En el mes de septiembre del año 2014 presenté –en el marco de las Jornadas de Epistemología de las Ciencias Económicas organizadas por la Facultad de Ciencias Económicas de la UBA- el libro de Ricardo Gómez *Neoliberalismo, fin de la historia y después*. Lo hice por invitación del mismo autor, la cual en cierto modo me sorprendió, ya que no era yo un especialista en epistemología, ni en filosofía de la ciencia, ni tampoco economista. Igual que él, era filósofo, pero me dedicaba a campos completamente diferentes: a la filosofía política, al pensamiento latinoamericano y –por si lo anterior no fuera suficiente- al psicoanálisis. Y señalo esto porque no es nada usual –sino más bien todo lo contrario- que los filósofos de la ciencia y los epistemólogos argentinos dialoguen con esas disciplinas, ni mucho menos en la tradición norteamericana de la cual Gómez provenía luego de su exilio en 1976. La amistad personal y mi admiración hacia él desde hacía ya muchos años, no me parecían motivos suficientemente sólidos para aceptar una invitación netamente académica. Lo que terminó de convencerme fue en realidad la advertencia que Ricardo puso en la portadilla de ese libro, además de su magnífico contenido, claro. Esta dice: *"Siempre hay lugar para la filosofía. Siempre"*. Lo cual me tranquilizó porque eso suponía que él sabía el riesgo que corría y que ratificaba con eso –una vez más- su carácter de *rara avis* que esa -y otras obras suyas- tenían y tienen en el marco de quienes se dedican tradicionalmente a esas disciplinas. *"¡Metafísicos, go home!"*, o el *"no hay que mezclar la política con la ciencia, ni con la filosofía"*, suelen ser las recomendaciones más suaves. Y del otro lado las descalificaciones *a priori* tampoco faltan, justo es reconocerlo. Pero como yo también desconfié siempre de esos extremismos absurdos, creo que en ese sano "entremedio" ambos nos sentimos cómodos y un rico diálogo conceptual fue creciendo y fortaleciéndose en estas últimas décadas, especialmente en el marco de la Asociación de Filosofía Latinoamericana y Ciencias Sociales (ASOFIL) que ambos integramos. Precisamente, el último capítulo de este libro (el *"...y después"*) concluye con una propuesta –original, concreta y muy fundamentada- de una *"Ecosofía"*, a la cual expresamente inscribe, según nuestro entender, bajo el paradigma de la denominada Filosofía de la Liberación, la cual este año cumple su cincuentenario. Esto acompañada por una Teología, una Pedagogía y unas Ciencias Sociales –latinoamericanamente situadas- que también caminan en esa misma dirección intelectual. Con esta *Ecosofía* Ricardo Gómez –con sólidos pies en la Filosofía de la Ciencia y desde ella– las trasciende sin embargo como "especialidad" para inscribirse ya como uno de los filósofos más originales del pensamiento latinoamericano actual, al cual le ha abierto además generosamente un camino en el difícil mundo académico norteamericano. Lo que comenzó siendo un doloroso exilio forzoso, culmina hoy como un verdadero puente integrador entre dos mundos que deben volver a dialogar en un plano de mutuo respeto y sendas libertades. Una prueba concreta en este sentido son sus cursos y seminarios anuales de divulgación en la Universidad del Estado de California (Los Ángeles), donde ha invitado a exponer a numerosos filósofos latinoamericanos. Baste como ejemplo el volumen editado, bajo su cuidado, *The Impact of Globalized Neoliberalism in Latin America. Philosophical Perspectives* (2004). Es que su compromiso con una *universalidad situada* (y no abstracta, autoritaria o imperial) destaca muy especialmente desde los comienzos mismos de su carrera académica. Detengámonos un poco en este punto.

Ciencia, política y realidad latinoamericana

Este trípode estuvo siempre presente en la vida académica de Ricardo Gómez y su obra escrita lo reflejó adecuadamente. Y esto sin mella de su rigor científico y filosófico, lo cual siempre fue plenamente reconocido, aquí y allá. Si no se hubiera comprometido con la realidad sufriente de su país y de América Latina, hubiera hecho –lo que mal se llama- una "magnífica carrera académica", sin mayores problemas y llena de esas distinciones y oropeles que se lucen en los ojales o se cuelgan enmarcados

Racionalidad política de las ciencias y de la tecnología

en cómodos escritorios o vitrinas. Los muchos lauros que efectivamente ahora tiene, vinieron mucho después de haber pasado por las penas y sufrimientos que atravesaron nuestros propios pueblos. Por eso, a mi entender, éticamente valen el doble. Además, las dos disciplinas en que inicialmente se graduó (Matemáticas y Física en 1959) y luego Filosofía (en 1966) eran (y son) muy aptas para el ejercicio del arte del disimulo y en ellas una aparente "apoliticidad" es siempre bienvenida para hacer carrera sin demasiados tropiezos (¡sobran ejemplos al respecto!). Gómez no eligió esa comodidad y sí un profundo compromiso social y político. La década bien difícil en que le tocó iniciar su vida docente universitaria (1966-1976) fue por cierto un terrible banco de prueba. Y lo hizo como profesor (en las universidades de La Plata y de Buenos Aires) y como directivo en la primera de ellas (director de Instituto, del Doctorado y decano de la Facultad de Humanidades y Ciencias de la Educación de la Universidad Nacional de La Plata). No fue nada fácil ni cómodo por cierto y pagó por ello casi con su vida cuando aconteció el golpe de estado de 1976. Pudo exilarse en USA y años después viaja a Ecuador invitado por el profesor Rodolfo Agoglia -quien era decano de Cencias Humanas de la Pontificia Universidad Católica de Quito- y comparte su actividad académica entre USA (donde sigue con su doctorado en Indiana) y ese generoso país latinoamericano donde dicta cursos y seminarios, relación que Gómez conserva hasta hoy en día. Con Agoglia habían compartido los años difíciles y duros en la Universidad Nacional de La Plata y en aquel generoso Ecuador habían encontrado también refugio y trabajo, varios docentes argentinos relacionados con la naciente filosofía de la liberación en los años setenta. Todo ello "a duras penas", después de haber sido aquí encarcelado, maltratado y casi desaparecido por aquella dictadura cívico-militar que culminó en el genocidio brutal por todos conocido. No habla mucho de eso, pero es una marca existencial inseparable de su producción científica, que corresponde destacar para entender plenamente de quién estamos hablando. De esos diez años de plomo queda un artículo -poco conocido y en mi entender de la más absoluta vigencia- que se llamó "Ciencia e ideología", publicado a comienzos de 1975 en la revista *Hechos e Ideas* (Año 2, Número 8, Tercera Época, Buenos Aires, Argentina) cuando la directora de esa revista era Amelia Podetti, alguien a quien Gómez refiere siempre con singular respeto; sentimiento que me consta fue mutuo. Ya en el exilio ecuatoriano, uno de sus primeros trabajos siguió esa vinculación: "Bosquejo Crítico de la Concepción Instrumentalista de la Ciencia" (en *Problemas Actuales de la Filosofía en el Ámbito Latinoamericano*, (Quito, Ecuador: EDUC, 1979). Al cual siguió "Tercer Mundo y Objetividad Científica," en la *Revista de la Pontificia Universidad Católica de Ecuador* (15, n. 47, Quito, 1987). Todo ello mientras iba creciendo su producción específica en filosofía de la ciencia. El año anterior ya se había abierto para él la posibilidad que la prestigiosa revista alemana *Kant-Studien* le publicara un primer artículo: "Beltrami's Kantian View of Non-Euclidean Geometry", (77, n.1, Germany, 1986). Lo cual -como bien sabemos los filósofos latinoamericanos- no es sencillo, por cierto. Más bien consagratorio que inicial. Y ya instalado —como pudo y con grandes esfuerzos al principio en Estados Unidos de Norteamérica- siguió creciendo en número y calidad su producción especializada en epistemología y filosofía de la ciencia, sin olvidar por ello el horizonte cultural de dónde provenía y que allí, las cosas no se daban de la misma manera, ni eran tampoco las mismas cosas. Dos artículos publicados ya para el público norteamericano de los '80, no creo que precisamente lo ayudasen para aumentar su "club de amigos" en el *establishment* de sus especialidades científicas y filosóficas: "A Student Centered Pedagogy for Critical Thinking", publicado en las *Actas de la Primera Conferencia Nacional sobre Pedagogía Centrada en el Estudiante* (Bellingham, Washington: Western Washington University, 1988). Una "pedagogía centrada en el estudiante para el pensamiento crítico", no me parece que sea algo que precisamente fascinara a la comunidad académica de Estados Unidos de Norteamérica, mucho menos en el año que Bush acababa de ganar las elecciones, sucediendo en el cargo a Reagan y logrando así un tercer mandato republicano consecutivo (algo que no ocurría desde hacía sesenta años). Hablar entonces de "pensamiento crítico" en pedagogía podía ser tolerable, pero no sumaba al flamante inmigrante demasiado puntos en su currículo personal. Así como referirse a qué ocurría con las tecnologías y las políticas tecnológicas en América en los '90, cuando sus estragos ya habían pasado del norte al sur y los presidentes Menem y Bush compartían partidos de tenis y golf en nuestro país. Fue ese año en que apareció en Pennsylvania su artículo en castellano, "Las Filosofías de la Tecnología y las Políticas Tecnológicas en América Latina", recogido en el libro colectivo *El Mundo Nuevo de la Filosofía y la Tecnología,* (ed. por C. Mitcham, M. Peña, E. Lugo and J. Ward, University Park, Pennsylvania: STS Press, 1990). Acaso todas esas incursiones alternativas hayan sido el prólogo de aquello que, particularmente estimo, es el núcleo central de su contribución académica y política en estas últimas décadas: *su lúcida y demoledora hermenéutica del neoliberalismo,* desde el interior de sus fuentes principales (filosóficas y económicas) y sus devastadoras consecuencias para los pueblos que lo sufren y la naturaleza toda puesta al borde de su colapso.

Radiografía del neoliberalismo

Con su artículo "On Marxian Theory: A Reply to Neoliberals", (publicado en 1992, en la revista *California Sociologist,* 15, n. 1-2 (1992), estimo que comenzó esa implacable y muy fundamentada deconstrucción filosófica. Y subrayo la calificación de *filosófica,* porque en este campo es uno de los pioneros en lengua española ya que críticas, económicas y políticas al neoliberalismo hubo muchas, pero las estrictamente filosóficas no abundan y mucho menos escritas "desde el vientre de la ballena". A lo cual le seguirán tres libros claves publicados ya en editoriales argentinas: *Neoliberalismo Globalizado. Refutación y debacle* (Buenos Aires, Macchi, 2003); *Neoliberalismo, fin de la historia y después* (Buenos Aires, Punto de encuentro, 2015) y, ya en los actuales tiempos de pandemia, *El fin de la ciencia, la historia y la modernidad. Una mirada crítica.* (Buenos Aires, Ciccus, 2020). Y por cierto -en el medio y aún después-, otra serie numerosa de artículos sobre esa otra pandemia, la económica (el neoliberalismo), tan grave como la del COVID 19 y de alguna forma directamente emparentadas. Biología y economía se han complementado perfectamente en nuestros países latinoamericanos, donde el tsunami económico del neoliberalismo dejó nuestros sistemas de salud y nuestros respectivos pueblos estructuralmente debilitados. En nuestro caso argentino, el presidente Mauricio Macri disolvió literalmente, en el año 2019, el Ministerio de Salud Pública (al que rebajó a categoría de Secretaría) para *"mejorar la situación fiscal"* del país y la entonces gobernadora de la provincia de Buenos Aires (María Eugenia Vidal) se enorgulleció, en ese mismo año, de no inaugurar cinco hospitales de alta complejidad (casi terminados) para *"no agrandar el gasto público"* designando el personal que los atendiese. Dos principios fundamentales de la economía neoliberal que dejó al país inerme, en términos sanitarios y económicos y que su sucesor (el actual presidente Alberto Fernández) heredó en plena pandemia del COVID 19 y debió encarar con urgencia y con un altísimo costo de contagios y de muertes. Por supuesto que esa debacle neoliberal azotó a los latinoamericanos de una manera muy especial. No es casual que el primer lugar en que se hizo la primera experiencia neoliberal fue en Chile bajo la dictadura del General Augusto Pinochet y que Milton Friedman (líder de la denominada Escuela de Chicago) fuera desde el año 1975 su principal asesor económico. Es que, como Ricardo Gómez explicará muy bien en su vasta obra, el neoliberalismo y una auténtica democracia son incompatibles entre sí. Las ideas de Friedman se llevan mucho mejor con las bayonetas que con la sana razón. Por eso mismo el Premio Nobel otorgado a éste tres años después por la Academia Sueca (1976) debió ser por su parentesco con la *dinamita* (inventada por su promotor homónimo) más que por alguna otra cosa útil para la humanidad. Lo que ambas tocan, se destruye. Y como si el Nobel a Milton Friedman no fuera suficiente apoyo explícito al neoliberalismo, dos años antes el mismo premio le había sido otorgado a Friedrich Hayek (1974). Este tampoco se privó de codearse con el dictador Pinochet en 1977, a quien asesoró en 1981 y 82. Y aquella visita chilena de 1977 tuvo su extensión a Buenos Aires, donde gobernaba el dictador Jorge Rafael Videla con quien se entrevistó personalmente, siendo su principal anfitrión intelectual el capitán ingeniero Álvaro Alsogaray y Alberto Benegas Lynch (líderes del neoliberalismo criollo). En una entrevista que Alsogaray le realizara advirtió sobre "los peligros de las democracias ilimitadas" dado que "un gobierno elegido por las mayorías populares puede poner en riesgo la libertad económica de los individuos y el derecho de propiedad". Y eso,

Racionalidad política de las ciencias y de la tecnología

dicho por Hayek en un país gobernado entonces por una sangrienta dictadura militar que dejó una secuela de 30000 muertos y desaparecidos, no tiene la menor justificación ética ni económica. Evidentemente, cuando Ricardo Gómez insiste en advertirnos contra la "supuesta neutralidad política y valorativa" de la ciencia, sabe muy bien de lo que habla. Años después Hayek ampliaría sus singulares tesis sobre la democracia, en sendas entrevistas publicadas por el diario "El Mercurio" de Chile. En la primera de ellas afirmaba: "mi preferencia personal se inclina a una dictadura liberal y no a un gobierno democrático donde todo liberalismo esté ausente". Y en la segunda ya patrocinó, sin tapujos, las bodas imprescindibles entre neoliberalismo y dictaduras, ampliando: "la democracia tiene una tarea que yo llamo de higiene y que es el asegurar que los procesos políticos sean conducidos de manera saludable. La democracia no es un fin en sí mismo, es una regla procedimental para asegurar la libertad... Pero, en determinadas circunstancias, *preferiría sacrificar temporariamente a la democracia cuando no pudiera garantizar la libertad*". Más claro imposible. Esta prédica había empezado con la creación de la Sociedad Mont Pelerin (1947); siguió en 1962 con el envío de una carta a Antonio de Oliveira Salazar (dictador de Portugal entre 1932 y 1968) en la que expresaba la confianza en que su libro *The Constitution of Liberty* pudiera serle útil para la elaboración de una Constitución que "previniera los abusos de la democracia". Poco después manifestó varios respaldos al régimen racista sudafricano. A renglón seguido, la primera ministro del Reino Unido Margaret Thatcher, haciéndose eco de sus ideas, asentaba otro pilar del credo neoliberal: "no hay tal cosa como la sociedad. Hay sólo individuos, hombres y mujeres y familias". Y de inmediato vino la creación y copamiento de universidades e institutos latinoamericanos que formarían a sus futuros líderes políticos y harían de soporte intelectual al ideario privatista y anti estatal. Entre ellas pueden mencionarse la universidad ESEADE (de Argentina, fundada por Alberto Benegas Lynch (h) en 1978), la universidad Francisco Marroquín (Guatemala), y a los centros de investigación y estudio, Instituto Ludwig von Mises (Brasil), el Instituto Libertad y Democracia (Perú) o el Centro de Estudios Públicos (Chile). Un hecho clarificador es que todas estas instituciones mantienen sólidos vínculos entre sí y con el Cato Institute, un *think-tank* norteamericano relacionado con el ultraderechista Tea Party. Los tres libros arriba mencionados de Ricardo Gómez, constituyen uno de los "despiezamientos" más importantes de los presupuestos éticos y políticos de ese modelo neoliberal. El que yo tuve el gusto de presentar, a su solicitud, en el marco de las Jornadas de Epistemología de las Ciencias Económicas del año 2014 es un perfecto compendio de su tarea intelectual en materia de análisis crítico y denuncia ética de este modelo neoliberal globalizado. Los títulos de sus cuatro primeros capítulos lo anuncian muy sintética y claramente; "Las plagas del neoliberalismo globalizado; Hayek, la legitimación del mercado y la demonización de alternativas; Milton Friedman: libertad como fin e irrelevancia de la ética y El desenmascaramiento de los presupuestos de la economía neoliberal". Finalmente, Ricardo Gómez concluye y hace su propia opción teórica y práctica. La conclusión dice: "cuando estudiamos lo que la economía neoliberal es, tal como sus autores más representativos la presentan, *descubrimos subyacentes en ella como presupuestos últimos, funcionando como esencias innegociables, juicios normativos con una notable y criticable carga valorativa. En síntesis, la economía positiva como la describe Friedman no existe factualmente".* Y es aquí donde hace su propia opción y explicita su propio marco normativo. Y para no caer en los mismos errores científicos e intelectuales que critica, explicita claramente su propio marco normativo y la escala de valores humanos y sociales que alientan su filosofía de la ciencia y su postura epistemológica: "En nuestro caso. Tales estándares normativos pretenderán priorizar el bienestar de las mayorías, lo que implica hacer de la disminución de las desigualdades y de la eliminación de las hambrunas y de la pobreza objetivos a valorar por encima de otros, *lo cual implica la reintroducción de la justicia social en nuestra agenda normativa".* Y es precisamente aquí donde (con y por sobre el filósofo especializado en ciencia y en epistemología) se intensifica el Ricardo Gómez *filósofo sin más*. El mismo que entonces puso el epígrafe con que encabezaba esta obra sobre neoliberalismo ("Siempre hay lugar para la filosofía. Siempre") y el mismo que también logra tender un puente (existencial e intelectual) entre esos dos mundos tan distintos al que lo condenó su exilio forzoso: USA y la Argentina, con una escala intermedia (literalmente hablando) en Ecuador. Toda esa reunión se expresa en lo que se

Racionalidad política de las ciencias y de la tecnología

conoce (desde los años '70 del siglo pasado) como *"ecosofía"*. El modelo de filosofar sin más en el cual Gómez terminará inscribiendo su filosofía de la ciencia y su epistemología. Pero ya veremos que esa inscripción contiene, sin embargo, una importante originalidad.

Hacia una ecosofía latinoamericanamente situada

Sabido es que el término "ecosofía" fue propuesto en 1973 por el filósofo noruego Arne Naess, fundador de la *ecología profunda* (en su artículo "The Shallow and the Deep, Long-Range Ecology Movements: A Summary" (en la revista *Inquiry*). Recién varios años después fue traducido al castellano, como parte de una edición especial de la revista chilena *Medio Ambiente y Desarrollo* ("Los movimientos de la ecología superficial y la ecología profunda: un resumen", reeditado luego en el 2007). En el título de ese artículo están claras dos formas diferentes de entender la ecología en general: una *superficial (*según Naess) y otra que él llamará *profunda*. A ésta última la denominará *ecosofía*, para distinguirla tajantemente de la otra. Aquélla primera, es la tradicional ecología limitada a la defensa del medio ambiente y la preservación de las especies, sin indagar demasiado en las causas que provocan esos problemas. La ecosofía indaga en cambio esas causas profundas (económicas, políticas y sociales) y las ataca en búsqueda de verdaderas soluciones de fondo al problema ecológico. En USA este problema ecológico tenía ya antecedentes y respuestas sociales combativas desde la década de los sesenta, pero hubo un personaje clave en esto de traer el tema de una ecología profunda al debate de ideas estadounidense: fue Murray Bookchim. Este nombre tiene para nosotros un interés doble porque —además de ser un intelectual importante en la discusión de la ecosofía- fue profesor e interlocutor de Ricardo Gómez en Indiana, mientras éste hacía su Master of Arts (History and Philosophy of Science, obtenido en 1978) y posteriormente su Philosophical Doctor (Philosophy, terminado en 1982). Ese trato humano e intelectual con Bookchim, según nos comenta personalmente el propio Ricardo, se prolongó en el tiempo y tuvo mucho que ver con su ingreso y posterior participación en esa corriente de pensamiento filosófico y político: la ecosofía. Y la cuestión se volvió más interesante para Gómez cuando las dos corrientes de la ecosofía profunda "se sentaron a dialogar para llegar a acuerdos teórico-operativos fundamentales" (1987). Estos acuerdos, que Gómez analiza en detalle en este anteúltimo libro suyo que estamos comentando, fueron esencialmente tres: 1) "que había que evitar el gran engaño: el mantenimiento del statu quo bajo la apariencia de un gran cambio; 2) "evitar las soluciones parciales"; y 3) "no exigir a los países del Tercer Mundo que no avanzaran en su industrialización cuando en verdad, se enfrentan con pobreza rampante". Y hacia el final de ese último capítulo Gómez, después de describir con puntillosidad las características de esa ecosofía con la que trabó contacto en su formación de USA, da un paso más y plantea su propia propuesta (algo tampoco muy común en los libros de su especialidad). Se compromete y lo dice. Aquí aparece muy claramente las ideas de *justicia social* y de *ecumenismo* (por sobre le mera globalización, rápidamente devenida *globalitarismo*) y, sobre todo, la vinculación de su ecosofía con lo que él mismo llama *"una genuina filosofía para nuestra América"* a la que describe como: "una auténtica filosofía representativa de nuestro modo de ser, de nuestra circunstancia, de nuestra necesidad de superar nuestras variadas dependencias, de *liberarnos*". Por esto no vacilo yo en inscribir (en este año en que se cumple el cincuentenario de su inicio desde Argentina, en el Segundo Congreso Nacional de Filosofía, Córdoba, junio de 1971) la Ecosofía, tal como la plantea Ricardo Gómez, como uno de los estilos de la llamada Filosofía de la Liberación. Y además cubriendo uno de los flancos menos desarrollado por ésta (al menos por la generación inicial que integro) el de la Filosofía de la Ciencia y de la Epistemología. En el momento en que una nueva generación se abre camino dentro de ese paradigma liberador, la obra de Gómez es y será un punto de partida insoslayable para ellas. Su profundidad y didáctica se complementan de un manera fecunda y singular. Yo tuve el gusto de descubrirlo mucho antes de ahora (en que ya somos colegas y adultos), cuando fue mi maestro de sexto grado en una humilde escuela primaria del barrio de Villa Ortúzar, en esta ciudad de Buenos Aires, en el año 1958. Él tenía 23 años y estaba estudiando todavía el profesorado de Matemáticas y Física. Sus clases de Matemáticas, una asignatura siempre árida en la escuela inicial, eran tan atractivas que –cuando yo mismo fui maestro de escuela- utilicé la carpeta escolar de Matemáticas para guiar mi propia enseñanza, era el mejor de los manuales existentes. Una historia menuda que ahora –ya de grandes y con mucha "juventud acumulada"- cada tanto solemos recordar con agrado.

Racionalidad política de las ciencias y de la tecnología

El Marx de Gómez
Un comentario crítico[10]

Néstor P. Lavergne
Facultad de Ciencias Sociales-UBA

A Luis Denari

Contradictio est regula veri, non contradictio, falsi
Hegel, "Disertación Filosófica de la Órbita de los Planetas", 1801

El siguiente pretende ser un comentario crítico como homenaje.[11] En el mismo se pondera y se intenta hacer un balance positivo y negativo de lo que hemos denominado en llamar el "Marx de Gómez". Se trata de realizar una entrada expectante sobre lo que un extraordinario conocedor de la filosofía de las ciencias "clásica" y no estándar tiene para decirnos

---

[10] Adopto para mi "el lema de Gómez" que fuera expresado en su última Conferencia Magistral en el año 2019, lo cual representa en este sentido toda una "manera de ver el mundo"; una actitud con respecto a la realidad: "Es imprescindible criticar toda propuesta que niegue la posibilidad del cambio, especialmente si está vinculada a la ciencia, la historia, la política y la economía.". La enseñanza que se desprende esto, según el decir del propio Gómez, es que uno "no debe enojarse con la persona que critica, porque esto es muy importante para el conocimiento".

[11] En el año 2007, en ocasión de la aparición de su libro *Conocer el capital hoy. Usar críticamente El Capital*, el experto en Marx, Dr. Juan Iñigo Carrera, tuvo la deferencia de invitarme, en el marco del Congreso de Sociología que se desarrollaba en la Universidad de Buenos Aires en ese momento, a participar como expositor en la presentación de su trabajo. Habiendo aceptado gustosamente, y a sabiendas del respeto intelectual que profeso por el profesor Iñigo, empecé mi exposición afirmando lo siguiente: "la mejor manera de homenajear a este libro es criticándolo". Como señalaré cuando corresponda, los caminos entre Iñigo y Gómez se me presentaron confluyendo en más de una ocasión, tal y como ocurre ahora con el sentido de la crítica que intentaré desarrollar en mi exposición sobre el Marx de Gómez.

del gran filósofo alemán, tantas veces citado y en rigor tan poco bien tratado en materia de conocimiento genuino. En un intento de síntesis, dadas las limitaciones de espacio razonables que supone un trabajo de estas características, en primer lugar, se realiza una presentación de las etapas en que Gómez aborda a Marx, visto esto en la perspectiva de su carrera intelectual. Luego se profundizan algunos aspectos de este "Marx de Gómez" tan interesante, tal y como nos queda planteado al observar los genuinos esfuerzos realizados por un científico que encara una lectura posible del famoso filósofo alemán.

A lo largo de este breve intento de hacer una semblanza del Marx de Gómez, se realizan también algunos comentarios críticos como forma de participar modestamente del emprendimiento que supone la presentación que Ricardo Gómez tan honestamente encara al enseñarnos su Marx.

Cabe recordar que Ricardo Gómez ha desarrollado, en su prolífica trayectoria intelectual, un tratamiento académico y pedagógico relacionado con la Filosofía de la Ciencia de gran envergadura y gran originalidad. Sus descontracturados planteamientos en epistemología han generando una fertilidad de conocimiento y de enseñanza notables. Proviniendo de "lo estándar" en su especialidad, devino revolucionario en su pensamiento, generando bocanadas de aire fresco en la enseñanza de sus respectivas Seminarios impartidos en distintos foros prestigiosos, especialmente universitarios.[12] En la dedicación a tantos años de docencia, posibilitó una transmisión de conocimiento seria pero libre de ataduras en su devenir iconoclasta. Esa fertilidad y libertad en el pensar científico perdura en cada uno de los alumnos de posgrado que tuvimos la suerte de escucharlo.

En el caso de Ricardo Gómez su inicio "clásico" en la Filosofía de las Ciencias, redunda en una ganancia de originalidad notable a la hora de entender su posición relativamente tardía, en el marco de su historia académica, en relación a sus opiniones en torno al método científico en Marx.

---

[12] Al respecto, puede consultarse sus clásicos trabajos (1971), "Sobre la Vigencia del Concepto Aristotélico de Ciencia"; (1977), *Las Teorías Científicas -Desarrollo-Estructura-Fundamentación*"; y (1976) "Filósofos Modernos de la Ciencia".

Racionalidad política de las ciencias y de la tecnología

El Marx de Gómez viene "auditado" por un epistemólogo que ha transitado por una formación matemática seria, esforzada, que entre otras cosas le ha permitido conocer los mundos del método deductivo aristotélico y del positivismo lógico, en ambos casos en forma acabadamente lograda.[13]

1. Marx en la evolución de la Filosofía de la Ciencias que hace Gómez

Marx es un objetivo tardío de Gómez en su vasto tratamiento de la Filosofía de la Ciencias. Esto supone una ganancia extraordinaria en lo que se va a producir a propósito del pensamiento científico del notable pensador alemán. En ese sentido, al encarar la obra de Marx, nos encontramos con un Gómez maduro, consolidado en su conocimiento. Por esta razón resulta muy interesante escuchar lo que se puede decir desde aquí. Al respecto, es posible identificar tres etapas distintas pero complementarias en el Marx de Gómez.

Las primeras referencias epistemológicas de Gómez sobre Marx tienen un sentido preciso de disputa contra Popper y lo que da en llamar el "neoliberalismo". Es en los primeros años de la década de 1990 que se

---

[13] Mi expectativa por conocer cómo esta tan interesante forma de proceder del profesor Gómez podía ser aplicada al pensamiento de Carlos Marx me llevó a generar un hecho de consecuencias que para mi resultaron muy interesantes. En algún momento de la década del 90, al finalizar uno de sus Seminarios de Doctorado que Gómez impartía en la Facultad de Ciencias Económicas de la UBA, me acerqué a despedirme y en ese momento le obsequié el libro del profesor experto en Marx Dr. Juan Iñigo Carrera *El Capital: Razón Histórica, Sujeto Revolucionario y Conciencia*. Mi intensión era clara y fue perfectamente entendida por Gómez: me interesaba una apreciación de él sobre Marx y sobre lo que él consideraba era la manera en que Iñigo trataba el asunto. Gómez me agradeció el gesto y mirando el obsequio comentó algo parecido a "muy interesante, lo tendremos en cuenta, deme un tiempo". Era una época en que Ricardo Gómez no daba tratamiento a la obra de Marx en sus Seminarios de Posgrado que dictaba en la UBA, sea en Económicas o en Filosofía y Letras, aunque ya había escrito al respecto. Para mi era de sumo interés ver cómo Gómez "aplicaba su método" de apropiarse, identificarse y criticar el pensamiento de las escuelas epistemológicas que él había tratado y que escuchábamos en sus cursos, pero en este caso referido a Marx. Muchos años después, grata será mi sorpresa cuando Gómez presente el pensamiento científico de Marx en un Seminario en Filosofía y Letras de la UBA al que asistí, y cite especialmente en forma muy ponderada el libro del profesor Juan Iñigo.

pueden identificar los primeros trabajos publicados en donde nuestro profesor refiere a cuestiones epistemológicas de Carlos Marx, a propósito de esa disputa. En el año 1992, luego de una vasta trayectoria de casi un cuarto de siglo dedicado a la epistemología en sus versiones más conocidas, tanto referidas a la filosofía estándar como no estándar de la ciencia, Gómez publica su primer documento relacionado con la disputa antes mencionada (1992, 121-131).

En *Neoliberalismo y Seudociencia*, publicado en el año 1995, se profundiza lo iniciado. Hace un trabajo más extendido sumamente interesante y certero al poner en cuestión la concepción filosófica de Popper, pero a los efectos fundamentalmente de criticar lo que él denomina "neoliberalismo" económico. Es en su interesante debate con Popper, en el contexto de la discusión sobre la filosofía de las ciencias sociales, que aparece por primera vez en la obra de Gómez un desarrollo positivo de la concepción científica de Marx y del marxismo. Debe advertirse, entonces, que las primeras referencias al Marx de Gómez, en la obra de este último, no son dedicadas a presentar una exposición en sí misma de la filosofía de la ciencia en Marx, salvo en el caso en que una breve presentación se hiciera al servicio del debate priorizado. De allí que lo que se profundice son solo dos aspectos relativos a esto último, en la medida en que los mismos son pertinentes para el debate central que lo convoca y que es, como ya fuera dicho, la discusión sobre Popper y contra su manera de ver la epistemología. Esos dos aspectos son el problema del "historicismo" en las ciencias sociales y la cuestión del "holismo metodológico", en su disputa contra la concepción del "individualismo metodológico". En torno a este último tema aparecerán en Gómez algunos primeros desarrollos sustantivos sobre la cuestión de la dialéctica en Marx o el marxismo y el papel de la contradicción en el sistema epistemológico relacionado.

En *Neoliberalismo Globalizado*, aparecido ocho años después, en el año 2003, Gómez retoma la caracterización de "su" Marx, pero bajo una forma aún más parcial que en su primer libro contra Popper y el "neoliberalismo".[14] En ese primer libro contra lo que él llama el "neoliberalismo" Gómez habría enfatizado más los aspectos sustantivos de sustrato metodológico. Por eso la arena principal del debate es la filosofía de la ciencia y el contrincante principal contra el que hay luchar es Popper. En su trabajo expositivo sobre Popper y luego de la crítica a este último, Gómez avanza, pero no dedica tanto espacio para hablar en profundidad del método de la economía "neoliberal" asociada al pensamiento de Popper. En *Neoliberalismo Globalizado* las cosas se presentan invertidas, desde el punto de vista del espacio dedicado a la obra. Al principio se resumen los principales resultados obtenidos en *Neoliberalismo y Seudociencia* en materia epistemológica y su crítica a Popper, para luego dedicarle especialmente más trabajo a los economistas neoliberales más icónicos y entonces sí poder desarrollar más ampliamente las características de la economía neoliberal y su crítica. Es en dicho resumen inicial en donde aparece nuevamente cierta referencia al método en Marx al repasar la cuestión del holismo metodológico. Luego, retomando y profundizando la crítica a la economía que él llama "neoliberal", en el capítulo ocho relacionado con la cuestión de la ética, nuestro profesor avanza en todo un apartado dedicado a un aspecto novedoso del Marx de Gómez, referido a lo que este último considera es "la tradición marxista" en materia de las cuestiones relacionadas con la "justicia redistributiva". En este contexto, Gómez progresa en algunos conceptos propios de la ciencia de Marx relativa a la economía y es en ese sentido que se pueden establecer que aparecen nuevos elementos que presenta nuestro autor sobre las cuestiones de tipo metodológico en

---

[14] Para la época en que había aparecido este segundo trabajo contra lo que se da en llamar el neoliberalismo, el profesor Gómez invitó a algunos de sus alumnos del doctorado en ciencias económicas de la UBA a una reunión para comentar su libro. La expectativa del Dr. Gómez, explicitada claramente por él, fue invitarnos a hacerle comentarios críticos a su trabajo. Nada ejemplifica mejor su posición sincera y fructífera sobre la necesidad de que mantener debates respetuosos que involucren desarrollos críticos es una muy buena forma de mejorar la calidad del conocimiento en todos los órdenes del mismo. Estoy absolutamente persuadido de que existen muchos ejemplos de grandes investigadores en nuestro país que no son capaces de aceptar este desafío. En un mérito de Ricardo Gómez poseer esta virtud y lo coloca en ese sentido como un docente ejemplar.

Marx. Sin embargo, en este su segundo libro contra el "neoliberalismo", como se puede concluir por todo lo dicho, hay mucha menos dedicación a las cuestiones relacionadas con Marx en la filosofía de la ciencia, según Gómez.

Una segunda etapa en el Marx de Gómez está claramente tipificada por la publicación por primera y como veremos, única vez, de un trabajo exclusivamente dedicado al pensamiento epistemológico del gran pensador alemán (Gómez, 2009). Si bien en el mismo se recogen algunas ideas relacionadas con sus escritos anteriores, en donde ya se hablaba de varios elementos representativos del pensamiento de Marx como ser nada más ni nada menos que la dialéctica, el concepto de mercancía o la dualidad valor de uso/valor de cambio, es recién en el año 2009 y con este documento antes mencionado que se desarrolla por primera vez una exposición positiva y exclusivamente dedicada a la concepción científica del filósofo alemán.

Finalmente, una tercera y última etapa del Marx de Gómez es posible encontrarla en los trabajos más recientes de nuestro profesor. Aquí el pensamiento de Marx aparece enmarcando por completo la mayoría de los análisis sobre filosofía de las ciencias que se reflejan en varios documentos que, sin embargo, no tienen como principal objetivo desarrollar en sí mismo el pensamiento científico de Marx. Tal vez los trabajos más característicos de esta etapa son los referidos al intelectual considerado marxista Enrique Dussel (Gómez, 2018) y el documento todavía inédito "Aceleracionismo, Superación del Neoliberalismo y Crítica Marxista"[15] que fuera usado en la Conferencia Magistral dictada por Gómez en la UNAM de México durante el año 2019 y que se titulara "Aceleracionismo, superación del neoliberalismo e influencia de Marx".[16]

A continuación, intentaremos reflejar con más detalle cada una de las tres etapas identificadas en el pensamiento epistemológico de Gómez dedicadas a Carlos Marx, a los efectos de poder caracterizar en términos generales su manera de pensar al respecto del filósofo alemán y así poder

---

[15] Agradezco al Dr. Gómez por haberme hecho llegar dicho trabajo inédito que a los efectos de este comentario le solicitara especialmente.

[16] https://www.youtube.com/watch?v=0b0EfXzbxvE

brindar un balance crítico preliminar sobre los aspectos destacados y los problemas que podemos encontrar en este desarrollo.

2. Soldados en la línea de fuego del frente de batalla.

La primera etapa del Marx de Gómez relacionada con el desarrollo del pensamiento epistemológico de Carlos Marx se presenta en forma sustantiva, como ya fuera mencionado, con la aparición de su destacado trabajo *Neoliberalismo y Seudociencia*, en el año 1995. La exposición de Marx es a propósito de una contienda directa y sin contemplaciones con Karl Popper. Gómez afirma que "nuestro objetivo (…) [es] evaluar la filosofía de las ciencias de Popper" (Gómez, 1995, 134) En ese sentido, Gómez, como no podría ser de otra forma, desarrolla una extraordinaria síntesis muy convincente no solo del Popper dedicado a las ciencias "clásicas", sino que además avanza en el pensamiento de este autor en el campo especialmente de las ciencias sociales. Es en ese frente de disputa en que se desarrolla una batalla sumamente interesante en torno al pensamiento de Marx, en donde la forma de exposición hace necesario distinguir claramente quienes son los soldados que aparecen enfrentados en el campo de batalla.

Gómez señala que aquí no "defiende" a Marx, sino que lo "traduce" o "interpreta" correctamente porque Popper lo ha malinterpretado. Sin embargo, en esa "traducción" no oculta sus simpatías por la propuesta epistemológica que Marx conlleva. Cuando realiza esta confrontación, hay un contrincante a su favor que aparece explícitamente relacionado: el filósofo Theodoro Adorno y en general la escuela de pensamiento que éste último representa que, como es sabido, es la denominada Escuela de Frankfurt. Hay también un actor destacado en el terreno de disputa que es "el" marxismo enmarcado en otro conjunto de contrincantes identificados simplemente como los "historicistas". A veces no queda claro si la referencia al marxismo denota a la Escuela de Frankfurt o a Engels y sus posibles seguidores, pero tampoco a veces queda claro si los historicistas son solo los marxistas en general o no solo los marxistas. El dominio de referencia en la disputa trae aparejados problemas en las referencias documentales de la batalla de ideas.

Hay un aspecto en este importante trabajo que es indiscutido: la posición de Gómez resulta robusta al describir el pensamiento de Popper, independientemente de cómo lo hace al defender a Marx. En primer lugar, porque lo hace desde un lugar que forma parte del "mundo" de Popper, que es el que proviene de una formación sólida en materia de filosofía de la ciencia tradicional o estándar. Gómez, como ya fuera dicho, es en algún sentido fuertemente empirista, aunque luego se separe de esta corriente y la critique también. Como Putnam, proviene de la disciplina matemática, ejercida prácticamente y además, conoce de lógica y física de la manera que lo hace un experto que se ha formado en ciencias "formales". Es desde ahí que puede "luchar cuerpo a cuerpo" contra Popper, sin tener ningún tipo de minusvalía atribuible a la posibilidad de carecer de un conocimiento sólido sobre la filosofía de la ciencia tradicional entre otras cosas. Todo lo contrario, porque Gómez se ha formado en esa filosofía de la ciencia tradicional. De esa manera, puede entender por ejemplo desde la propia física los problemas que se le identifican a Popper desde las mismas ciencias "fácticas" de primer nivel (Gómez, 1996), pero además puede con rigor de autoridad en la materia enfrentar las afirmaciones de este último cuando estigmatiza a aquellos pensadores cuya formación no haya atravesado en algún momento la epistemología de la filosofía estándar de la ciencia.

Resulta ilustrativo de lo que estamos señalando las referencias que hace nuestro profesor, al criticar lo que él llama "el argumento global de Popper contra el historicismo", usando "contraejemplos" como el de la Ley de Boyle. A propósito del apriorismo de Popper de que no es posible predecir metodológicamente aquellos escenarios que estén "influenciados por hechos impredecibles", Gómez conoce dicha Ley y esto le permite relativizar a Popper afirmando que *"hay leyes que codifican y permiten hacer predicciones, sobre colectivos tales que el comportamiento de sus elementos individuales es individualmente impredecible"* (Gómez, 1995, 89).

Se insiste: encontramos aquí un soldado aguerrido presente en la línea de fuego del campo de batalla, debatiendo contra la prepotencia de usar a las ciencias "clásicas" como sustrato metodológico que, aplicado a

Racionalidad política de las ciencias y de la tecnología

las ciencias sociales, pretende relativizar aspectos de las mismas que deberían dirimirse en su propio terreno. Esta contienda tiene contrafuegos peligrosos.

Otro gran filósofo de la ciencia argentino, Gregorio Klimovsky, presente también en esta disputa y citado por Gómez, en un trabajo dedicado a defender lo que ha dado en llamar el "materialismo histórico" contra las objeciones de Popper reflejadas en las acusaciones de este último contra el historicismo, también apela a la física, en un recurso que nuevamente hace que se discuta de igual a igual con aquel en la contienda que se da en el terreno de las ciencias clásicas (Klimovsky, 2004). Pero aquí lo que se hace es "defender" a Marx reafirmando, sin embargo y aceptando, lo que Gómez contrariamente critica de Popper. Klimosvsky cree que existe un efectivo "fatalismo historicista" en Marx, pero que no puede desconocerse que existe también en física, por ejemplo. Así, afirma

> Es verdad que Marx sostiene un fatalismo algo acentuado en su manera de escribir, sobre todo con respecto al advenimiento de la revolución social y el final del proceso de lucha de clases...Las ciencias físicas también hacen pronósticos a largo plazo y con un tinte fatalista acentuado. Cualquiera que conozca la cosmología contemporánea, por ejemplo, sabe que se pronostican sucesos de manera bastante parecida a lo que Marx hace con respecto a la revolución social (Klimovsky, 314-315).

Más allá de la fortaleza que tiene el Marx de Gómez en este período no está exento de ciertas particularidades que son necesarias de considerar en tanto puedan ser pasibles de cierta observación crítica.

Para empezar, al "traducir" a Marx hay veces que en su desarrollo no queda claro si Gómez está atribuyéndole a este pensador aspectos interpretativos que en rigor son propios de Adorno o del mismo Gómez. Esto no es en sí un problema salvo que las fronteras no queden claramente delimitadas. Un ejemplo sería tal vez cuando se realiza una suerte de isomorfismo conceptual entre lo que es el método dialectico en Marx y lo que se ha dado en llamar el holismo metodológico. O cuando se adopta una posición muy tajante a la cuestión que Popper adjetiva como "miseria" del historicismo.

Ambos contrincantes, Gómez y Popper, exponen a Marx desde la polémica, lo cual redunda en forma parecida para ambos –a despecho de nuestro profesor- en que se expone adoleciendo de la misma característica: no hay desarrollo expositivo que se introduzca en la profundidad de *El Capital*, la obra más importante de Marx para hablar sobre este último en materia de filosofía de las ciencias.

No se puede negar tan tajantemente, por ejemplo y como lo hace Gómez defendiéndolo de Popper, que Marx efectivamente no haya hecho predicciones basadas en las consideraciones que desarrolla en esa su obra cumbre. No importa si se trata de leyes o tendencias, dado que las mismas en primer lugar no fueron esbozadas al solo efecto de realizar predicciones, sino que fundamentalmente sirven para entender el funcionamiento del capitalismo en el presente de Marx y aun hoy en nuestro actual presente. Por otro lado, en segundo lugar, la tan mentada y discutida tradición que existe en el marxismo sobre la "teoría del derrumbe", está claramente basada en predicciones que efectivamente hace Marx hacia el final del tomo 1 de *El Capital*.

No es posible en este espacio ilustrar acabadamente esta posición, pero lo que se quiere afirmar es que la naturaleza de las leyes y tendencias que expone Marx, en tanto que son consideradas como "históricamente determinadas", involucra precisamente el hecho de que hay un devenir histórico que la ley capta y por eso la misma puede servir para vislumbrar el desarrollo futuro de la sociedad. Es probable que tipificar a esto llamándolo "predicción" distorsiona el sentido de lo que se afirma, pero tampoco es posible ir a un extremo opuesto y decir, como lo hace Gómez, que Marx no haya afirmado que efectivamente "hay un destino histórico que ha de ser alcanzado inexorablemente", en cuanto a que la sociedad vaya transformando –se insiste, de una manera "históricamente determinada"- la forma en que adopta la organización del trabajo social para la reproducción de la existencia humana.

Al final del Tomo 1 de *El capital*, como es sabido, la referencia a la "tendencia histórica de la acumulación capitalista" se basa en la existencia

Racionalidad política de las ciencias y de la tecnología

de "leyes" que la sostienen. No siempre, -como describe Gómez citando el Tomo 3 en un aspecto muy particular del método que allí se discute, relativo a la ley de la tendencia decreciente de la tasa de ganancia- no siempre, decíamos, en Marx "tendencia" es correctivo de "ley". En el acápite final dedicado a hablar de las "tendencias" de la acumulación del famoso capítulo 24 del tomo 1 sobre la "acumulación originaria", Marx muestra que esas "tendencias" están provistas de "leyes":

> El que debe ahora ser expropiado no es ya el trabajador que labora por su propia cuenta, sino el capitalista que explota a muchos trabajadores. Esta expropiación se lleva a cabo por medio de la acción de las propias leyes inmanentes de la producción capitalista, por medio de la centralización de los capitales (Marx, 953).

Y unos párrafos más adelante sentenciará: "Suena la hora postrera de la propiedad privada capitalista. Los expropiadores serán expropiados."

Aquí en Marx, como se ve, las "tendencias" están marcadas por "leyes", que es distinto a decir que las leyes estén contrarrestadas por tendencias o que estas últimas funcionen como correctores de las primeras. Como bien cita Gómez cuando ejemplifica con el tomo 3, en la ley de la tendencia decreciente de la tasa de ganancia, por ejemplo, la ley es, de hecho, una tendencia. Pero por ejemplo, en el capítulo 15 del tomo 1 de *El Capital*, cuando Marx hace un gran resumen de todo lo visto hasta ese momento de su obra magna en materia de avance en "el desarrollo de las determinaciones" investigadas y se ocupa de enseñar cómo deberían analizarse los cambios vis a vis entre el valor de la fuerza de trabajo y el plusvalor, se presentarán "leyes objetivas" que deberán ser tenidas en cuenta tanto por los capitalistas así como por los obreros asalariados, que bajo ciertos determinantes históricos no podrán ser alteradas por ninguno de los dos "bandos". Pero allí Marx advierte también que la lucha de clases posibilita que, siempre en el marco del cumplimiento de esas leyes, los resultados de la discusión por el salario muestren que "aunque las circunstancias permitan que la ley opere, pueden ocurrir movimientos intermedios" (Marx, 634) que de ninguna manera van a negar la ley, pero que ofrecen posibilidades distintas en su efectivización. Nótese que aquí la relación entre ley y tendencia en Marx no es aplicable a los problemas de "predicción" ni de algo parecido a "fatalismo historicista" (ya sea entendido esto último como viniendo de la crítica de Popper o de la aseveración sin intento de crítica destructiva de Klimovsky).

A esta altura debería quedar claro que interpelar al Marx de Gómez en esta etapa de ninguna manera supone desconocer las interesantes críticas que se han planteado sobre Popper en relación a Marx, cuando aquel despliega su versión "maligna" del ser "historicista". Pero el hecho de que Gómez quiera genuinamente demostrar que Popper ha malinterpretado a Marx no debe significar necesariamente que el primero haya interpretado siempre correctamente a Marx. Marx podría ser malinterpretado no solo al atacarlo sino también al querer defenderlo.

Gómez sí acierta muy bien en resaltar que el sentido de "ley" en Marx no puede entenderse ni como aquel que pretendiera afirmarse "en la existencia de una ley inexorable de la evolución de la historia", ni como "el supuesto de una ley transhistórica válida a través de los distintos modos de producción". Pero si bien Gómez desprende de esto el hecho de que lo que se trata es de que estamos enfrente de "leyes que funcionan exclusivamente en el contexto del modo capitalista de producción" (Gómez, 1995, 90), ello no significa que en Marx se las tenga que "degradar" (a dichas leyes) en su carácter anticipador que vislumbre el estadio hacia el que vaya concurriendo la forma que adopte la organización del trabajo social en el que se apoye la producción de la riqueza material que sirva para la reproducción de la existencia humana.

Existen algunos inconvenientes adicionales en el Marx de Gómez en esta su primera etapa relacionada con sus planteamientos en torno al gran filósofo alemán. Los mismos se vinculan con el otro gran tema mencionado que sirve como arena de pelea para enfrentar las críticas de Popper y que es, como ya fuera dicho, la cuestión de lo que se denomina el holismo metodológico.

Racionalidad política de las ciencias y de la tecnología

Si bien por cuestiones de espacio no es posible reproducir aquí todo lo que sería interesante mencionar al respecto, sí es necesario comentar cómo en el contexto de muchos aciertos que tiene el Marx de Gómez en este terreno aparecen, sin embargo, dificultades de no poca importancia. Las mismas están vinculadas al tratamiento de las cuestiones metodológicas asociadas a la forma es que se nos es presentada la "dialéctica marxista", entendida explícitamente por Gómez como componente "esencial" del "holismo metodológico" (que es el que se estaría imponiendo al "individualismo metodológico" del tipo que propondría Popper). Entendemos que, más específicamente, en donde el Marx de Gómez muestra debilidades, es en un lugar en donde paradójicamente también aparecía ciertamente gozando de importantes logros reales en la discusión con Popper.

Gómez toma explícitamente como referencia a Adorno y su debate conocido con Popper para desarrollar buena parte de su hilo argumental. Pero en el avance, deja de estar claro ya cuánto es de Adorno o de Gómez o inclusive del propio Marx lo que se está presentando para criticar a Popper. Esto no sería en sí mismo un problema, salvo por la necesidad de establecer a quien de estos contrincantes les puede caber las referencias críticas o de precisión que se quieran establecer. En este sentido, vamos a atribuirle al Marx de Gómez lo que en adelante se comentará, haciendo abstracción del hecho de que nuestro profesor esté haciendo referencia todo el tiempo a Adorno y a Marx indistintamente a la hora de criticar a Popper.

El problema del que se está tratando de advertir se relaciona con las observaciones en torno a la manera de presentar el papel que juega "la contradicción" en todo el terreno metodológico, tanto desde el punto de vista ontológico como epistemológico. Gómez acierta perfectamente en identificar en todo este debate tres formas posibles de tratar el tema de la contradicción y su rol en la ciencia. Estas tres expresiones de lo que serían la contradicción estarían reflejadas en lo que Gómez llama las "contradicciones lógicas", las "contradicciones (que) están en los hechos mismos" y las "contradicciones dialécticas" (Gómez, 1995, 135). Por supuesto, en Gómez está claro que los tres tipos de contradicción están presentes en un desarrollo científico inspirado en Marx. A lo sumo, lo que resulta opinable tal vez es la manera en que se entrecruzan estas formas de manifestación de las contradicciones en el método.

Gómez tiene claro dos cosas: Popper solo concibe para la ciencia la presencia de la contradicción de tipo "lógica" en el sentido de identificarla y extirparla de la racionalidad que aspira a conocer. Pero, por otro lado, el papel de la contradicción en ciencias sociales, sin desconocer la necesidad del rol que cumple esa "contradicción aristotélica" a los efectos que se señala, pasaría también por considerar lo siguiente:

> Es obvio pues que las contradicciones dialécticas son distintas de las contradicciones de la lógica. Sin embargo, aceptar las contradicciones dialécticas no implica rechazar las otras como innecesarias, inadecuadas o inútiles. Por el contrario, de acuerdo a Marx como ya mostramos, sus dominios de aplicación válida son distintos (…) Marx tenía muy en cuenta y valoraba el principio de no contradicción (1995, 149, nota 6).

Para empezar, entonces, es posible de hacer valer la presencia de contradicciones dialécticas sin que esto signifique desconocer la manera en que opera paralelamente las contradicciones que aquí se llaman "lógicas", y que en rigor son aquellas propias del método estándar de demostración por el absurdo o las que si aparecen en el desarrollo científico deben ser evitadas porque señalan problemas en la forma de razonar sobre el mundo de las cosas. Ahora bien, la contradicción "dialéctica", ¿no es de la lógica? Por supuesto que no es aceptada en la lógica estándar, pero, ¿en qué sentido no proviene de *una lógica* peculiar distinta? Se suele generar un problema de identificación cuando se habla de que la "contradicción dialéctica" es aquella que muestra ser la otra cara de la misma moneda de, como dice Gómez, "las contradicciones objetivas, de naturaleza muy distinta a las abarcables por la lógica simbólica estándar" (1995, 135). Se trata de un tipo de "contradicción factual", como dice Gómez, que "tiene en mente" Adorno al polemizar con Popper.

Lo que aparece desarrollado aquí en estos términos, si bien tiene la virtud de separar claramente los aspectos de la descripción sobre el tema

Racionalidad política de las ciencias y de la tecnología

de la contradicción, acomete la dificultad de exagerar hasta confundir el punto que rige el movimiento de la contradicción dialéctica atribuyéndoselo exclusivamente al rol asignado a lo "factual". Se subestima cómo en la contradicción dialéctica que usa Marx en su método de exposición el avance en el conocimiento tiene una respuesta que corresponde encontrar en su propia epistemología, siendo que en ese sentido no requiere de aspectos "factuales" intervinientes que vengan a resolver y sostener esa contradicción que se nos aparece en el método de exposición en Marx. La contradicción desplegada en el método de exposición se ha de resolver dentro del propio desarrollo epistemológico de la ontología que lo inspira, no "en la calle". Y esto no niega que dicha resolución de la contradicción "dialéctica" se resuelva usando una lógica, que definitivamente es una lógica peculiar pero que no deja de ser una exposición metodológicamente formalizada, que puede dar cuenta efectivamente de las contradicciones factuales, pero en tanto que lo que tengamos entre manos es efectivamente la reproducción de lo real por el camino del pensamiento.[17]

En esta línea de fuego aparecerá un contrincante que, como un francotirador oculto y estando a favor también del enfrentamiento contra Popper, se podría pensar puede tener mucho que ver con esta manera de analizar en el Marx de Gómez el papel de la relación entre la "contradicción dialéctica" y la "contradicción factual".

Dentro del contexto en que Gómez expresa una síntesis de todo lo dicho y en donde se quiere afirmar, en materia de la función que cumple la "lógica del concepto", cómo procede el método en torno a la identificación de una contradicción, se resume:

> Marx jamás sostuvo que en las ciencias sociales se parte de la observación de los datos históricos; la historia no era, para él, la base de la economía política. Para Marx lo que uno debe hacer, desde el vamos, es describir lógica del concepto. Si la historia fuera el

---

[17] He desarrollado más esta posición en un trabajo de mayor alcance, "La cuenta que hace Marx", de próxima aparición, en donde se explica más detalladamente la forma en que Marx procede en el inicio de *El Capital* en materia de su método de exposición, dando lugar a un uso de la contradicción muy peculiar como instrumento del mismo.

punto de partida, uno solo podría abarcar la pura apariencia empírica. Y, como es vastamente conocido, uno de los propósitos de la dialéctica es justamente evitar que el análisis permanezca al puro nivel de las apariencias; por el contrario, es a través de la dialéctica que se puede avanzar desde el puro nivel de lo esencial-conceptual (por ejemplo, desde la contradicción entre valor de uso y valor de cambio) hasta el nivel de las apariencias no solo para describirlo sino, especialmente para reconstituirlo y denunciarlo, o sea para exhibir de donde proviene la ganancia del propietario de los medio de producción, y denunciarla como esencialmente explotativa. La lógica, en el sentido marxista del término, debe preceder a la historia, tal como Marx lo ha señalado en reiteradas ocasiones (Gómez, 1995, 93).

En este párrafo, que termina aludiendo a aquello que Marx "ha señalado en reiterada ocasiones", en rigor lleva a una nota que refiere a Enrique Dussel, no a Marx. Dussel es un investigador considerado marxista que ha hecho una serie de aportes en relación al trabajo en torno a los borradores que produjera Marx, y que suelen ser tomados como antecedentes de "laboratorio" cuando se estaba preparando *El Capital*, su obra científica más importante. La referencia de Gómez claramente se asocia a Dussel, al punto que pareciera que alcanza con citar al mismo si lo que se quiere citar es a Marx. Gómez señala en la nota 10 relacionada con dicho párrafo anteriormente mencionado:

Enrique Dussel (1990b) es fiel a Marx cuando afirma que la dependencia (nivel apariencial) consiste en la transferencia de valor agregado (nivel esencial) de un capital nacional total menos desarrollado a uno más desarrollado. No hay, en este caso creación de valor agregado sino apropiación (por transferencia). Pero hay explotación de los trabajadores (relación vertical) dentro de cada capital. La otra relación (horizontal) entre capitales no es de explotación, sino de dominación internacional. Dussel, además, ha realizado un estudio analítico, con un detalle y sagacidad no usuales, de cada una de las distintas redacciones de El Capital, así como de

Racionalidad política de las ciencias y de la tecnología

la incidencia de cada una de ellas, según su original interpretación de las mismas, para un proyecto liberador en Latinoamérica (véase, Dussel, 1985, 1988 y 1990). (1995, 109).

Puesto en estos términos, se entiende que, si para Gómez la "fidelidad" a Marx es una característica de Enrique Dussel, no sea necesario citar a Marx cuando se hagan referencias a las veces en que este último habría hecho consideraciones sobre la "precedencia" de la lógica sobre la historia al momento de entender en qué consiste la dialéctica marxista. A nuestro entender, sin embargo, hay veces en que mejor sería citar directamente al autor sobre el que se está haciendo planteamientos tan profundos.

Que la inversión de la relación entre la "lógica del concepto" y la "observación de los datos históricos" encierre una suerte de peligro de que el análisis pueda quedarse solamente en "el mundo de las apariencias", salvo que se cite directamente dónde Marx menciona esto, no parece ser un problema que esté lo suficientemente bien planteado como para aceptarlo así no más, independientemente que lo que se quiera es criticar a Popper.

La crítica del propio Marx a sus desarrollos científicos previos a *El Capital*, señalada ya hace muchos años por Nicolaus (1967), debería ser seriamente considerada aquí en este sentido. La misma expresa, ante la igual preocupación sobre "el mundo de las apariencias", una opción precisamente inversa a la que Gómez le atribuye a Marx. Nicolaus advierte sobre los esfuerzos que durante toda su vida científica realizara Marx para reemplazar su propia "coreografía hegeliana" (el exceso del uso de la "dialéctica del concepto") por el conocimiento no mistificado de la necesidad que, por estar justamente históricamente determinada, sostiene al concepto mediante el saber histórico. Se deshace, por esa misma razón, la mera "apariencia" que surge no del uso de la historia sino del uso provisorio del movimiento dialectico formal vacío de la necesidad.

Por otro lado, aunque sea cierto según Gómez que de lo que se trate en Marx es ir más allá de las apariencias que encierran las categorías más conocidas de la Economía Política, existe también otra inversión equivocada sobre la manera en que "la dialéctica" procede en el Marx maduro, pues se afirma que de lo que se trata es de *poder avanzar desde el puro nivel de lo esencial-conceptual (por ejemplo, desde la contradicción entre valor de uso y valor de cambio) hasta el nivel de las apariencias,* cuando en rigor el movimiento de la determinación en *El Capital* es precisamente al revés. Allí se avanza desde lo aparente hacia lo esencial, siendo la contradicción un instrumento de transición fundamental.

En un trabajo de explícito posicionamiento epistemológico marxista, que fuera publicado hace ya más de dos décadas, Dussel cuenta, en una nota marginal al pie, un interesante hecho que no por ser de índole personal deja de tener connotaciones académicas sugerentes a los efectos del trabajo que aquí se presenta. Como las escenas cinematográficas carentes de contenido sustantivo en las películas de Hitchcock, que a pesar de no decir nada sobre el suspenso de la historia no son casuales, pues siempre tuvieron como objetivo realizar el conocido deseo lúdico del famoso director de querer aparecer él mismo en alguna secuencia de sus films más relevantes, la nota de Dussel tampoco resulta inocente, aunque parezca carente de significado teórico.

Dicha nota al pie en cuestión es la número 5 de dicho trabajo y dice lo siguiente:

> Sobre la epistemología de K. Popper nada mejor que la excelente obra de mi querido amigo Ricardo Gómez, Neoliberalismo y seudociencia, Lugar Editorial, Buenos Aires, 1995. Ricardo me invitó hace años a la State University of California (LA), y pasamos un "quarter" releyendo a Marx juntos. Fue una experiencia inolvidable. (Dussel, 2000).

Esta notable cita fue realizada en el contexto de una publicación en donde mantiene una muy dura polémica en torno precisamente al pensamiento epistemológico de Carlos Marx. En rigor, este escrito es una respuesta a la muy considerable crítica que le hiciera el investigador Ariel Petrucelli un trabajo inicial de Dussel publicado en la revista *Herramienta* (2000) y que fuera el origen de un intercambio muy interesante.

Racionalidad política de las ciencias y de la tecnología

¿Es posible hipotetizar que Gómez pueda haber aceptado a Dussel sin pasar él mismo por una experiencia profunda en Marx, que le hubiera llevado a sacar sus propias conclusiones sobre la ontología del filósofo alemán? Es poco creíble. En todo caso, como dice Dussel, se trataba de dos amigos "releyendo a Marx juntos" y pasando así una "experiencia inolvidable" durante todo un cuatrimestre. Gómez, por supuesto, tiene comentarios propios sobre la epistemología y el método; existe un "Marx de Gómez". Pero parecen estar fuertemente asociados a la forma en que de manera "fiel" y con "un detalle y sagacidad no usuales" Dussel –siempre según Gómez- ha ido desarrollando las cosas en torno a Marx. Por otro lado, metido a la polémica sobre la filosofía de las ciencias, para Dussel es necesario llevar como *fronting* el extraordinario trabajo de resumen explicativo que Gómez ofrece sobre el pensamiento de Popper y su crítica. Esta "comunidad" de pensamiento es algo que se irá manifestando más abiertamente en la medida en que el Marx de Gómez adopte, en su tercera etapa, un rol más de tipo propositivo en materia de la acción práctica política.

En esta tercera etapa de su concepción sobre la epistemología de Marx, Gómez reconocerá abiertamente que su nuevo enfoque sobre la filosofía de la ciencia "le fue inspirado por la obra de Dussell", sobre la que intentó "contribuir a su propuesta de liberación" (la de Dussell). Esta última le habría, siempre en palabras de Gómez, permitido "tomar conciencia" sobre la revaloración del papel de la ética en la epistemología, debido a que logró "percatarme de algo iluminador": la "primacía en tal filosofía (de las ciencias) de las cuestiones acerca de los valores". A tal punto llega esta identificación, que Gómez va a generalizar la importancia del papel de Dussel ya no solo en su obra, sino en el espectro general actual de la disciplina: "Digamos, pues, que tal filosofía (de las ciencias) ha devenido más dusseliana" (Gómez, 2018, 117-118). Inclusive, en su más reciente trabajo publicado en torno a la temática en cuestión, ya en su epílogo, Gómez insistirá en lo "imprescindible" que sigue siendo "proponer una concepción de la ciencia con dimensión valorativa". Y termina sentenciando que es necesario agendar que "Nos espera (…) nueva tarea acerca de otras y originales propuestas. (…) con seguridad, nos encontraremos con el pensamiento de Enrique Dussel" (Gómez, 2020, 149).

3. Lo mejor del Marx de Gómez

La segunda etapa del Marx de Gómez, como ya fuera mencionado, se puede establecer con la aparición de su único trabajo dedicado especialmente a la filosofía de la ciencia del pensador alemán.[18] En el mismo se tratan diversos aspectos que deben ser considerados de manera diversa al momento de encontrar coincidencias con el tratamiento que el profesor da a las cuestiones de la filosofía de la ciencia en Marx. Se trata de un abordaje desparejo en materia de precisar su método. Hay, sin embargo, aquí, un gran avance que bien logra satisfacer las expectativas que se podían tener sobre el tipo de aproximación que un intelectual con la formación de Gómez puede brindar al respecto. Nos referimos a la descripción que se hace sobre la relación que se debería apreciar existe en Marx entre un método que es caracterizado fundamentalmente como "dialéctico" y

---

[18] Fiel a un estilo que fue desarrollando durante su carrera intelectual, Gómez primero dictó en el año 2009 un Seminario de Doctorado en la Facultad de Filosofía y Letras de la UBA dedicado a la cuestión del debate sobre la neutralidad valorativa en las ciencias, que luego derivó en la presentación de un libro y un artículo resultado de esa experiencia docente. En dicho Seminario el profesor Gómez trató este tema en distintas expresiones científicas, que fue exponiendo para sostener luego su posición en cuanto a argumentar que no existe nunca en ciencia tal posibilidad de la neutralidad valorativa. Dentro de estos autores presentó su tratamiento con respecto a Marx. De ese seminario surgió luego su libro *La Dimensión Valorativa de las Ciencias* y el artículo antes citado con respecto al pensamiento epistemológico del pensador alemán. Por evidentes razones de estrategia editorial, la posición sobre Marx no fue incluída en el libro que reproduce en buena parte los resultados de dicho Seminario, siendo que la misma se decidió presentar por separado en el artículo antes mencionado. No fue ésta la única decisión que tomó Gómez en relación al tratamiento especial en torno a Marx. Tuve la fortuna de participar del mismo junto con mi colega de Cátedra de El Capital el Dr. Gastón Caligaris. Cuando el profesor se enteró por ambos que nos ocupábamos de dictar en la Facultad de Ciencias Sociales de la UBA el Seminario sobre *El Capital* nos pidió, ante nuestra sorpresa, que fuéramos el Dr. Caligaris y yo quienes iniciáramos las clases de los doctorandos relacionadas con el seminario, trabajando nosotros a Marx con una presentación sobre dicha obra. Recuerdo que al hacerlo tuve que empezar mi presentación sosteniendo y justificando por qué creía que en *El Capital*, Marx exponía las cosas de tal forma que de lo que de allí se desprendía era efectivamente una ciencia, que entre otras cosas, lo que buscaba era sostener sin proponérselo explícitamente que sus resultados eran en algún sentido valorativamente neutros.

Racionalidad política de las ciencias y de la tecnología

el uso, aun dentro del mismo, del recurso metodológico de la inducción y la deducción, como forma complementaria y de ninguna manera conflictiva u opuesta a aquel movimiento dialéctico que sobresale. Por tratarse de lo que a nuestro entender resulta un aporte significativo del Marx de Gómez, resulta particularmente importante citar in extenso algunos de sus más logrados desarrollos en la materia.

Aquí la "deducción" y la "inducción" son posibles de ser encuadradas como existentes ciertamente en la investigación que llevó a elaborar como resultado su obra *El Capital*.

> Explicar es relacionar las tendencias de una cosa a su naturaleza. Puede haber generalizaciones a partir de particularidades y Marx propuso muchas, pero éstas no van más allá de la mera descripción. Generalización y fuerza explicativa van en direcciones opuestas...Estas explicaciones utilizan siempre desarrollos a partir de contradicciones, por lo cual pueden ser llamadas "dialécticas".
>
> Lo anterior no es óbice para que Marx utilice otros tipos de explicación, por ejemplo, deductivas e inductivas, pero siempre con el alcance restringido arriba indicado; tienen la forma de argumentos, pero no cumplen el rol explicativo profundo de las propiamente dialécticas, porque no penetran en la estructura de la realidad y menos aún en la de su cambio. Así, Marx empleó explicaciones causales, sin embargo, estaba en desa-cuerdo con aquellos que reducían las leyes y explicaciones causales a conjunciones constantes entre hechos observables. Tal tipo de conjunción puede dar una regularidad entre apariencias, pero ocultará inexorablemente el juego de mecanismos más profundos, obliterará diferencias históricas y no será, en consecuencia, una explicación causal genuina, pues no establece las relaciones necesarias entre un "mecanismo interno" y las acciones, hechos o procesos que tal mecanismo genera. Marx llama "mecanismo interno" a "un agente que tiene poderes esenciales o propiedades activadas por sus relaciones" [20], a la vez que habla de "necesidad histórica" en lugar

de "necesidad absoluta" [21]. Es una necesidad restrictiva: rige lo que los agentes hacen, aunque no los constriñe del modo en que lo haría un mecanismo natural. (2009, 11-12)

Marx propondría entonces, según Gómez, "generalizaciones a partir de particularidades", pero solo son descriptivas y no explicativas. Porque las explicaciones en Marx están basadas en contradicciones y entonces son "dialécticas". Sin embargo, siempre según Gómez, también se utilizan "otros tipos de explicaciones". Pero estas últimas, no serían de tipo "profundo", sino más bien de tipo "argumentativo". La diferencia con respecto a ser más que meras generalizaciones, pero menos que las explicaciones "profundas", es que con la deducción e inducción, según este epistemólogo de tanto prestigio, lo que se hace es sostener el hilo argumental del avance de la investigación pero no se llegaría a reproducir el "mecanismo interno" de lo "más profundo" que subyace a lo que se presenta. La causalidad se usa, pero para deambular por la apariencia de lo que yace en lo profundo de la superficie que se analiza observando su regularidad.

Resulta interesante comprobar cómo en Gómez está presente entonces la idea de que existe una "necesidad histórica" que se descubre mediante unas contradicciones que bien podrían ser, aunque no se lo menciona literalmente, aquello que se "afirma al negarse", que Iñigo se refiere al movimiento dialéctico sin decirlo explícitamente.[19] Pero en Gómez esto

---

[19] Luego de haberle obsequiado el libro del profesor Iñigo, tal y como fuera mencionado, resultó para mi una grata sorpresa ser testigo de cómo Gómez se sirvió del trabajo de ese experto en Marx para ir llevando adelante las clases que dio sobre el filósofo alemán en el Seminario de Filosofía y Letras sobre la neutralidad valorativa en las ciencias. Demostrando una amplitud de criterio y una honestidad intelectual que lamentablemente a veces se considera poco frecuente en los ámbitos académicos, el profesor Gómez intercaló sus propios comentarios personales con referencias todo el tiempo al libro de Iñigo, que usaba estando abierto todo el tiempo en la medida en que iba desarrollando su clase sobre Marx. Tal vez lo más impactante para mi fue escuchar aquella vez cómo el profesor Gómez iniciaba su clase mostrando dicho libro y expresaba frente a sus alumnos de doctorado algo que cito de memoria y que fuera parecido a "esto es de lo mejor que he leído sobre la explicación científica en Marx; coincido plenamente". El Dr. Caligaris, que estaba presente aquella vez, supo confirmarme este recuerdo alusivo. Desconozco si el profesor Gómez sigue manteniendo esta posición.

no impide reconocer cierto papel argumental cumplido por la causalidad deductiva. Hay una "regularidad de las apariencias" que cumple un rol determinado.

Gomez dirá:

> Nada de ello implica que en Marx no haga uso de inferencias inductivas, o sea, inferencias en las cuales la conclusión es a lo sumo probable. Sólo se afirma que el análisis en búsqueda de las categorías explicativas básicas no es una forma de inducción.
> Por supuesto, tampoco se niega que haya argumentos deductivos en la obra de Marx; esto sería una soberana ridiculez. Lo que se afirma es que en la dualidad metodológica investigación-exposición no hay un momento deductivo; no se siguen las leyes de esa lógica en ninguno de los dos momentos. (2009, 14)

Así como no se descarta el uso de un razonamiento deductivo en Marx, esta manera de presentar su método también considera que subyace en el mismo una "lógica". Para empezar, porque no hay tolerancia para cualquier tipo de violaciones a la misma desde el punto de vista de nunca aceptar algún tipo de contradicción propia de la lógica formal.

> Marx no concibió a la dialéctica como una forma superior de lógica, que reemplazara o subsumiera a la lógica formal, así como tampoco violaba en sus argumentaciones las pautas de la lógica formal. Por el contrario, afirmó reiteradamente la necesidad de argumentar cuidadosamente, evitar non sequiturs y contradicciones formales. Es totalmente consistente sostener la necesidad de proceder dialécticamente, desplegando las sucesivas contradicciones a partir de las tendencias presentes en las esencias individuales, y abjurar de incurrir en las contradicciones de lógica formal en cualquier parte de su discurso. En cada caso, las contradicciones son de naturaleza muy distinta: de una contradicción de la lógica formal se sigue cualquier enunciado, una real tragedia argumentativa que explica por qué todos recomiendan evitarlas, mientras que de

una contradicción dialéctica se sigue exclusivamente un enunciado, en cada momento del desarrollo dialéctico. Además, en tanto las contradicciones a revelarse son reales, puede afirmarse que subyace a las mismas una versión materialista de la lógica (no entendida en el sentido clásico-formal). (…) No hay pues, estrictamente hablando, un esquema dialéctico aplicable universalmente, independientemente de un determinado contenido específico. La idea de método como esquema general universalmente aplicable es un sinsentido para Marx, de ahí que, como hemos dicho la dialéctica no fuera para él una lógica en el sentido habitual del término. Por eso, podría afirmarse que, en sentido estricto, para Marx tampoco existe la predicción como resultado de reglas de inferencia deductivas-inductivas universalmente aplicables. (2009, 15)

Cada vez queda más claro que en esta presentación, por un lado, existe uso del razonamiento clásico de causalidades deductivas e inductivas, pero no para consagrar los avances decisivos de la investigación. Existe una preocupación metodológica obvia por no acometer contradicciones argumentales, lo cual supone en definitiva una adscripción necesaria al respeto por las reglas de inferencia. Por otro lado, hay una lógica peculiar sobre las contradicciones. No puede llamar la atención, en esto términos, que aun considerando al pensamiento de un autor como Iñigo como "lo mejor" sobre el método en Marx, Gómez considere a diferencia de aquel que el mismo Marx comienza su investigación partiendo de un concepto. Incluso aseverando esto a despecho de lo escrito por Marx en sus "glosas marginales".

> Toda mercancía (el concepto real básico del análisis de Marx en El Capital, porque el hecho más obvio del capitalismo es la acumulación de riqueza y ella está constituida por lo que produce cada mercancía en sus relaciones de intercambio) tiene como su esencia la unión entre valor de uso y valor de cambio. Es una unión en oposición real, no lógica pero necesaria. Pero entonces, el carácter

necesario de tal oposición es muy diferente al de la necesidad lógica. (2009, 8).

Creemos que Gómez desestima fundamentalmente "la necesidad lógica" en el movimiento profundo del desarrollo de Marx cuando remite a la lógica formal estándar conocida. Tampoco vemos que desconoce que en Marx existe la presencia de esa lógica, en algún sentido cuando se acepta que existe inducción y deducción junto con la dialéctica. En particular, consideramos que lo que existe en el "movimiento" del desarrollo epistemológico en Marx es una exposición que requiere de cierto "formalismo" de presentación (método de exposición, diría Marx) en donde lo que subyace es, sin dudas, otra lógica. Eso se pone en evidencia sobre todo cuando uno se adentra en el desarrollo propio que llevó a Marx a trabajar denodadamente en reproducir las cosas tal y como se presentaron en el arranque de *El Capital*.

4. Pensar "a lo Marx"

> Luego de haber celebrado de 1815 a 1846 la fertilidad del suelo irlandés, declarando vocingleramente que la naturaleza misma lo había destinado al cultivo cerealero, repentinamente los agrónomos, economistas y políticos ingleses descubrieron, a partir de ese momento ¡que no servía más que para producir forraje! El señor Léonce de Lavergne se apresuró a repetirlo del otro lado del Canal. Es muy propio de un hombre "serio" à la Lavergne el dejarse arrastrar por esas niñerías.
>
> Marx, *El Capital*

Los alumnos de la Universidad de Buenos Aires que han asistido a los cursos y seminarios que impartimos junto con distintos colegas en la Cátedra Lavergne sobre *El Capital* hace ya más de dos décadas -especialmente en las Facultades de Ciencias Sociales y de Filosofía y Letras- están en conocimiento de que uno de los aspectos pedagógicos que hemos ido desarrollando con el paso del tiempo y la experiencia del dictado de clases es la propuesta en adentrarse en la experiencia de "pensar a lo Marx".

Reconozco que tiempo después de empezar a tomar esto como una suerte de "consigna pedagógica" fue que reparé en la cita en donde Marx vitupera a un pariente lejano haciendo una crítica definitiva y categórica en el sentido de que su disgusto con Leonce de Lavergne ya era de tal entidad, que implicaba toda una desautorización directamente a su manera de pensar las cosas en materia de economía política. "Pensar a la Lavergne" era para Marx "dejarse arrastrar por niñerías", todo lo contrario a ser científicos serios. Más allá de la coincidencia notable, ha de ser importante volver al punto en donde la alternativa de "pensar a lo Marx" aparece como una reflexión necesaria en el contexto del Marx de Gómez.

En un escrito que circula por la web hace ya algunos años, y que ha tomado una notable difusión a pesar de su poca claridad en materia de citas y referencias, se presentan algunas consideraciones exquisitas de variada índole sobre la manera en que transcurrió Engels los últimos días de su vida (González Varela, 2006). Entre otras cosas sumamente interesantes, allí se hace referencia a lo que al final de su vida este gigante intelectual llegó a considerar era, para él, ser un "marxista". Según parece, para Engels ser "marxista" no consistía en saber repetir con conocimiento extremo lo que Marx había dicho aquí o allá, y reproducir con erudición y de la mejor forma posible cómo lo había dicho. Para Engels, en rigor, ser "marxista" consistía simple y sencillamente en saber "pensar a lo Marx".

Esto no pretende ser un juego de palabras que encierre una posición seudo original ni sofista de pedantería esnob extrema. Está apuntando a una crítica severa dentro de "la tribu" de seguidores. Está dedicada especialmente a los que hacen de Marx una idolatría irracional y sectaria a la hora de pensar la "cuestión social". El principal instrumento de ese tratamiento acientífico es la demostración acrítica de un conocimiento erudito de la obra de Marx, que suele ser citada en forma descontextuada y con ribetes ciertamente deterministas.

No se subestima la necesidad de conocer la obra y de saber reproducirla en sus detalles, sobretodo porque se trata de una obra que a lo largo del tiempo fue ajustada reiteradamente. Pero se debe entender que hay un momento que viene después de comprender a Marx y saber repetir

Racionalidad política de las ciencias y de la tecnología

lo que él dice y cómo lo enseña. Ese momento es el de empezar a "pensar a lo Marx".

En este sentido hay que hacer notar algo importante: cuando uno piensa "a lo Marx" puede ocurrir dos cosas que no deberían ser sorprendentes en una práctica científica genuina, aunque no dejen de ser llamativas: a) que se obtengan desarrollos científicos que Marx no abordó explícitamente, y b) que se puedan lograr desarrollos científicos que lleven a criticar al propio Marx en su manera de desarrollar ciertos temas (algunos inclusive de gran envergadura en el contexto del marco teórico del propio autor). Entender esto último supone haber comprendido acabadamente cómo el propio Marx trabajó su propia obra más lograda, el libro 1 de *El Capital*, que en su estrategia editorial final terminó siendo el tomo 1.

En el Marx de Gómez no hay crítica a Marx. Debería haberla. Entre otras cosas y para empezar, porque esto supondría completar el método de trabajo que de manera tan fértil supo llevar adelante Gómez, tal y como lo hizo históricamente en su larga trayectoria docente con las principales corrientes epistemológicas que supo tratar, para darlas a conocer de la manera tan certera y lúcida como la ha hecho a lo largo de todo una carrera docente ejemplar. La mejor crítica a Marx es desde Marx. Para esto, es necesario "pensar a lo Marx". Sería algo parecido a lo que mucho tiempo atrás hizo Gómez cuando se "adentró" en el positivismo lógico y desde las entrañas mismas de este pensamiento se propuso encontrar sus limitaciones. Así como también lo hizo con Aristóteles o, por ejemplo, con Karl Popper.

Se podría decir que la reivindicación de la utopía como forma de guía para la acción práctica revolucionaria es, tal vez, una manera que tuvo Gómez de tomar distancia de Marx, aunque la misma esté inspirada según él en el propio Marx. En su trabajo tan importante contra Popper, y a pesar de que Gómez mismo correctamente acotaba que Marx se había enfrentado a los utopistas de izquierda de su época, sin embargo, el propio Ricardo Gómez asume terminar aquel trabajo contra las críticas de Popper desarrollando toda una idea supuestamente distinta sobre la utopía como horizonte político. Ciertamente este es un desafío a Marx inspirado en

Marx. La tercera etapa del Marx de Gómez tiene como sustento la proclamación de un intento de hacer una filosofía "crítica" inspirada en Marx que lleve justamente a la realización "en el futuro" de una sociedad mejor.

En esta tercera instancia el Marx de Gómez muestra al pensamiento crítico que pone en evidencia la inexistencia de neutralidad valorativa en la ciencia y la presencia de lo ético y moral (y en particular en Marx, que hace al "criticismo" de su ciencia según Gómez). Se trata del Programa para la ciencia (filosofía crítica para la liberación) para la acción política que se desprende como corolario final (antineoliberal y pro aceleracionismo).

Cabe aclarar que en Gómez aparecen tres etapas de su crítica a la existencia de "neutralidad valorativa" (NV) en la ciencia. Esta posición es extendida al Marx de Gómez. Las mismas son 1) la crítica a la filosofía de la ciencia estándar, 2) la crítica a la economía neoliberal, dado que tampoco las ciencias sociales son VN (está absolutamente "contaminada" por un debate también en términos de la filosofía estándar, porque se está discutiendo con Popper y defendiendo a Adorno), y 3) la "aplicación positiva" a la interpretación del método en Marx.

Así, se le aplica a Marx sin proponérselo una noción de NV que está absolutamente inficionada de una perspectiva propia de la filosofía de la ciencia estándar, pero por la negativa. Creemos que Marx requiere ser entendido teniendo una novedosa concepción de NV, tal y como Gómez desarrolla una novedosa concepción de "ciencia objetiva enriquecida".

La existencia de NV en Marx "soporta" a, 1) Putman, con su apreciación sobre la inexistencia de separación entre juicios de hecho/juicios de valor, 2) a Longino, con su postura de "enriquecimiento" de la "objetividad", y 3) a la objetividad como consenso. Sobre todo, la presencia de influencia del contexto social, es algo que Marx posee sin que eso niegue la existencia de NV en su ciencia. Hace lugar a que se juegue "la determinación histórico social". La necesidad de ser VN tomando como referencia la determinación histórico social supone, a) la demarcación esencia real *vs* mistificación metafísica, y b) la posibilidad de la existencia de una NV con presencia de valores sociales. La única manera de entender esto es

Racionalidad política de las ciencias y de la tecnología

yendo hacia una noción de NV que no sea subsidiaria de una visión basada en la concepción estándar de la filosofía de la ciencia, aunque sea por la negativa.

Gómez llega a la conclusión de que es necesario sostener una filosofía de la ciencia que, siendo robusta, sin embargo, carezca del atributo de ser valorativamente neutra. No deja de ser interesante su planteo. Del mismo surge un notable desafío ontológico que es el de sostener el criterio de que la inexistencia de NV en la ciencia no obsta para que la misma sea positivamente objetiva. Por supuesto, aquí radica un criterio de "objetividad científica" renovado y peculiar.

El planteamiento de Gómez es aplicable completamente según él al método en Marx porque entre otras cosas para Gómez la filosofía de la ciencia de Marx es la que mejor expone los criterios de inexistencia de NV con objetividad científica.

Es de destacar que cuando Gómez desarrolla su novedosa versión última de la filosofía de la ciencia toma como referencia ineludible la crítica a la filosofía de la ciencia estándar y a la economía política mistificada en su versión más moderna. Esa es su virtud, pero lo deja en una encerrona. Porque al trabajar directamente a Marx, lo que se obtiene es la posibilidad de que exista una forma de NV propia de la específica forma en que este último hace la crítica de la economía política de su época. Una NV que no solo no desconoce las influencias históricas y políticas u económicas, sino que justamente, basadas en un criterio de reconocimiento de la determinación histórica, sea capaz de desarrollar un novedoso criterio de demarcación entre lo que es conocimiento científico y lo que es forma mistificada del conocimiento (o sea, metafísica). Aquí la existencia de "neutralidad valorativa históricamente determinada" cumple un rol fundamental en la ontología, epistemología y método desarrollado por Marx, que es distinto al de la "objetividad científica sin neutralidad valorativa" que se desprende del Marx de Gómez.

Es en el conocer la determinación histórica que se afirma la NV y no ocurre que, a la inversa, la defensa de la NV en Marx suponga el desconocimiento de lo que Gómez llama la "interrelación" de la ciencia con su ámbito político en el que se desarrolla. Hay una "neutralidad valorativa a lo Marx" que Gómez no puede concebir porque su referencia para la discusión está anclada en la filosofía de la ciencia estándar y en la discusión con la economía mistificadora de la realidad del capitalismo.

5. A modo de balance

A continuación, se presenta como cierre una suerte de Balance del Marx de Gómez. Debe advertirse que, si bien los puntos señalados como positivos son menores que los que se consideran críticos, la ponderación de los primeros es tan significativa que sustenta una suerte de "empate" en la materia. Como de los aspectos positivos se ha hablado in extenso en esta breve semblanza a modo de homenaje, se explicará un poco más los aspectos críticos señalados.

a) No existe ciencia "valorativamente neutra", según ha desarrollado Gómez en un Seminario de Doctorado y que luego se tradujera en un libro especialmente dedicado a demostrar esto. ¿Es esto aplicable al Marx de Gómez?

Si se afirma que Marx crea una ciencia que pretende ser "valorativamente neutra", al señalar que no existe ciencia valorativamente neutra, ¿se podría afirmar que Gómez le puede atribuir al pensamiento de Marx, razonablemente, algo que Marx explícitamente no buscó?

No es que no exista neutralidad valorativa, sino más bien lo que ocurre -y que no es tenido en cuenta en el Marx de Gómez- es la posibilidad de que exista una forma distinta de neutralidad valorativa.

b) La neutralidad valorativa es evaluada en los términos positivistas o popperianos. En definitiva, se le termina cediendo a la filosofía estándar los términos de referencia sobre lo que sería lo "valorativamente neutro" en ciencias sociales o, más específicamente, en Marx.

c) Hay un esfuerzo gigantesco de Marx a partir de 1850 para lograr lo "valorativamente neutro" en su construcción científica sobre "la cuestión social" que Gómez desconoce (Nicolaus, 1960). Y esto va inclusive y especialmente contra su propia obra anterior (la de Marx). Su vuelta al estudio definitivo de la economía política y su crítica va en busca del destierro de apriorismos subjetivos sobre las leyes que imperan en el movi-

Racionalidad política de las ciencias y de la tecnología

miento de la sociedad capitalista y que es necesario conocer, como tomando conciencia de ellas. Esta actitud o propuesta científica es independiente de su efectivo logro por parte de Marx. Intenta hacerlo, pero, ¿lo logra? Gómez no acepta ni siquiera que Marx intente hacerlo.

d) ¿Utopía o Revolución? (la Revolución no es "un sueño eterno", sino una constatación históricamente determinada). Populismo o Acción Política transformadora. La clave de esta disputa interna de Marx con lo valorativamente neutro, inclusive en relación a su propia obra, está precisamente centrado en la manera en que se desprenderá según él la acción política revolucionaria. Lo "destinado a la derrota", como diría Engels, es la utopía que surge como propuesta de la acción que no conoce el criterio de demarcación "a lo Marx" entre lo históricamente determinado y su forma mistificada. De lo que se trata es de que la acción práctica no sea guiada por la utopía sino una búsqueda del éxito del triunfo guiado por el conocimiento científico que a su vez guía la acción política transformadora. No es solo esto "contra otros". El propio Marx (y Engels) evalúan el déficit de su acción política previa a *El Capital* (contra el *Manifiesto Comunista*, el artículo del joven Engels sobre la crítica de la Economía, Proudhon, etc.)

e) Entonces el tema es: 1) el Marx de Gómez no toma en cuenta esta posición de Marx. No aclara que Gómez sigue pensando en que pueda no existir neutralidad valorativa, ni siquiera en Marx, independientemente de cuál era la visión de Marx de su ciencia en este sentido. O sea, Gómez no aclara que Marx buscaba efectivamente la neutralidad valorativa y en todo caso no la logra porque esto no es nunca posible. Simplemente se desconoce a un Marx con intencionalidad de crear una ciencia sobre "la cuestión social" que sea valorativamente neutra, independientemente de si este objetivo es efectivamente alcanzado. No se entiende que haya un objetivo explícito de neutralidad valorativa en Marx. 2) Esto en buena parte ocurre en el Marx de Gómez porque el mismo está teñido de una noción de neutralidad valorativa que proviene de los aspectos básicos de la filosofía estándar de las ciencias.

A continuación, y a manera de cierre, se presenta el cuadro del Balance preliminar del Marx de Gómez.

Como diría nuestro profesor, "siempre vamos e iremos de camino". El camino del Marx de Gómez puede estar sembrado de muy buenas intenciones, qué duda cabe. Todavía falta seguir recorriéndolo, porque se nos aparecen interesantísimos senderos que se bifurcan. Vamos con Gómez a seguir recorriéndolo.

Balance del Marx de Gómez

Fortalezas	Debilidades
1. El hecho de que se acometa el estudio profundo de la concepción científica en Marx proviniendo de una formación consolidada en Filosofía de la Ciencia estándar.	1. Respaldo de ideas y afirmaciones usando citas de Marx de irregular contenido sustentable y relacionable, por la naturaleza de las mismas.
2. La defensa contra las apreciaciones de Popper al método en Marx.	2. Superposición ontológica/metodológica en análisis sobre el papel de la contradicción en el método.
3. La explicación seriamente fundamentada del entrelazamiento entre el uso de un método dialectico que sobresale, pero con utilización de razonamientos deductivos e inductivos.	3. Problemas con el sentido de la idea del papel ocupado por la naturaleza de la "crítica" en el método.
	4. Dificultades en la tipificación en el criterio de demarcación entre ciencia y metafísica en Marx.
	5. Problemas relacionados con la consideración sobre la posibilidad de existencia/no existencia de neutralidad valorativa en Marx.

6. Afectación de los criterios que se desprenden en la concepción epistemológica de Marx relacionados con las formulaciones de acción política, análisis de prospectivas y papel de la ética.

7. Inexistencia de apreciaciones críticas a Marx (salvo veladamente en el tema de la "utopía").

REFERENCIAS

Dussel, E. "Sobre el concepto de "ética" y ciencia "crítica"". *Revista Herramienta*, N° 12, Otoño, (2000). Disponible en: https://herramienta.com.ar/?id=863

Gómez, Ricardo J. *El fin de la ciencia, la historia y la modernidad -Una mirada crítica*. Buenos Aires: Ciccus, 2020.

---. "Enrique Dussel y la economía como ciencia social crítica". J. G. Gandarilla Salgado y M. Moraña, eds. *Del Monólogo Europeo al Diálogo Interfilosófico. Ensayos sobre Enrique Dussel y la Filosofía de la Liberación*. México: Universidad Nacional Autónoma de México. 2018. 169-192.

---. *Neoliberalismo, fin de la historia y después*. Buenos Aires: Punto Muerto, 2014a.

---. *La dimensión valorativa de las ciencias -Hacia una filosofía política*. Bernal, B. A.: Universidad Nacional de Quilmes, 2014b.

---. "Karl Marx: Una concepción revolucionaria de la economía política como ciencia". *Revista Herramienta*, N°40; (2009). Disponible en: https://herramienta.com.ar/articulo.php?id=723

---. *Neoliberalismo Globalizado -Refutación y debacle*. Buenos Aires: Ediciones Macchi, 2003.

---. "Indeterminismo y Libertad: Físicos cuánticos responden a Popper". *Análisis Filosófico*, XVI; (1996): 157-166.

---. *Neoliberalismo y Seudociencia*. Buenos Aires: Lugar Editorial, 1995.

---. "On Marxian Theory: A Reply to Neoliberals". *California Sociologist*, 15, n. 1-2; (1992): 121-131.

---. *Las Teorías Científicas -Desarrollo -Estructura -Fundamentación*. Tomo 1 Buenos Aires: El Coloquio, 1977.

---. "Filósofos "modernos" de la ciencia". *Crítica. Revista Hispanoamericana De Filosofía*, 8, n°23; (1976): 25-61.

---."Sobre la Vigencia del Concepto Aristotélico de Ciencia". *Cuadernos del Instituto de Lógica y Filosofía de las Ciencias*, n°2, La Plata: Universidad Nacional de La Plata, 1971.

González Varela, N. "Los últimos días de Friedrich Engels". 2006. Disponible en: https://rebelion.org/los-ultimos-dias-de-friedrich-engels/

Iñigo Carrera, J. *Conocer el capital hoy. Usar críticamente El Capital. Volumen 1. La mercancía o la conciencia libre como forma de la conciencia enajenada.* Buenos Aires: Imago Mundi, 2007.

---. *El Capital: Razón Histórica, Sujeto Revolucionario y Conciencia.* 2da Edición. Colección Crítica de la Economía Política. Buenos Aires: Ediciones Cooperativas EC, 2004.

Klimovsky, G. "Crítica a las objeciones de Popper contra el materialismo histórico". F. Schuster, comp. *Popper y las Ciencias Sociales.* Primera Parte. Buenos Aires: CEAL. 2004.

Marx, C. *El Capital. Crítica de la Economía Política.* Tomo 1, 8va Reimpresión. México: Siglo XXI, 2002 [1872].

Nicolaus, M. "El Marx desconocido". Prologo a K. Marx, *Elementos Fundamentales para la Crítica de la Economía Política (borrador) 1857-1858.* Volumen I. México: Siglo XXI; (1971): XI a XL.

---. *Proletariado y Clase Media en Marx: coreografía hegeliana y la dialéctica capitalista.* Barcelona: Cuadernos de Anagrama, 1967.

Petruccelli, A. "¿Ciencias Sociales críticas? Notas en torno a un artículo de Dussel. ¿Un nuevo criterio epistemológico de demarcación?". *Revista Herramienta,* N°12, (2000). Disponible en: https://herramienta.com.ar/articulo.php?id=862

Racionalidad política de las ciencias y de la tecnología

Algunas observaciones respecto de la **epistemología** *de Ricardo Gómez: una propuesta político-económica para una vida mejor en comunidad*

Agustín Berasategui
UBA, FCE-CIECE

Sandra Maceri
UBA, FCE-CIECE

Introducción

Ricardo Gómez ha dedicado gran parte de su obra a la Filosofía, sobre todo destaca en lo que respecta a la historia y evolución del conocimiento. Realizó aportes a la economía como ciencia, contribuyendo, desde el lado epistemológico, entre otros, a las visiones existentes sobre las teorías vigentes.

En este capítulo nos basaremos en los escritos de 2014 y 2015: acompañaremos, con ciertas salvedades, la visión general que propone sobre la historia de la ciencia con algunas cuestiones específicas de relevancia para la economía y para la epistemología. En este sentido, pretendemos enmarcar parte del desarrollo en lo que establece la teoría económica, hacia donde evolucionó y además dialogar con el autor a modo de retroalimentación de nuestros conocimientos. (PARTE A)

Siguiendo esta línea, nuestras propuestas serán de orden epistemológico, por un lado, y por otro, de una índole de su aplicación en base a algunas referencias históricas. (PARTE B)

Además, contemplando la visión que tiene el autor sobre lo que presuponen algunas versiones de la economía que abordaremos en los apartados siguientes, propondremos algunas críticas sobre las que la propia teoría ha evolucionado. Este trabajo se basa en la certeza de que la economía está en puja consigo misma. Estamos frente a un shock que nadie pudo prever y sobre el que la teoría económica tiene más interrogantes que respuestas. Sostenemos que la misma aseveración puede inferirse sobre la obra de Gómez: la ciencia cambia y, por ello, también lo hace la economía.

Los elementos que han estado de moda dentro de los teóricos económicos son diversos. Por ejemplo, se ha pasado a lo largo del tiempo a diversas posturas de las herramientas matemáticas, econométricas, discursivas y empíricas. Estas variaciones, arriesgamos, se han dado con el objetivo de que las personas puedan vivir mejor y esto necesariamente implica hacer mejor teoría económica.

A) Breve recorrido histórico-epistemológico del desarrollo de la teoría económica: dialogando con Ricardo Gómez

El recorrido histórico que propone Gómez (2014) para la ciencia en términos generales puede ser aplicado a la evolución de la metodología de la economía. Usualmente, se considera que la ortodoxia en economía es la escuela neoclásica, sin embargo, esta unificación es falsa o, al menos, carece de rigor. Abordaremos algunas cuestiones por las cuales se establece esta asociación.

Autores como Friedman (1958) proponen tomar como criterio de demarcación de la ciencia al falibilismo popperiano, olvidándose que así pueden caer en la propia falsación de sus teorías. Anteriormente a ese artículo, sabemos, había (y hay) una tendencia a venerar los modelos matemáticos, cuando estos muchas veces por criterios de factibilidad técnica parecen retratar un mundo totalmente ficticio que parece alejarse de la realidad, aunque como veremos más adelante van a existir justificaciones para esto.

La tendencia a la valoración de las estructuras lógicas es algo que remarca Gómez (2015) como algo vigorizado por el llamado "neoliberalismo", aunque no es tan claro que sea propio de esta corriente. Ya Mill (1997) propone la importancia de los modelos matemáticos porque permiten aislar causas y así estudiar los efectos aislados de las mismas, lo cual tenía una importancia para las ciencias duras de la época y también para la Economía. El intento de determinar los efectos causales evoluciona a través del tiempo y va a ser tratado en este trabajo, pero antes de pasar a

Racionalidad política de las ciencias y de la tecnología

algunas versiones modernas como la de Duflo, debemos seguir con algunas cuestiones importantes de metodología.

La economía adopta, fundamentalmente por Mill, el término *Homo economicus* que perdura hasta la actualidad con dificultades porque tiene fuertes respuestas desde la economía experimental y del comportamiento, pero su problema central surge cuando se intenta pasar desde la teoría a la práctica. La explicación es bastante sencilla: si los modelos permiten aislar causas, al ver como funciona la teoría en la realidad todas las demás causas no contempladas en el modelo son las que en última instancia explican la desviación de lo que observamos que ocurre y de lo que nuestro modelo propone que "debiese" estar ocurriendo. No obstante, en contextos donde las decisiones afectan el bienestar de las personas esto debe solucionarse porque no basta con que se cumplan los efectos como una tendencia al modo de Cartwright (1999). Además, surge un problema de fondo que es que cada vez que falla una teoría, siempre podemos establecer que nuestras predicciones no se cumplen a causa de aquellas causas no contempladas en el desarrollo matemático o teórico.

En lo que parecen concordar tanto Gómez (2014) con los economistas falibilistas es en que no basta como criterio de demarcación el uso de la lógica, sino que se debe recurrir a la realidad para contrastar las teorías. Gómez también encuentra la necesidad de criterios auxiliares a lo plenamente empírico, en este sentido en economía el criterio de simplicidad es adoptado por Friedman (1958) como una forma de decidir entre teorías que no se encuentran refutadas. Los valores son para Gómez (2014) un pilar fundamental en la ciencia que sirven como complemento de las herramientas deductivas y de lo empírico.

Antes de profundizar en los valores, debemos contemplar algunos puntos centrales a tener en cuenta sobre la postura falibilista. En este sentido, los modelos matemáticos tienen su importancia, pero pasan a valer fundamentalmente por lo que pueden predecir y no por lo que pueden describir de la realidad. Dentro de esta postura filosófica, el objetivo es buscar la refutación de las teorías, por lo que es necesario que las mismas tengan enunciados que lo permitan. De este modo, puede verse como la metodología propuesta por Mill, por el contrario, deja la libertad de explicar cualquier falsación a través de esas causas que el modelo no contempla. Esto no quiere decir que Popper tenga un método para encontrar las teorías que son verdaderas, es menos pretencioso porque sólo pretende quitar el foco de las teorías falsadas y las que no se pueden contrastar. Las últimas particularmente porque no pueden ser parte de la ciencia, aunque nada quita que puedan tener más de verdad que ésta.

Los valores que propone Gómez tienen sentido sobre todo en la parte normativa de la economía, que es aquella que determina lo que debería ser, aunque también puede tener que relación con la economía positiva en el sentido de decisión entre teorías no refutadas. Sostenemos que esto puede dar origen al famoso "depende" que utilizan los economistas, porque la aplicación de la economía es más compleja que las discusiones que pueden llevarse a cabo dentro de los modelos teóricos. Los incentivos suelen no funcionan como esperamos, sobre todo cuando estos ocurren por efectos indirectos a las decisiones de los agentes.

La evolución de la ciencia continúa dentro del relativismo epistemológico, donde aparecen las figuras principalmente de Thomas Kuhn, Imre Lakatos y Paul Feyerabend. El desarrollo teórico establecido por Gómez (2014 y 2015) de estos autores, en principio es consistente con las posturas de filósofos de la ciencia de sus distintas ramas, aunque en Economía acarrea ciertas dificultades de aplicación. Particularmente, serán tratadas en el segundo apartado de este capítulo, aunque las dificultades epistémicas que conllevan siguen la línea de lo que se viene tratando.

Gómez (2014) denota de la visión kuhniana de la ciencia la importancia de los valores dentro de los paradigmas. Las revoluciones científicas se ven relacionadas con crisis en los valores que afectan la confianza siguiendo la interpretación de lo señalado por el autor. El problema en economía es que idealmente el valor fundamental debería ser lograr un mayor bienestar para la sociedad (en su conjunto), además de lograr una distribución que no permita (al menos, grandes) injusticias. Es interesante que esto sea algo con lo que, consideramos, la mayoría está de acuerdo, pero siempre surgen polémicas sobre cuál es el denotado. Está claro que el objetivo debe ser que las personas vivan mejor, lo cual es algo con lo que, en principio, creemos que nadie estaría en desacuerdo (o por lo menos no lo diría). Lo que sí surge es el problema de cómo alcanzarlo, dando lugar así a distintas escuelas del pensamiento o visiones de la economía.

Dentro del amplio espectro de fenómenos económicos, que las distintas ramas de la economía incluyan diferentes teorías, nos lleva a incompatibilidades insalvables que deberían ser resueltas en la práctica para lograr el objetivo mencionado. Las variadas visiones que tienen los teóricos que se dedican a diversas partes de la economía no necesariamente responden a las visiones relativistas de la ciencia, pero si generan una dificultad para establecer un único e indiscutido *mainstream*.

Al principio de este apartado mencionamos que suele considerarse que la ortodoxia es la escuela neoclásica. Al respecto, remarcamos que es poca la rigurosidad que existe para realizar tal afirmación. Como explica Berasategui (2020) se termina cayendo en un convencionalismo puesto que no hay razones metodológicas para hacerlo y la evidencia empírica en diferentes ocasiones le ha dado la espalda a dicha escuela del pensamiento. Esto complementa lo que desarrolla Gómez (2015) sobre los presupuestos del neoliberalismo, los cuales no son tan rigurosos ni tan aclamados por la ciencia económica que conocemos hoy. La bondad del libre mercado, por ejemplo, es puesta constantemente a prueba y muchos de quienes la proclaman, al verse perjudicados por esta decisión política, terminan pidiendo la regulación económica. En este sentido, el problema no necesariamente es de teoría, aunque sí de aplicación, porque grupos de poder pueden influir sobre las decisiones de política económica. Es lícito pensar que lo que ocurrió a principios del 2021 con las acciones de GameStop son en parte evidencia de como, al peligrar las tasas de ganancia de algunos referentes del mercado, existe una presión hacia la regulación. Por ejemplo, podemos pensar lo que pasó en la Argentina durante el 2020 donde surgieron dos medidas como el Ingreso Familiar de Emergencia (IFE) y el Programa de Asistencia de Emergencia al Trabajo y la Producción (ATP). El IFE fue más criticado que el ATP, lo cual podría no ser casualidad porque el segundo no sólo beneficiaba a las familias, sino que también a algunas empresas. Hay más ejemplos de este estilo, pero no los trataremos porque tienen un cierto grado de interpretación con el cual no hay una única opinión. No obstante, invitamos al lector a reflexionar sobre las distintas medidas de política económica para reconocer cómo los efectos de ellas sobre la economía pueden ser parecidos, aunque en demasiadas ocasiones van a ser tomadas de una forma u otra dependiendo a quienes sean los beneficiarios.

Aquí cabe la siguiente pregunta. ¿Es la realidad de los supuestos importante desde el punto de vista epistemológico? La respuesta es de corte intuitivo: si lo es, nadie en su sano juicio diría que las bases de una teoría deben ser irreales. La discusión que surge implícitamente, como se infiere de Berasategui (2020), es sobre qué es la realidad de los mismos. Los millianos establecen que el criterio se fundamenta en detectar si el supuesto se corresponde con la realidad (descripción), mientras que los falibilistas (más contundentes) proponen que la realidad de los supuestos surge del poder predictivo de las teorías (predicción). En este sentido, una teoría que, al ponerla a prueba tiene mejores predicciones, tiene también supuestos más reales que una que no. La primera teoría parece tener una visión de que la realidad es aparente, mientras que la segunda tiene un mayor recelo sobre la utilidad de este procedimiento. Puede agregarse que "la llamada evidencia empírica está moldeada por valores. Ella involucra siempre la presencia de "interpretaciones naturales" que hacen que en toda observación esté presente un modo de aproximarse al mundo moldeado no sólo por la educación, sino por los modos dominantes compartidos de interpretar lo observado." (Gómez, 2014, 155). Esto añade a los valores como un elemento extra de discusión en este tópico y es una explicación interesante para la falta de consenso sobre esta problemática, además da la posibilidad de pensar por qué otras ciencias pueden tener supuestos irreales mientras que la economía no.

¿La dificultad para definir la ortodoxia nos hace caer en un anarquismo metodológico "a lo Feyerabend"? La respuesta a este interrogante excede a este capítulo, aunque parecemos estar cercanos a esta situación y no a lo que estamos de un criterio único e indiscutido. En esta sintonía, lo que menciona Gómez (2014) sobre la visión de Kitcher es la existencia de una cierta confiabilidad implícita en científicos, la cual, en el caso de la ciencia económica, consideramos que agrava la problemática de definir a la ortodoxia. En complemento con esta visión, Berasategui (2020) propone que referentes confiables de cierta información por la especificidad del conocimiento no terminan siendo igual de creíbles en ámbitos dentro de los cuales no están especializados, aunque se trate de cuestiones económicas. Podemos agregar que, en no pocas ocasiones, hasta las creencias de los teóricos más sólidos pueden verse derrumbadas y, aseveramos, es bueno que así suceda. "La mayoría de las veces el peso de la evidencia nos obligó a revisar o incluso a abandonar las teorías que traíamos con nosotros" (Banerjee y Duflo, 13). Esto nos debería causar algún recelo respecto de tomar cierta información como confiable o, por lo menos, llevarnos a dudar sobre la infalibilidad del testeo; sin embargo, abre la interesante cuestión sobre la posibilidad de accesibilidad a la ciencia y al conocimiento. Hasta podríamos considerar que no hace falta ser un científico social para poder participar del debate económico y los fundamentos de ciertas personas ajenas a la profesión pueden ser igual de válidas que las de los economistas.

La posibilidad de acceso de todos a la realización de la ciencia está presente dentro de la evolución que plantea Gómez (2014), particularmente en la economía en sentido amplio, aparece con la aplicación práctica de la ciencia (es decir, en la técnica). La asignación de recursos y su relación con el bienestar llevan a discusiones de política económica que muchas veces parecen carecer de rigurosidad, aunque no por esto son necesariamente erradas. Quizás dentro de la ciencia económica hay que asumir esa humildad que nos proponen los premios Nobel 2019 de encontrar las soluciones a problemas concretos. Esto nos lleva a ver la parte positiva y normativa de la economía al mismo tiempo y puede ser una solución a la problemática hecho-valor que trata Gómez.

Cualquier avance que realicemos debe estar orientado a la solución de problemas prácticos, vivimos en tiempos difíciles, de derrumbe de todo lo que creíamos establecido como normal. Es probable que sea el momento de dejar de lado las diferencias ideológicas para encontrar una nueva normalidad económica que nos permita progresar como ciencia para lograr, en definitiva, una vida mejor en comunidad.

B) Cuestiones de política económica aplicadas a la visión epistemológica de Ricardo Gómez

En el apartado anterior hemos tratado cuestiones relacionadas fundamentalmente con el método y la filosofía de la ciencia teniendo una visión en la ciencia económica. De aquí en adelante, nuestro objetivo es reflexionar sobre cuestiones de aplicación.

En Gómez (2015) se postulan supuestos transversales a autores de las teorías neoliberales. Para comenzar, debemos establecer que, si enmarcamos como el auge de estas teorías al consenso de Washington, podemos encontrar algunas posturas interesantes de autores bien valorados en la academia en general.

En relación con esto, las políticas públicas dejaron de pensarse como grandes esquemas de solución dado que los 90 mostraron que las políticas recomendadas y adoptadas por muchos países (entre ellos la Argentina) no tuvieron los resultados esperados. Rodrik (2006) sugiere que distintos contextos requieren distintas soluciones, a diferencia de lo que proponían las reformas susodichas estableciendo entonces una preferencia por la selectividad de las mismas antes que la aplicación general. La ingeniería social fragmentaria al estilo de Duflo, Banerjee, Kremer se enmarca en esta línea de pensamiento y deja de lado las grandes soluciones para buscar cambios marginales. Entonces los *Randomized custom trials* (RCT) pasan a tener una importancia práctica, dado que pasan a ser parte del herramental de diseño y evaluación de la política pública. Además, pasan a ser metodológicamente importantes por cuestiones de validez interna. Este último término hace referencia a la posibilidad de una metodología para poder encontrar relaciones causales, (que recordemos era eso que lo que tanto atormentaba a Mill)

La metodología tiene las ventajas mencionadas y tiene, también, algunas desventajas que son remarcables. En primer lugar, está la cuestión de los gastos porque el tipo de experimentación que realizan Duflo y su equipo tienen un alto costo económico. Otro problema es que nada garantiza la validez externa de los experimentos realizados, la relación causal encontrada en principio solamente vale bajo las condiciones iniciales que enmarcan la investigación. La extrapolación igualmente puede ser salvada

Racionalidad política de las ciencias y de la tecnología

con recursos de teoría económica, estadística y con la realización de experimentos o metodologías auxiliares, aunque por si solos los RCT no deben ser generalizados. Lejos de ser un problema es lo que hace que esta metodología pueda reemplazar a las grandes soluciones, o mejor, desilusiones (hasta fracasos) como las que se fomentaron durante los 90. Una última cuestión negativa de la metodología de Duflo es la falta de explicación sobre los mecanismos (subyacentes); en este sentido afirmamos que, si bien pueden establecer "*A* causa *B*", no logran establecer por qué se determina tal relación.

Estas nuevas técnicas acarrean un cambio de pensamiento para aquellos que pensaban que los modelos matemáticos eran lo único aceptable, la naturaleza cambiante de la sociedad nos lleva a no poder confiar en las soluciones generalizadas que se desprenden de esta metodología. Una aclaración que es necesario realizar es que la experimentación no lo es todo por los problemas ya mencionados o, por lo menos, queda absolutamente derrumbada la creencia de que los modelos son lo único riguroso. No obstante, los distintos tipos de evidencia por lo general responden a algunas problemáticas particulares, por lo que existe una tendencia a complementarlas y así lograr cierta superación en los problemas que subyacen a cada una de ellas.

La identificación de supuestos comunes al neoliberalismo que explicita Gómez (2015) suelen ser tomados como propios de la economía.

Una primera cuestión es la neutralidad de la sociedad en los gustos y las preferencias de los individuos. Si bien parte de la economía lo advierte, no podemos extrapolarlo a todas las áreas por igual. Los sesgos de la rama del *behavioural economics* son una fuente para repensar, en particular al tomar la teoría de los contextos se manifiesta cómo una misma información presentada de forma distinta lleva a diferentes decisiones. No consideramos posible, entonces, pensar que la sociedad no tiene ningún impacto en nosotros, las teorías de la reciprocidad entendidas como una reacción exagerada en términos de bondad o maldad sostienen que el impacto de la sociedad es notorio. Un ejemplo es el trabajo de Ronconi y Zarazaga (2015) que relaciona la reciprocidad con la violación de derechos por parte del Estado.

En segundo lugar, el mercado como orden óptimo tiene sus críticas dentro de la propia teoría económica. Destacamos que Stiglitz (1989) pone en duda esta creencia por las fallas de mercado que pueden ser un obstáculo para el desarrollo. Además, Stiglitz (1987) presenta evidencia de cómo una intervención activa puede ser positiva para el desarrollo de los países. Por ello, la discusión con la optimalidad del mercado debe darse en la forma en la cual se interviene, dado que existen también ejemplos sobre las intervenciones erróneas. La metodología del RCT y la evaluación de las políticas públicas es una posibilidad interesante. Otra hipótesis es la de instituciones del tipo weberiano que es testeada por Evans y Rauch (1999) con resultados a favor de la meritocracia y la competencia dentro de las instituciones de gobierno.[20]

Al hacer referencia al mercado, dentro de la organización industrial, surgen algunos interrogantes. Debemos recordar que las leyes y agencias de defensa de la competencia enfrentan problemas a la hora de ver tópicos como fusiones, precios predatorios, competencia, i+D, entre otros. En este sentido, Motta (2018) muestra de qué modo en muchas ocasiones no pueden establecerse reglas generales a la hora de que las agencias de competencia supervisen el accionar de las firmas. Existen *trades off* como el de eficiencia estática y dinámica: esto es, precisamente, ver la economía en el corto plazo o generar condiciones que fomenten la inversión en la economía teniendo en cuenta el futuro. Además, al tratar la competencia suele olvidarse que "defender la competencia no es equivalente a defender a los competidores" (Motta, 125) o, extrapolando esta aseveración, podríamos establecer que hay un número óptimo de firmas y generar condiciones que fomenten que la excesiva competencia no es algo positivo.

El supuesto de darwinismo que llevó al capitalismo en tanto el resultado de un proceso evolutivo es algo que ya hemos mencionado al referirnos al mercado y sus inconvenientes. El problema es que la economía de mercado no es algo eterno. Suele considerarse que el egoísmo es

---

[20] En este sentido se plantea la formación de los que diseñan la política, sobre todo en los puestos técnicos que son parte de las instituciones de gobierno y no los que son por elección ciudadana.

algo que la teoría liberal naturaliza y que admite como óptimo. No por nada el llamado "padre de la economía" afirma: " No es la benevolencia del carnicero, el cervecero, o el panadero lo que nos procura nuestra cena, sino el cuidado que ponen ellos en su propio beneficio." (Smith, 1994, 46). La teoría de los juegos viene a romper por lo menos en parte con esta visión quedando claro que puede llegarse a subóptimos de seguir este accionar. Parte de la propia teoría económica nos aleja del pensamiento darwinista en el cual la selección natural pone a este tipo de organización como una forma última del desarrollo social.

Se podrían plantear dos cuestiones extras en este tema. La primera con respecto a que existen comportamientos que no son puramente egoístas (ver Giarrizzo y Maceri, 2019); la segunda, que si se entiende al capitalismo como el último estadio del desarrollo, estaríamos coincidiendo con el pensamiento que tenían los esclavistas en los períodos de esclavitud o los señores en la época feudal. Quizás lleguen tiempos mejores.

La inevitabilidad de la competencia es el cuarto supuesto que menciona Gómez (2015). Al respecto, revisemos algo que ya mencionamos, a saber, las agencias de defensa de la competencia. Desde el punto de vista empírico, podemos establecer que, si se necesitan organismos que protejan a la competencia efectivamente, ésta no se da por sí misma. Tomando una visión distinta a la que ya mencionamos existen algunos otros problemas empíricos que no debemos olvidar. Por ejemplo, cuántas veces se evalúa en que sería beneficioso invertir en algo, pero efectivamente no tenemos el capital o, de tenerlo e irnos mal, no podríamos recuperar los costos en los que incurrimos u observamos cómo el Estado tiene que incentivar ciertas inversiones a través de patentes, concesiones, etc. Aunque siendo actividades, que antes de imponerse estos incentivos no eran atractivas para los capitales, podría darse la situación de que exista la competencia y de que ésta surja de forma natural en ciertas actividades, pero no puede ser generalizable a la economía. Que no sea generalizable a la economía es destacable.

En quinto lugar, se encuentra la dicotomía hecho-valor. Ya hemos realizado alguna consideración en el apartado anterior. Al respecto, pues, recordemos que la práctica tiene un rol fundamental que está fuertemente ligado con la ética o la falta de la misma en la economía. En este sentido, podemos establecer que Gómez nos hace reflexionar sobre algo que es más relevante de lo que parece: la economía feminista es un claro ejemplo. En efecto, nos hace reflexionar sobre las desigualdades existentes poniendo de manifiesto que se trata no sólo lo que se puede advertir, tanto en la teoría como en la realidad empírica, sino lo que se evita discutir o resaltar.

Los presupuestos tratados anteriormente son los que están relacionados con la ontología en el trabajo de Gómez (2015). A continuación, pasaremos al tratamiento de la segunda categoría: la de los (agentes) epistemológicos.

Un primer supuesto es la falta de omnisciencia de los individuos, el corolario de esto es la imposibilidad de un planificador central de la economía. Suponiendo que esto es cierto, existen trabajos como el de Krueger (1990) que establece la problemática de la intervención estatal, en ese caso particular relacionado a las "fallas de Estado". Con respecto a esta visión, hay una imposibilidad fundamental para establecer un orden idealizado por un conjunto de personas. La posibilidad dentro del capitalismo de racionalizar un sistema que permita a los individuos vivir mejor en comunidad, toma vigor con las teorías keynesianas en la época anterior a la que escribe Krueger.

La escuela austríaca, en particular, propone respuestas que remarcan las posibilidades de intervenir a gran escala en la economía y en la sociedad.[21] Esgrime distintos argumentos: algunos del tipo más filosófico, como la defensa de las libertades individuales, y otros de problemáticas sin una arista marcadamente filosófica como el problema de la información que aparece en Hayek (1945). Por supuesto que existen otros argumentos, pero el segundo que esgrime Gómez (2015), nos recuerda algo que está presente en muchos modelos económicos. Es el principio de parsimonia. Este principio hace referencia a la relevancia de las variables: no es cuestión de utilizarlas todas sino las que tienen mayor capacidad de

---

[21] Mencionamos, sin necesariamente asociar la escuela austríaca a la de Chicago, que fue en la Universidad de Chicago donde surgen argumentos como el de la Crítica de Lucas (ver Lucas y Sargent, 1979).

representar mejor el fenómeno a analizar. Además, en el mismo trabajo el autor nos explicita que la intervención cero es poco factible en la realidad. Propone el criterio de que sea evaluada dependiendo a quien o quienes beneficie. En el sentido de intervenir o no hacerlo remarcamos que probablemente haya que pensar en términos de intervenciones focalizadas. Si queremos que las personas vivan mejor el Estado tiene que estar presente, lo cual no por eso tiene que quitar eficiencia a la economía. Tanto el principio mencionado como sus implicancias económico-políticas constituyen el primer supuesto.

Un segundo supuesto que menciona Gómez es el de la racionalidad, la cual conlleva maximizar el logro de nuestros objetivos. Sobre esto tenemos dos tipos de problemas: el primero radica en que la información no es perfecta por lo que las decisiones tampoco lo son. El segundo radica en la evidencia de los experimentos de la economía del comportamiento en contra de la racionalidad de los individuos, aunque este podría sintetizarse a través del primer problema mencionado porque el problema de la información puede causar decisiones que se desvían de lo "racional". No obstante, existen trabajos sobre efectos de contexto en donde la información es la misma; sin embargo, cambia la forma de presentación y ésta si podría ser evidencia más rigurosa sobre la falta de racionalidad (ver McFadden, 1999). No estamos en condiciones de arribar a una conclusión lo suficientemente rigurosa.[22]

En tercer lugar, la maximización de la ganancia se relaciona con el egoísmo. El problema fundamental radica en los comportamientos altruistas que pueden existir en la sociedad y cómo estos podrían ser soluciones que generen mayor bienestar en términos agregados (ver Giarrizzo y Maceri, 2019). La coordinación se vuelve fundamental, el problema es cómo alcanzarla. Sin duda, se critican estas posturas por la creencia de que únicamente se puede intentar lograr esos resultados por medio de una intervención exhaustiva en la economía. Ahora bien, la maximización de la ganancia en el sentido económico no es tan palpable. Por ejemplo, si se le preguntara a un empresario la respuesta distaría bastante respecto de

---

[22] En ciertos casos el supuesto de racionalidad se limita, (ver Simon, 1947). Además, se puede complementar el tema con Maceri, 2009.

los cálculos que realizan los economistas. Existe una propuesta desde la propia economía, la cual radica en que las empresas actúan "como sí" realizaran los complejos cálculos mencionados. Los fundamentos epistemológicos de esta visión ya fueron explicitados en el apartado anterior, sin embargo, cabe destacar que puede realizarse tanto una intervención milliana en términos de tendencia como una Falibilista – Friedmaniana viéndolo desde el lado predictivo. El argumento de Alchian (1950) puede relacionarse con la segunda postura porque lo mide a través de la supervivencia, las empresas que lo hacen son las que actúan más parecido a la condición de optimización del beneficio (ingreso marginal = costo marginal).

El cuarto supuesto que trata Gómez es el de la eficiencia, la cual es establecida en términos de Pareto (nadie puede mejorar sin que nadie empeore). Lo destacable es la propuesta acerca de la dificultad de formulación de este equilibrio. Para complementar la visión pretendemos mostrar los problemas desde el punto de vista teórico – empírico. De acuerdo con la teoría de los juegos podemos encontrar equilibrios a través de las funciones de mejor respuesta, esto quiere decir hacer lo que más nos conviene en base a lo que puede decidir el otro (también a través de estas funciones). El problema empírico que surge es los equilibrios de Nash no son óptimos en los términos de Pareto.

Retomando los problemas de información, estos también afectan la eficiencia económica porque si la información no es perfecta es imposible elegir lo que efectivamente sea mejor. Una solución es trabajar con las esperanzas, pero cuando hay incertidumbre[23] no es posible.

Existen trabajos, por ejemplo, Berasategui 2019, que proponen la falla sistemática de algunos de los elementos utilizados para intentar de anticipar el futuro, particularmente los pronósticos. En este sentido, la crítica de Lucas invalida la macroeconometría keynesiana porque supone fijos ciertos parámetros que al estimarlos pueden darnos infinitas soluciones. Por un lado, la derivación de expectativas con los principios de la

---

[23] Utilizamos este término como distinto de riesgo. En la economía, por lo general, se usa incertidumbre como una imposibilidad de cuantificar la posibilidad de que algo ocurra mientras que el riesgo refiere a la posibilidad de establecer las probabilidades correspondientes.

optimización dinámica podría no ser consistente; por otro lado, critica que los economistas keynesianos suponían exógenas ciertas variables de política económica de forma arbitraria cuando en realidad hay test que permiten determinar si lo son o si, por el contrario, son endógenas. Lo que queda después de Lucas es una ruptura en la cual pasan fundamentalmente dos cosas: la primera es la necesidad de reformar la econometría (lo que se puede y lo que no se puede hacer, aunque esto todavía tiene resistencias) y la segunda es la de la repensar los modelos macroeconómicos y las recomendaciones de política que por lo general vienen desprendidos de ellos. Las reglas forman parte de este marco teórico en gestación, más que nada relacionado a que la efectividad de engañar sistemáticamente a los individuos resulta invalidada. Es interesante notar que lo mencionado anteriormente de Duflo también pasa a formar parte de lo que la crítica de Lucas no prohíbe.

En quinto lugar, Gómez expone el pensamiento de que la economía al igual que la ciencia en general es valorativamente neutra, algo con lo que no está de acuerdo. Ya hemos tratado este aspecto en el sentido de los valores, pero debemos recordar que podría lograrse una especie de neutralidad aceptando un criterio de demarcación como el falibilismo. El problema es que debe ser aceptado en su totalidad y no en parte, lo cual implica aceptar y fomentar la refutación de las teorías propias porque ésta es la forma en la que podemos realizar avances. Sobre las teorías que propone el relativismo podemos extrapolar lo que nos pasa en el día a día, cuando pasa algo de gravedad vamos a lo seguro, a lo que está aceptado científicamente y no a lo que hace "ciencia" por fuera de lo medianamente aprobado.

El último tipo de supuestos transversales al neoliberalismo que propone Gómez (2015) son los supuestos éticos. Se focaliza en las libertades políticas, en el ser humano como un ser egoísta e insaciable, la eficiencia como finalidad, la igualdad y justicia como algo por fuera de la ciencia económica y la postura filosófica de que el fin justifica los medios. Puede advertirse el tono perverso de la ética que tiene el neoliberalismo, específicamente Friedman.

En defensa de la postura filosófica contraneoliberal, es decir, verdaderamente ética para Gómez, puede notarse que parte de ella se sostiene en la libertad y, obviamente, lo contraproducente para los objetivos no sólo de libertad sino de igualdad y la justicia son los regímenes autoritarios. Un hecho a destacar, como (contra-)ejemplificador, es que en América Latina hemos tenido experiencia de libre comercio y librecambio bajo gobiernos que se establecieron en el poder de forma ilegítima, como lo fueron las últimas dictaduras militares. En la Argentina, particularmente, la apertura y la liberalización terminaron en la última fase de la Industrialización por Sustitución de Importaciones (ISI). En los 90' podríamos establecer que se abandona ese plan por completo para dejar paso a las recomendaciones del Consenso de Washington.

Desde el punto de vista ético planteado por Gómez las políticas neoliberales se fundan en la libertad sólo individual y la postura maquiavélica de que el fin justifica los medios.

La descripción realizada por el autor es certera en términos de lo que pretende tratar. Podríamos considerar, sin embargo, que la ciencia económica avanzó o, al menos, se presentan alternativas, en un sentido distinto del que es el neoliberalismo.[24] Economía no es, o, al menos, no es sólo neoliberalismo y, por lo tanto, tal como expresamos al comienzo, el neoliberalismo no es equivalente a la ortodoxia económico-política.

Reflexiones finales

Ricardo Gómez nos deja pensando respecto de la ciencia económica, nos hace reflexionar sobre cómo muchas veces olvidamos la parte normativa. La lectura de sus textos (2014 y 2015) para este capítulo nos permitió observar cuestiones que impactan en las discusiones sobre la Argentina y cuáles son las políticas óptimas para nuestro país.

---

[24] Por supuesto que hay premios nobel de economía dedicados a la economía experimental y del comportamiento (Ejemplos en Brañas-Garza y Paz Espinosa, 2011).), a los RCT (ver Duflo, varios en la bibliografía) y a muchas otras economías, por ejemplo, la economía cooperativista (ver Maceri y Srnec, 2018) que distan de la descripción de la economía tratada como neoliberal. Esto podría dar cierta tranquilidad a los países latinoamericanos que tanto sufrieron con las medidas del Consenso de Washington.

Racionalidad política de las ciencias y de la tecnología

La intención de indagar en la epistemología nos hace reflexionar sobre los cimientos de las teorías que tomaron auge sobre todo después de la crisis del petróleo, más particularmente en los países latinoamericanos durante los 90'. También nos dan indicios sobre las causas de los fracasos de las recomendaciones de política económica. En efecto, dar el salto de productividad no era algo fácil porque implicaba dejar empleados en la calle. Los lazos empresario y empleado muchas veces eran más cercanos de lo que la teoría económica supone, dado que era más común hacer carrera dentro de una institución a diferencia de lo que ocurre hoy en día. Habrá sido difícil para muchos dueños de este tipo de empresas decirle a un empleado que no se presentara el lunes a trabajar porque ya no podía competir con productos que llegaban al país a precios irrisorios. Esto llegó a un punto tal en el que existen casos de empresas que quebraron por intentar de mantener a sus empleados.[25]

Coincidimos con el pensamiento de Gómez: el neoliberalismo, en cualquiera de sus manifestaciones, dejó al país al borde de una crisis socioeconómica difícilmente salvable.

Poco nos queda por hacer si no entendemos el rol de las personas dentro de la economía, aun sabiendo lo difícil que es tener en cuenta los impactos de segunda vuelta de las medidas. Estos son, precisamente, los que no son provocados directamente por las teorías, pero que sí son notorios a la hora de la implementación y dejan atónitos a los teóricos, puramente modélicos. Es difícil saber qué es lo que van a hacer los individuos, pero es probable que se muevan por el interés propio, de sus seres queridos y, probablemente, hasta por el de sus conciudadanos. Lo último promueve una ampliación del enfoque estándar, que esperamos se logre para una vida mejor y en comunidad.

---

[25] Se trata, vale insistir, de empresas cuyo dueño había entablado con sus empleados un trato personal-humano.

REFERENCIAS

Alchian, A. A. "Uncertainty, Evolution, and Economic Theory". *Journal of Political Economy*, 58, (3); (1950): 211-221. Disponible en: https://doi.org/10.1086/256940

Berasategui, A. (en prensa). "Sobre la dificultad de definir la ortodoxia: Algunos enfoques posibles". S. Maceri (moderadora). *Actas de las XXVI Jornadas de Epistemología de las Ciencias Económicas*. 16,17 y 18 de septiembre, Simposio Planteos de índole filosófica a la ciencia económica. Buenos Aires: FCE, UBA. 2020.

---. (en prensa). "La creencia en los pronósticos". P. Fajfar (moderador). *Actas de las XXV Jornadas de Epistemología de las Ciencias Económicas*. 20, 21 y 22 de agosto, Mesa de Economía Conductual y Experimental. Buenos Aires: FCE-UBA. 2019.

Brañas-Garza, P. y M. Paz Espinosa. "Economía Experimental y del Comportamiento". *Papeles del Psicólogo*, 32, (2); (2011): 185-193. Disponible en: https://www.redalyc.org/articulo.oa?id=778/77818544008

Cartwright, N. "The vanity of rigour in economics: theoretical models and Galilean experiments". N. Cartwright. *Hunting Causes and Using Them*. 1999. 217-235.
Disponible en: https://doi.org/10.1017/cbo9780511618758.016

Banerjee, A. V., & E. Duflo. *Repensar la pobreza: Un giro radical en la lucha contra la desigualdad global*. 1.ª ed., Barcelona: Taurus, 2012.

Evans, P. & J. Rauch. "Bureaucracy and growth: A cross-national analysis of the effects of Weberian state structures on economic growth". *American Sociological Review*, Vol. 64, No. 5; (1999): 748-65.

Friedman, M. "La metodología de la economía positiva". *Revista de Economía Política*, No.21; (1958): 355-397. Disponible en: file:///C:/Users/54221/Downloads/Dialnet-LaMetodologiaDeLaEconomiaPositiva-2496353%20(2).pdf

Giarrizzo, V. y S. Maceri. "¿Egoístas o altruistas? Un experimento social para fomentar el comportamiento cooperativo en el mercado". *Revista CEA*, Vol. 5, No. 10; (2019): 135-150.

Gómez, R. J. "Los marcos normativos como constitutivos de la economía en tanto ciencia social". *Avatares filosóficos*, 2; (2015): 142-160. Disponible en: http://revistas.filo.uba.ar/index.php/avatares/issue/view/12/showToc

---. "Hacia una filosofía política del conocimiento científico". Facultad de Humanidades y Ciencias de la Educación. Universidad Nacional de La Plata. *El conocimiento como práctica. Investigación, valoración, ciencia y difusión*. Vol. 1, 1ª ed. 2014. 149-168.

Hayek, F. A. "The Use of Knowledge in Society". *The American Economic Review*, 32, (4); (1945): 519-530. Disponible en: http://125.22.40.134:8080/jspui/bitstream/123456789/4082/1/Week%2013.pdf

Krueger, A. "Government failures in development". *Journal of Economic Perspectives*, Vol. 4, N° 3; (1990): 9-23.

Lucas Jr., R. E., & T. J. Sargent. "After Keynesian Macroeconomics". *Quarterly Review*, 3, (2); (1979): 1-16. Disponible en: https://doi.org/10.21034/qr.321

Maceri, S. "¿Qué significa ser racional? Sobre el concepto epistemológico de racionalidad crítica". En *Actas del II Congreso Internacional de Investigación de la Facultad de Psicología de la Universidad Nacional de La Plata*, Psicología y Construcción de conocimiento en la época, publicación en CD ISBN 978-950-34-0588-8, La Plata: Universidad Nacional de La Plata. 2009. 1-12.

Maceri, S. y C. Srnec. "Los componentes del desarrollo económico-social en la obra de Amartya Sen". *Pensamiento al margen*, Número 9, 2386-6098, ACEP, Murcia: España; (2018) : 154-164.

Mill, J. S. "Sobre la definición de economía política y sobre el método de investigación más adecuado para la misma". J. S. Mill. *Ensayos sobre algunas cuestiones disputadas en economía política*, Madrid: Alianza Editorial. 1997. 144-188.

Motta, M. *Política de competencia. Teoría y práctica (Administración Pública)*, 1.ª ed., México: Fondo de Cultura Económica, 2018.

McFadden, D. "Rationality for Economists?". *Journal of Risk and Uncertainty*, 19, (1/3); (1999): 73-105. Disponible en: https://doi.org/10.1023/a:1007863007855

Simon, H. A. *Administrative Behavior: A Study of Decision-Making Processes in Administrative Organization*. 3ª ed., New York: Free Press, 1976.

Rodrik, D. "Goodbye Washington consensus, hello Washington confusion? A review of the World Bank's economic growth in the 1990s: learning from a decade of reform". *Journal of Economic Literature*, 44; (2006): 973-987.

Ronconi, L. y Zarazaga, R. "Labor Exclusion and the Erosion of Citizenship Responsibilities". *World Development*, 74; (2015): 453-461

Smith, A. *La riqueza de las naciones*. 1.ª ed., Madrid: Alianza Editorial, 1994.

Stiglitz, J. "Algunas enseñanzas del milagro del Este Asiático". *Desarrollo Económico*, Vol. 37, No. 147; (1997): 323-349.

---. "Markets, market failures and development". *The American Economic Review*, 79, (2); (1989): 197-203.

Racionalidad política de las ciencias y de la tecnología

Libertarianismo y Justicia distributiva

Gustavo Marqués
CIECE, IIEP – UBA

> Hayek assumes that human knowledge has unsurpassable limits. Then, they will never have that knowledge necessary for determining with precision the values of all the variable operating in the market. Their lack of total knowledge implies the impossibility of a total planning. And the meaningless of social justice, because for being socially fair and for redistributing correctly we should be capable of knowing adequately all the needs, preferences and goals of all the people. Insofar as this is impossible, it does not make any sense to talk of being socially fair.
> Ricardo Gómez, *Globalized Neoliberalism*

El reclamo de justicia distributiva surge porque se considera que la distribución de recursos que espontáneamente realiza el mercado es injusta. El libertarianismo combina dos críticas centrales a las políticas económicas destinadas a satisfacer este este reclamo:

1. la justicia distributiva es inmoral

2. la justicia distributiva se autoderrota (argumenta su imposibilidad)

Ambas críticas tienen su fundamento teórico más firme en la obra de Robert Nozick (particularmente en su *Entitlement Theory*). Otro argumento que ha sido usado para sostener (2) es la teoría de los sistemas complejos de Hayek. En consonancia con las objeciones de Ricardo Gómez, aunque quizás cambiando ligeramente el foco de su crítica y orientándola más hacia la variante libertaria del liberalismo, sostendré que ambas teorías son insuficientes para respaldar (1) y (2).

1. La justicia distributiva es inmoral

El libertarianismo sostiene una perspectiva deontológica y no consecuencialista, con énfasis en la existencia de un derecho "natural" e irrestricto a la propiedad privada, de carácter "negativo". El concepto de "derecho" es prima facie más amplio que el de "propiedad". Los derechos incluyen actos como la libertad de pensamiento, circulación y expresión, que no encajan de manera cómoda en el concepto de propiedad. Por ello, suele distinguirse entre derechos o libertades económicas, civiles y sociales. Sin embargo, el libertarianismo subsume todos los derechos en el derecho de propiedad, concibiendo a la propiedad como alcanzando al propio cuerpo y mente (*self-ownership*) y a los recursos externos que cada uno comanda. En el análisis de la noción de justicia social o distributiva lo que más interesa es el derecho de propiedad sobre los recursos externos.

Para analizar este punto conviene comenzar por la consideración abstracta del concepto de "derecho". Hohfel (1913) ha distinguido, desde una perspectiva legal, cuatro formas principales en que puede consistir "tener un derecho". Estas formas especifican una relación triádica, entre el portador del derecho, el acto al que tiene derecho y terceras personas. Cuando se afirma que A tiene un cierto derecho X, ello significa que A tiene el siguiente conjunto de sub-derechos sobre X en relación, al menos, a otra persona, B.

Libertad (*liberty*): A tiene libertad para comportarse de una cierta manera Y respecto de otra persona B, cuando A no ha contraído con B la obligación de no comportarse de esa manera.

Claim-right: A tiene un *claim right* de que B se comporte de una cierta manera Y, cuando B tiene el deber respecto de A de comportarse de esa manera.

Poder: A tiene un poder sobre B, cuando A puede alterar las "libertades" y "*claims rights*" que portaba ante B.

Inmunidad: A tiene una inmunidad contra B, si A tiene libertades y *claims rigths* para comportarse de manera Y, y B no puede cancelarlas.

Ejemplo. Hay una reunión para debatir un tema, en la que A participa. Que A tiene derecho a hablar sin ser interrumpido, significa que tiene: (a) la libertad de hablar (si lo desea); (b) el *claim* (más fuerte) de expresarse en la reunión sin que nadie pueda impedírselo; (c) inmunidad, pues nadie en la reunión puede quitarle los dos derechos anteriores; (d) el poder de permitir que cualquiera de los presentes lo interrumpa si discrepa con lo que está exponiendo.

Las cuatro categorías de Hohfel se relacionan entre sí jerárquicamente. Las dos primeras son consideradas de primer orden: estipulan derechos. Las dos últimas, en cambio, son de segundo orden, debido a que califican a las primeras (las modifican o protegen). Por otra parte, al referir los derechos a actos el análisis parece desconectado del concepto de propiedad. Pero si, como adelantamos, se considera que las personas son propietarias de su propio cuerpo y mente (son "soberanas" respecto de ellas, diría Mill), las cuatro categorías de Hohfel describen en definitiva derechos de propiedad en un elevado nivel de abstracción. Aquí interesa su especificación como *derechos de propiedad sobre recursos externos*.

Por ejemplo, Si A es propietario de un auto, tiene la *libertad* de usarlo, venderlo, tenerlo guardado en su garaje, etc. Puede hacer cualquiera de estas cosas sin necesidad de la autorización de otra persona cualquiera. A tiene también un derecho más fuerte contra cualquier otra persona B (un *claim-right*): puede prohibirle el uso de su auto (y, recíprocamente, B tiene la *obligación* de no usar el auto de A sin su permiso). A tiene el poder de dejar sin efecto la prohibición de que B use su auto, y tiene inmunidad, ya que B no puede quitarle a A la propiedad de su auto, ni su derecho a disponer de él como guste.

La concepción conocida como *full property rights*, cuya enunciación canónica se debe a Honoré, especifica de manera concreta los cuatro subderechos de Hohfel, atribuyéndole al propietario derechos *plenos* sobre su propiedad. Breakey (sección 3) expresa esta concepción de la siguiente manera:

Que S es propietario de X significa que S tiene los siguientes derechos sobre X.[26]

---

[26] Esta descripción (parcial) se debe a A. M. Honoré (1961). Honoré identificaba otros derechos, que no parecen ser relevantes para este trabajo y por ello no son mencionados.

1. The right to possess: to have exclusive physical control of a thing;

2. The right to use: to have an exclusive and open-ended capacity to personally use the thing;

3. The right to manage: to be able to decide who is allowed to use the thing and how they may do so;

4. The right to the income: to the fruits, rents and profits arising from one's possession, use and management of the thing;

5. The right to the capital: to consume, waste or destroy the thing, or parts of it;

6. The right to security: to have immunity from others being able to take ownership of (expropriating) the thing;

7. The incident of transmissibility: to transfer the entitlements of ownership to another person (that is, to alienate or sell the thing).

Como adelantamos X puede ser instanciado como el propio cuerpo y mente, o como un recurso externo. Todos estos derechos están definidos en términos de la relación entre un individuo (propietario), un objeto (su propiedad) y la conducta a que están obligados los demás cuando el propietario ejerce sus derechos. Aunque la referencia a terceras personas se hace explícita sólo en la descripción de algunos incidentes, (por ejemplo, en el 6, al referir a la conducta de "*others*"), está implícita en todas las descripciones. Tener derechos de propiedad sobre un objeto X implica, como contracara, que los demás tienen ciertas obligaciones y deberes para con las decisiones del propietario acerca de X.[27]

---

[27] Por otra parte, se advierte que las cuatro categorías de Hohfel están presupuestas en el listado de "incidentes" descritos por Honoré. Los incidentes 1, 2, 4 y 5 son *claims rights*, el 3 es un poder y el 6 una inmunidad. Estos contenidos podrían ser modificados, recortados o ampliados.

Racionalidad política de las ciencias y de la tecnología

Es de destacar que derecho "de" propiedad, no significa derecho "a la" propiedad. Los derechos de propiedad de A sobre X comienzan (en realidad, sólo existen) cuando A posee X de manera efectiva, no antes. La propiedad del objeto y la portación de derechos sobre ese objeto ocurren de manera simultánea, y son indisociables. Los "derechos", en cualquiera de los cuatro sentidos descritos, siempre son de quien ya es propietario efectivo del bien. En particular, otra persona o institución no tiene derecho (poder) de cancelar mi derecho de exclusión sobre mi propiedad; pero yo mismo podría hacerlo. ¡La cancelación de cualquiera de los dos derechos básicos sobre X sólo es potestad de quien detenta esos dos derechos!

Un punto a resaltar es que tener "poder" sobre X permite crear un derecho para un tercero allí donde no existía. Por ejemplo, cuando A cancela en favor de B su derecho de exclusión sobre el uso de su auto, crea el derecho (débil) de B a usarlo (una *liberty*). Sus derechos sobre el bien le permiten vender, ceder, o transferir esos derechos en favor de un tercero. Ello muestra que pueden ser creados derechos para terceras personas no-propietarias, pero hacerlo es potestad de quien ya es propietario efectivo, no de terceros (sean personas o instituciones).

Obsérvese que los dos derechos fundamentales son "negativos": impiden que terceras personas puedan interferir con nuestras decisiones acerca del bien del cual somos propietarios. Los dos derechos restantes, como ya vimos, o protegen esos derechos (inmunidad), o nos dan la facultad de rescindirlos en favor de otra persona, si es nuestra voluntad (poder). Ninguno de ellos es un derecho "positivo", que impondría a alguien la obligación de ayudar a otras personas, o colaborar con ellas, en caso de que éstas se encuentren en una situación de necesidad extrema. En particular, A no tiene la obligación de prestarle su auto a B (ni siquiera en el caso en que B lo necesite con urgencia para un asunto de extrema gravedad). O dicho de otra manera (recuérdese que un derecho tiene como contracara una obligación), B no tiene derecho a exigir que A le preste su auto (ni siquiera en las condiciones descritas).

Los individuos tienen intereses particulares, que suelen entrar en conflicto con los intereses de otros individuos. Por esta razón, en una sociedad que se desarrolle en paz y en prosperidad los derechos son (o deben ser) generales. Para ello deben ser derechos "negativos". Sólo los derechos negativos son generalizables (Kant), y se aplican a todos por igual: el hecho de que *A* posea los derechos (negativos) *Z* no priva de ellos a otros individuos. Por ejemplo, el derecho de *A* a circular libremente por una plaza es compatible con el derecho de *B* a hacer lo propio. Los llamados derechos "positivos", en cambio, siempre responden a intereses particulares, y por ello afectan derechos ajenos. Debido a que "Positive rights are rights that ... are gained at someone else's expense" (McGee, 106), existe un *trade-off* entre derechos positivos y negativos. La concesión de derechos del primer tipo a una persona *A* conculca derechos del segundo tipo a otra, *B*. Por ello, "There is no place for positive rights in a (negative) rights regime because granting positive rights to one group must necessarily result in the disparagement of someone else's negative rights". (McGee, 112)

Si toda satisfacción de un derecho positivo implica la conculcación del derecho (negativo) de alguna otra persona, toda forma de política redistributiva (excepto la realizada sobre una base de acuerdo voluntario, a la que nos referiremos luego) es coercitiva y moralmente ilegítima (un robo).

La idea de que sólo hay derechos negativos, sumado a la defensa del derecho irrestricto sobre la propiedad (que se refuerza con la tesis de que tales derechos son "inherentes" o "naturales"), basta para que resulte imposible incluir como moralmente legítima en este sistema de ideas a cualquier medida redistributiva que implique tomar recursos de un cierto grupo de individuos para transferirlos a otro grupo[28]. El único acto que esta matriz teórica permite para aliviar la pobreza o reducir la desigualdad, es la cesión voluntaria (la caridad).

He aquí una ilustración de la crítica deontológica libertaria a las políticas redistributivas. Huemer (2018) intenta clarificar "whether some argument ... could be used to defend wealth redistribution against the

---

[28] "Full Liberal Ownership... appeared to leave precious little space for taxation or rates, and so seemed to present a potentially powerful obstacle to the usual schemes for funding basic state institutions, developing public goods, or alleviating poverty." (Breakey, Sección 2).

charge of violating property rights". El agente de redistribución es el Estado, quien alega poder reclamar una parte de los beneficios de un individuo A (típicamente a través del pago de impuestos). Imagina dos escenarios básicos que podrían justificar este reclamo:

1. En lo producido por A han contribuido otros muchos individuos, que no han sido debidamente recompensados por ello. En este caso, "One might argue that the individual's capacity to perform economically valuable labor is itself partly a product of the beneficial actions of others, thus giving those others some claim to the fruits of that labor" (Huemer, 275).

Huemer ofrece dos razones para rechazar el reclamo: (a) económica: de acuerdo al modelo estándar, en equilibrio todos ganan lo que merecen; (b) legal/moral: el monto de la las retribuciones han sido fijadas mediante acuerdos voluntarios. No hay pues razones para un reclamo, ya que no hay "víctimas" sub-retribuidas a quien compensar.

2. El segundo escenario corresponde a un discurso de Obama, quien justifica medidas redistributivas señalando que lo que cada uno tiene o ha producido no se debe sólo al esfuerzo propio, sino a la contribución de la sociedad (el entorno en que le ha tocado producir), y al apoyo estatal. Argumentos semejantes suelen escucharse en nuestro país.

Basado en esta premisa el Estado exige a A el pago de un impuesto consistente en el monto X. Supongamos que X está conformado por la suma de dos partes: $x_1 + x_2$, donde x_1 corresponde exactamente a los servicios que el Estado alega haber prestado (como ser, construcción de caminos, puentes, y gastos en salud y escolaridad), y x_2 constituye un monto adicional destinado a financiar programas para erradicar la pobreza o reducir la desigualdad asistiendo a personas de escasos recursos.

Respecto de x_1, el Estado lo justifica asegurando que las actividades mencionadas mejoran la productividad de las empresas, contribuyendo a aumentar sus beneficios. Y solicita a las empresas un cierto pago en retribución por dicha contribución. Huemer aduce que, aunque el Estado tenga derecho a ese reclamo, y la carga impositiva esté justificada en este caso, ello no es redistribución (es simple cobro de servicios prestados).[29]

Respecto de la porción x_2, Huemer ya ha descartado que haya trabajadores que tengan reclamos atendibles por haber sido víctimas de sub-retribución. Pero podría haber trabajadores que perciben ingresos bajos e insuficientes (aunque lo merezcan, o así lo hayan acordado voluntariamente), o que estén desempleados. En este caso podría haber una justificación para exigir dicha carga impositiva. Por ejemplo, podría aducirse que evitaría el colapso del sistema o algo semejante. Es una justificación, pero no una justificación moral. Es una justificación *prudencial*, que ha sido defendida por el liberalismo clásico.

Huemer sostiene una tesis, mucho más fuerte, que tiene precedencia sobre su detallada argumentación para cada escenario, según la cual toda carga impositiva es un robo: no está moralmente justificada porque constituye una violación de los derechos de propiedad, "What makes taxation a property-rights violation is that it is a coerced transfer of goods that (in most cases) individuals acquired in legitimate ways". (279)

Para que exista violación de derechos es suficiente con que exista transferencia coercitiva de recursos. Hay, sin embargo, un supuesto oculto, del que nos ocuparemos en seguida. La "víctima paga-impuestos" debe ser legítimo propietario del monto incautado. ¿Dispone el libertario de alguna teoría capaz de garantizar ese supuesto? Lo examinaremos en seguida. Por el momento notemos que Huemer matiza el párrafo anterior (y sigue lo más Pancho y silbando bajito, como diría Ricardo Gómez), con un "in most cases".

---

[29] Su argumento no concluye aquí, aunque sí su relevancia para la problemática de justicia redistributiva. El Estado actúa coercitivamente (exigiendo impuestos) desde una posición de monopolio. Aunque sea cierto que cobra exactamente por los servicios que presta, su situación es diferente a la de la empresa privada, que también cobra los servicios que presta. La diferencia es que ésta no lo hace coercitivamente. Ni tiene poder de mono-polio. Por ello tiene derecho a disponer de lo que cobra como desee. Huemer niega ese derecho al Estado. Las empresas o individuos no han tenido la posibilidad de elegir entre el Estado y otros servidores. Parece pensar en un mercado que sustituya al Estado Mínimo (diversas empresas ofreciendo esos servicios y libertad de contratación). No existiendo ese mercado, el cobro por los servicios de defensa, etc. es coercitivo (de por sí, inaceptable).

Racionalidad política de las ciencias y de la tecnología

1.2. *Entitlement Theory* no respalda la proclama libertaria de que toda política de justicia distributiva es inmoral

Los libertarios cuentan con una teoría histórica de la legitimidad de la propiedad sobre recursos externos, proporcionada por Nozick y fundada en ideas de Locke, quien postula el derecho de propiedad sobre el propio cuerpo (*self-ownership*) y estipula las condiciones que deben cumplirse para extender estos derechos a los objetos exteriores. Aunque ambas cuestiones son materia de debate, soslayaremos en este trabajo el análisis de los problemas concernientes al derecho de cada individuo sobre su cuerpo y mente y no centraremos en sus derechos sobre recursos externos, ya que es esta segunda forma de propiedad la más relevante para la discusión sobre justicia distributiva.

La teoría de Locke sobre el procedimiento legítimo de adquisición de la propiedad asume un escenario en que Dios ha dado el mundo a los hombres como propiedad común, y les ha impuesto la obligación de auto-preservarse. ¿Cómo han de obtener los recursos externos que necesitan? Una respuesta es que "God commanded men to labour so that they might enjoy the conveniences of life: food, shelter, clothes and a comfortable way of living" (Drahos, 2016, 50). Dado que, según Locke, "every Man has a *Property* in his own *Person*", su trabajo también le pertenece y, en consecuencia, "Whatsoever then he removes out of the State that Nature hath provided, and left it in, he hath mixed his *Labour* with, and joyned to it something that is his own, and thereby makes it his *Property*." (Locke, II, 27).

Locke impone dos restricciones (*provisos*) a la apropiación de un recurso X: es legítima en tanto deje suficiente para los demás, y en tanto no tome de los recursos comunes más que lo que pueda usar para su provecho.

Su teoría ha sido criticada desde diferentes perspectivas. La condición que estipula para la apropiación es una metáfora sumamente imprecisa (si hago un pozo en una tierra inculta, ¿cuánto de la tierra estoy legitimado a apropiarme? ¿Puedo quedarme con el planeta entero? Y si cerco un espacio, ¿soy propietario de la porción de tierra encerrada en el cerco, de todo lo que queda por fuera, o solo de la línea periférica en que ha sido instalado el cerco?); Nozick ha señalado que si "mezclo" la tierra con mi trabajo no hay más razón para decir que la tierra es mía, que para sostener que he perdido mi trabajo. Otras críticas han sido dirigidas a sus *provisos*: Schmidzt (2012), por ejemplo, ha criticado el primero de ellos bajo condiciones de escasez.[30]

Robert Nozick propuso una teoría diferente y más amplia de la justa adquisición y transferencia de recursos externos, a la que denomina *Entitlement Theory*, que se aplica a las tenencias (*holdings*)[31] y comprende tres principios: de adquisición, transferencias y rectificación. Asumiendo una situación ideal, en la que no ha habido injusticias, su *Entitlement Theory* puede resumirse así:

1. A person who acquires a holding in accordance with the principle of justice in acquisition is entitled to that holding.

2. A person who acquires a holding in accordance with the principle of justice in transfer, from someone else entitled to the holding, is entitled to the holding.

3. No one is entitled to a holding except by (repeated) applications of 1 and 2. (Nozick, 150)

---

[30] "Often, in fact, leaving resources *in the commons* does not leave enough and as good for others. The Lockean Proviso, far from forbidding appropriation of resources from the commons, actually requires appropriation under conditions of scarcity. Removing goods from the commons stimulates increases in the stock of what can be owned and limits losses that occur in tragic commons. Appropriation replaces a negative sum with a positive sum game. (...) Therein lies a justification for social structures enshrining a right to remove resources from the unregulated commons: when resources become scarce, we need to remove them if we want them to be there for our children. Or anyone else's." (Schmidtz, 10).

[31] Holdings es un concepto mucho más abarcante que los usualmente empleados en discusiones acerca de desigualdad o distribución (como salarios, ingresos, o rentas). Va también más allá de los recursos que se intercambian vía mercado, ya que comprenden donaciones, regalos, herencias, premios e ingresos provenientes de golpes de suerte (como ser ganancias en juegos de azar). Incluye a todas las "tenencias" que los individuos comandan y que pueden retener o transferir.

Racionalidad política de las ciencias y de la tecnología

La teoría se completa con un "principio de rectificación", que se aplica ante la "existencia de injusticias pasadas", que describe como "previous violations of the first two principles of justice in holdings".

Supongamos que en la actualidad A es propietario de un bien X. Su propiedad es legítima si se cumplen dos condiciones: (a) el acto inicial de apropiación de X fue legítimo (haya sido o no A el apropiador original), y (b) en el caso en que A no haya sido el apropiador originario, las sucesivas transferencias del bien hasta llegar a manos de A deben haber sido legítimas. Si se cumplen ambos pasos, todo el proceso de adquisición y transferencia es justo. Nozick traza un paralelo interesante entre el razonamiento correcto y su *Entitlement Theory*. Del mismo modo en que si asumimos la verdad de sus premisas el razonamiento deductivo correcto conserva la verdad de sus conclusiones, si la propiedad ha sido adquirida legítimamente, el subsiguiente proceso de transferencias voluntarias *preserva* la justicia inicial. La suya es una teoría de la *preservación de la justicia*.

En una situación ideal ambos procedimientos se cumplen (por hipótesis). Sin embargo, en la historia real, podría haber irregularidades en alguno de estos dos pasos, y en ese caso Nozick admite la necesidad de "rectificar" la asignación de X para reparar la injusticia cometida. Sería la única oportunidad en que la teoría admite ejercer justicia (re)distributiva.

En realidad, por sí sola la coerción no es buena ni mala. La recuperación coercitiva de lo robado es aplaudida por los libertarios como un acto que restaura derechos. Por eso para objetar políticas redistributivas es necesario presuponer la *legitimidad* de la propiedad a la que aquellas se aplican, para lo cual, el libertario debe apelar a *Entitlement Theory* (o a alguna otra teoría, que hasta donde sé no está disponible). Sin ella el argumento no puede construirse. El problema es que *Entitlement Theory* no sirve a para este propósito.

Para empezar, es necesario notar que ninguno de los dos principios de la teoría (adquisición y transferencias) son especificados. La teoría es vacía hasta volverse molesta. Nozick rechazó el procedimiento de adquisición propuesto por Locke (mix de trabajo y objeto al que el trabajo se aplica), pero no logró encontrar un reemplazante. Si A se apropia de X, la teoría no es capaz de decir si la adquisición es o no legítima. Y si *A* transfiere *X* a *B*, lo único que la teoría exige para que la transferencia sea legítima es que sea libre y voluntaria. Hay mucho trabajo filosófico por hacer sobre estos conceptos. Baste notar que el propio Friedman consideraba legítimas a las transacciones de mercado que eran voluntarias e *informadas* (bien informadas). Debido a estas carencias *Entitlement Theory* es prácticamente una teoría formal de la justa adquisición y transferencia de holdings. Y ello explica el paralelo que Nozick traza entre *Entitlement Theory* y el razonamiento deductivo correcto.

Pero, aunque *Entitlement Theory* sea incapaz de identificar la adquisición y transferencia justa, existen formas de identificar la injusticia, que son independientes de la teoría (pero compatibles con ella). Está suficientemente acreditado que numerosos patrimonios se han constituido sobre la base del robo y transferencias ilícitas. Un caso testigo es el siguiente:

> Much inheritance flow in Great Britain is traceable to state-funded 'compensation' granted to wealthy slave owners in the early nineteenth century after emancipation had deprived them of their slaves. Provision of such compensation may have been unjust. At any rate no compen-sation was paid to the enslaved, or to their descendants. There have been calls for this inheritance to be redistributed (Halliday, Cap. 7, sección 7.1)

Si se abandona el supuesto, usual en las argumentaciones libertarias, de que toda propiedad ha sido legítimamente adquirida (recuérdese nuestra exposición de la argumentación de Huemer), hay un espacio para identificar apropiaciones injustas, que deben ser rectificadas. Nozick admite que "past injustices might be so great as to make necessary in the short run .... to rectify them." (213). Ello justificaría confiscar la propiedad mal habida y, si fuera materialmente factible, compensar a las víctimas. Esta parece ser la única forma de justicia distributiva admisible en el marco de *Entitlement Theory*.

Pero su Principio de Rectificación resulta inaplicable en la práctica. En algunos casos no se sabe si ha habido perjudicados, por qué montos, si aún están vivos o ya han muerto. En otros casos, en que la injusticia es identificable, puede ser difícil o imposible estimar el monto de los holdings injustamente adquiridos o transferidos, que sería necesario rectificar; y aunque pudiera mensurárselos, las medidas prácticas de rectificación pueden no ser factibles (por ejemplo, la restitución de territorios a pueblos originarios). Por ello, Nozick no descarta, no rechaza, que pueda aplicarse una regla práctica que "aproxime" el resultado deseado,

> Perhaps it is best to view some patterned principles of distributive justice as rough rules of thumb meant to approximate the general results of applying the principle of rectification of injustice. [...] [A]n important question for each society will be the following: given its particular history, what operable rules of thumb best approximate the results of a detailed application in that society of the principle of rectification. (212-213)

Las medidas redistributivas que, como veremos enseguida, en un momento de su exposición fueron juzgadas como destinadas al fracaso, y que sólo podrían resultar exitosas coartando las libertades individuales, ¿podrían ahora considerarse parte de medidas prácticas asociadas a uno de los componentes básicos de su propia teoría? Lo que fue expulsado por la puerta es ahora introducido por la ventana.

En realidad, su teoría de la propiedad sólo puede ser usada para condenar una política distributiva si se tiene como *benchmark* una historia previa ideal, sin violaciones a los derechos de propiedad: la sociedad libertaria perfecta. Si una sociedad pudiera acreditar una historia semejante, *Entitlement Theory* proporcionaría razones morales para rechazar todo intento re-distributivo. Pero en ausencia de estas condiciones ideales, "one cannot use the analysis and theory presented here to condemn any particular scheme of transfer payments, unless it is clear that no considerations of rectification of injustice could apply to justify it." (Nozick, 213)

La indignación moral libertaria ante cada política de justicia distributiva y su estigmatización como "robo" no puede fundarse en

Entitlement Theory.³² El problema es que al parecer no tienen otro fundamento.

2. Los proyectos de justicia (re)distributiva se auto-derrotan (argumentos de imposibilidad)

2.1 Papel de la libertad

Nozick opone su propia teoría de justicia distributiva (*Entitlement Theory*) a otras dos que se propone rechazar, y a las que denomina *estado final* y *patterned*. En la primera sólo interesan las propiedades estructurales de la distribución. Por ejemplo, consideremos una sociedad de solo dos individuos, A y B. Un distribuidor igualitarista que cuenta con $20 para repartir, preferirá la distribución D_1: ($11A; $09B) a la D_2: ($19A; $01B). Pero se mostrará indiferente entre D_1 y D_3: ($11B; $09A). Aunque las asignaciones individuales cambian, la estructura se mantiene (y ello es todo lo que importa). Quien sostiene una concepción de justicia distributiva *patterned*, en cambio, necesita un criterio e información adicional para seleccionar entre distribuciones alternativas. Si privilegia el mérito, por ejemplo, y piensa que A es mucho más meritorio que B, podría elegir D_2 (pero también D_1: todo depende de si se atreve a cuantificar los méritos individuales, y de cómo lo hace). Pero bajo ninguna circunstancia elegiría D_3.

Aunque se trata de dos teorías diferentes de justicia distributiva, Nozick pasa rápidamente a considerarlas de manera unificada, y utiliza un mismo argumento para mostrar su imposibilidad. Es un argumento de mercado, en el que se muestra que las transferencias de holdings, dependiendo únicamente de la libre voluntad de las personas, no preservan las propiedades estructurales de las distribuciones anteriores, y no responden a un patrón pre-determinado o predecible. Ello le permite proclamar que

---

³² "At any rate, Nozick would be the first to admit that his theory cannot be used to justify or condemn the present distribution of holdings in any given society. It can only justify the distribution of holdings in such an idealistic libertarian society where rights have never been violated without just punishment/rectification. For the same reason, it cannot be used to defend or condemn any particular welfare state action(s)" (Lehto, 43 -44).

'liberty upsets patterns.' Para argumentar esta idea, relata una situación imaginaria, que (compactada para nuestros propósitos) describe en estos términos:

> Suppose that a distribution that is (uniquely) specified as just by some patterned principle of distributive justice is realized: this may be one in which everyone has an equal share of wealth, or where shares vary in any other patterned way. Now there is a basketball player, one Wilt Chamberlain, who is of average wealth but of superior ability. He enters into a contract with his employers under which he will receive 25 cents for each admission ticket sold to see him play. As he is so able a player a million people come to watch him. Accordingly, Mr. Chamberlain earns a further $250,000. (158)

Su discusión del caso Chamberlain ilustra de qué manera una distribución D1, pautada por alguna Autoridad y asumida como justa, podría ser desvirtuada por las decisiones voluntarias de las personas, cuyas transferencias conducirían a otra distribución, D2 (diferente a D1 en términos estructurales). Si la intención de la Autoridad al implementar D1 hubiera sido reducir la desigualdad en los ingresos, y para ello hubiera otorgado un bono a las personas con menos recursos, lo que ha conseguido es agravar el problema que deseaba resolver, porque Chamberlain es ahora más rico que antes (y la sociedad más desigual). Si el Estado quisiera preservar la distribución D1, debería interferir con las decisiones voluntarias de la gente. Si, en cambio, otorga libertad para emplear los recursos de la manera en que cada uno desea, el destino final de los recursos distribuidos en D1 es incierto (i.e., no responde a ningún principio pre-establecido). Su argumento intenta mostrar la imposibilidad de que cualquier política distribucionista alcance el objetivo que se propone. Si hay libertad, cualquier criterio de distribución se auto-derrota.[33]

---

[33] Para ser justos con Nozick hay que advertir que está más interesado en otro punto, más central para él (que es importante en el marco de su "*Entitlement Theory*": la idea de que la "justicia" se preserva, lo que plantearía la paradoja de que la nueva distribución, más desigual, sería al menos igualmente justa que la anterior).

Aunque su argumento es funcional a la defensa de su *entitlement theory*, en cuanto teoría histórica, no se aplica a las políticas distributivas a que asistimos en el mundo real. Las teorías de justicia distributiva a que refiere no son una buena reconstrucción de los propósitos de los gobiernos populistas que conocemos, y hasta parecen responder a la burda estrategia de construir al enemigo de la manera más conveniente para luego ridiculizarlo. El objetivo de la Autoridad nunca es igualar (o tender a igualar) los "holdings", y pretender que esta situación se mantenga fija, como si pudiera conservarse inalterada durante la sucesión de intercambios subsiguientes. Generalmente, el propósito es contribuir a mejorar, durante un tiempo limitado por la cuantía de los recursos distribuidos, el tipo de consumo de los sectores de menores recursos. La distribución no se hace de una vez para siempre, sino que se repite periódicamente una y otra vez, cuando el poder de compra de los recursos se agota, hasta que se lo juzgue necesario. Por eso, no sorprende que Mack (2018, 4.2.) sostenga que "an important response to Nozick's "How Liberty Upsets Patterns" arguments is that they rely upon a mistaken picture of the patterned theorist's program". Y que sugiera que un adherente al principio rawlsiano de la diferencia sostendría que su objetivo es, más bien, "raising the lifetime income of the representative lowest income individual as much as possible". Una descripción más correcta de las políticas distribucionistas debería consistir, según Mack, en que "what is assigned to individuals as a matter of distributive justice is a lifetime stream of income".

Si éste fuera su propósito, lo que es lo más probable, la autoridad tiene dos maneras de conseguirlo. Una es indirecta: repartiendo a los sectores seleccionados algunos de los bienes básicos que se desea que estos consuman. Esta porción "indirecta" del estipendio está destinada a un tipo de consumo específico, que escapa al arbitrio del beneficiario (en forma de rebajas en el consumo de algunos servicios, por ejemplo). Chamberlain no puede apropiarse de este plus.

Una segunda manera es directa: proporcionar al sector social que se desea beneficiar un incremento en sus ingresos (una suma monetaria, en forma de bono, por ejemplo).

Racionalidad política de las ciencias y de la tecnología

Este dinero no tiene un destino exactamente prefijado. Que parte de él termine en manos de Chamberlain es tan irrelevante como que termine en manos de los supermercados, las madereras, las heladerías o los productores de leche. Salvo que los beneficiados por el bono lo atesoren (pero esa no era la intención de la Autoridad, y es poco probable que una parte significativa de las transferencias tenga este destino), el monto recibido será transferido a alguna otra persona a cambio de bienes o servicios (incluso a quienes tienen igual o menor poder adquisitivo que los beneficiarios). La autoridad espera, pues, que haya una re-distribución como paso subsiguiente a la distribución ejecutada por ella. De ninguna manera se sentiría frustrada si al tiempo de haber hecho efectivo el pago del bono, la suma contribuida haya cambiado de manos, aunque (al menos parte de ella) se encuentre ahora en poder de sectores de ingresos superiores. El bono era para gastarlo en consumo, y eso es lo que ocurrió. El plan justiciero (¿o debería decir "justicialista", tratándose de una publicación en homenaje a nuestro estimado Ricardo Gómez?) proseguirá entregando un segundo bono, que correrá la misma suerte, y así de seguido. ¿Dónde es que falla la Autoridad?

Una cuestión diferente es la de si los beneficiados han gastado el bono de la manera precisa en que la Autoridad esperaba y deseaba. Reaparece el fantasma de la falta de conocimiento de detalle que ésta padece. Es fácil ridiculizar al distribuidor si se le atribuye el propósito de que doña Rosa gaste exactamente $ 230 en arroz, y don Pepe $ 315 en fideos. Este enfoque es erróneo: la autoridad no tiene expectativas acerca del detalle de los gastos de consumo deseados por sus beneficiarios. El argumento de Nozick es que la gente hará lo que desee con sus recursos (líquidos). No hay discusión sobre esto. Pero Nozick deja correr la idea de que lo que la gente hará es *opuesto* a lo que los agentes distribuidores deseaban (efecto que Nozick logra atribuyendo a las Autoridades un propósito igualitario, y circunscribiendo sesgadamente su argumento al gasto en tickets, que aumenta la fortuna de Chamberlain). Pero si se observara la composición del gasto en su integridad, es probable que la gente haya gastado su nuevo ingreso de acuerdo con las expectativas de la autoridad distribuidora. Ésta pudo haber tenido una idea bastante aproximada de las formas principales que adoptará ese gasto (es decir, del tipo de bienes que la gente deseaba adquirir con la suma extra de dinero que recibió). Por ejemplo, si ha habido en el período inmediatamente anterior una retracción en el poder adquisitivo de los salarios más bajos, y se ha observado que ha mermado el consumo de ciertos productos básicos, que eran parte de la canasta de quienes percibían esos salarios, no cabe suponer que, restaurando el nivel de compra del salario al nivel anterior, ¿estos productos volverán a formar parte de su consumo?

Por ello no es tan fácil descartar que las autoridades puedan tener éxito en conseguir que se cumpla, de manera aproximada, el patrón de gastos que esperaban de los sectores favorecidos por sus políticas distributivas. De cualquier manera, determinar si ciertos patrones de gasto deseados por las autoridades son, de hecho, cumplidos o no por las decisiones de sus receptores, es una cuestión empírica. Además, hagan lo que hagan los beneficiarios con su dinero, y aunque Chamberlain sea más rico que antes, ¿diríamos que una sociedad en que un millón de personas ascienden un escalón en su posición social, es menos igualitaria que antes, sólo porque han gastado 25 centavos para asistir a sus partidos?

Otra cuestión concierne a que el "bienestar" puede ser considerado en términos monetarios o subjetivos. Nozick hace de cuenta que al pagar los 25 centavos de la entrada los beneficiarios del bono sufren una pérdida, en tanto que Chamberlain suma una ganancia. Pero si la transacción ha sido voluntaria, Nozick debe aceptar que todos ganan en términos subjetivos. Si así no fuera, ¿por qué no considerar también como pérdida lo que el beneficiario adquiere en el supermercado (leche, huevos y queso)? ¿Qué forma de consumo debe contarse como pérdida y cuál como ganancia? ¿Son todas pérdidas? ¿Sólo se gana lo que se atesora?

Si el bienestar es considerado en términos subjetivos, como el propio Nozick parece aceptar, el uso que cada uno hace voluntariamente del bono contribuye a mejorar su bienestar. En particular, no hay razones para excluir del patrón de consumo esperado por la Autoridad al gasto recreativo. Si la idea del bono era elevar el bienestar de la gente de menores recursos, permitiéndoles acceder, entre otras cosas, a eventos recreativos de los que usualmente se hallan excluidos a causa de su precaria situación económica, ese objetivo fue logrado habida cuenta del millón de espectadores que concurrieron a aplaudir a Chamberlain.

2.2. Sistemas complejos

Friedrich Hayek es un liberal difícil de clasificar. Es más: un liberal clásico que un libertario puro, y ha sostenido en soledad una interpretación darwiniana del surgimiento y persistencia del orden de mercado. Pero recientemente ha sido redescubierto por algunos intelectuales libertarios, que ven la conexión entre algunas de sus ideas y ciertas tesis libertarias. Gaus (2018) es un caso de este tipo: conecta la tesis de Hayek de que el mercado (o la sociedad) es un sistema complejo, con la crítica de Nozick a toda teoría distributiva que se proponga asignar vía mercado un patrón de asignaciones pre-determinado, considerado justo.

> Considered a system S composed of elements $\{e_1...e_n\}$ and an overall resulting outcome O. In his *System of Logic*, Mill proposes three features of property O: 1. O is not the sum of $\{e_1...e_n\}$; 2. O is of an entirely different character than $\{e_1...e_n\}$; 3. O cannot be predicted or deduced from the behavior of the members of $\{e_1...e_n\}$ considered independently (i.e., apart from their interactions in S). This is the idea of an emergent property recognized by Hayek. (...) [Su característica es que] while a resultant property is the expected outcome of S, an emergent property is novel and, given our understanding of $\{e_1...e_n\}$, often unexpected or surprising. (56-57).

Es interesante notar que en este esquema los "elementos" no son analizados, pero el texto de Gaus revela que incluyen al menos dos clases de entidades: reglas e individuos. Los individuos no son modelados (aunque sin duda están incluidos tácitamente, porque de lo contrario nada "animaría" S, y el resultado O, esperado o no, no podría ser producido). Gaus concibe a S como una estructura objetiva (despersonalizada), y su "complejidad" es una cuestión de grado, que depende exclusivamente del número de reglas, r, (a través de las cuales, presuntamente, los individuos interactúan), y de las relaciones que dichas reglas mantengan entre sí. Con estos prolegómenos, puede distinguir dos nociones de complejidad, una "extrema" y otra "moderada".

Si la complejidad es extrema,

> any change in its underlying structure of social rules moves the system to a new state that is entirely uncorrelated with the present system state ...in such systems, emergent property O ... emerges on rules $\{r_1 \ldots r_n\}$; any change in a rule r_i to its closest variant r_i^* (i.e., a slight change in r_i) produces an order O^* that is entirely uncorrelated with O —knowing state O does not provide one with any evidence as to what O^* would be like" (Gaus, 58).

En un sistema de complejidad moderada, en cambio,

> the functioning and consequences of some rules will be dependent on others; in such systems, it still remains the case that a small variation in one rule from, say, r_i to r_i^* can move the system from O to O^*, where O^* differs far more greatly from O that r_i^* does from r_i. Still, in such moderately complex systems, the values of O and O^* will be correlated: knowing O is indicative of what O^* will be" (Gaus, 59).

A partir de esta distinción Gaus sostiene que las posibilidades de éxito de la demanda de justicia social o distributiva depende de qué tipo de complejidad exhibe el sistema. Si la complejidad es extrema, cualquier cambio institucional que intente hacer el distribuidor justiciero para obtener el patrón de distribución deseado, se auto-derrota. Gaus vincula explícitamente la crítica de Nozick a las teorías *patterned* de justicia social, con la que puede efectuárseles mediante el concepto de sistema extremadamente complejo en Hayek. "The particular array of outcomes produced by complex orders (person A receives x, person B receives y, person C receives z, and so on) is unpredictable: Holdings ultimately depend on an innumerable and unknowable range of factors". (Gaus, 63)

Hay un par de puntos que merecen ser destacados.

Racionalidad política de las ciencias y de la tecnología

Primero, Gaus asimila los argumentos de Nozick y Hayek (ambos serían argumentos de imposibilidad contra cualquier teoría de justicia social *patterned*). La diferencia se debe a que Nozick se focaliza en el papel de las decisiones individuales, en tanto que Hayek en los cambios de reglas. En el caso de Hayek el slogan podría ser "cambio de reglas *'upset' patterns*" (en vez de "*liberty upsets patterns*").

Segundo, si el mercado fuera extremadamente complejo sería un obstáculo para todo proyecto distribucionista que se base en generar instituciones adecuadas, conservando el orden de mercado. Este es un problema central. Kymlicka (2002) y Allingham (2014) muestran que los liberales de izquierda (que de una u otra forma siguen a Rawls) y aún algunos marxitas, como Roemer, no desean desprenderse del mecanismo de mercado. Si este mecanismo fuera impredecible para canalizar el plan redistributivo gubernamental, todos sus intentos estarían destinados al fracaso. Para ver que esto no es así, no hay que perder de vista que lo que Gaus considera impredecible es "the particular array of outcomes produced by complex orders (person A receives x, person B receives y, person C receives z, and so on" (63).

Como vimos, interpretar en estos términos el objetivo que persigue el gobierno es antojadizo (aunque muy conveniente para su crítica). La política distribucionista no aspira a repartir entre la gente bienes con este nivel de detalle ($4,5 a doña Rosa, y $3,3 a don José). Además, el mecanismo de asignación funciona por fuera del mercado.

El Principio de la Diferencia de Rawls, por ejemplo, puede interpretarse como una meta-norma, que indica la dirección en (o el propósito con) que debieran hacerse los cambios institucionales (un impuesto a la riqueza o modificaciones en las leyes de herencia, por ejemplo), que proporcionarían los recursos para inyectar suplementos de ingreso periódicos a los sectores más necesitados, con el objetivo de que eleven de manera gradual su nivel de consumo. Y lo hace en favor de un sector social (identificado por su nivel de ingreso). Las asignaciones universales por hijo, o embarazo, por paternidad, por familia numerosa, etc., son algunas de las muchísimas maneras en que se puede distribuir un ingreso adicional a sectores seleccionados para ser favorecidos por comandar menores recursos o ser más vulnerables.

Los montos distribuidos no surgen del mecanismo de mercado, sino que son asignados siguiendo una regla que actúa por fuera del mecanismo de mercado. Ni más ni menos que lo que ocurre con el ingreso universal mínimo propuesto por Friedman (y admitido por el mismo Hayek como herramienta viable para combatir la pobreza extrema).

Pueden o no ser medidas correctas; pueden disminuir o no la eficiencia del sistema. Son temas debatibles. Pero los conceptos de complejidad y emergencia no tienen nada que hacer en el debate de la posibilidad (o conveniencia) de estas medidas.

Conclusiones

La condena a cualquier medida redistributiva de parte del Estado no puede basarse en la teoría nozickiana de la legitimidad de la propiedad. Existiendo la presunción de una historia previa de injusticias en la adquisición y transferencia de los *holdings*, en gran medida no reconstruible, no es posible determinar en el marco de *Entitlement Theory* si una medida redistributiva de parte del Estado es o no correcta.

A su vez, los dos argumentos de imposibilidad de las políticas de justicia distributiva manipulan de manera conveniente la formulación del problema que se desea resolver, para mostrar luego que es de imposible solución. Si la política distributiva exigiera conocimiento de detalle de la situación particular de todas y cada una de las personas que serán sus beneficiarios, o de las asignaciones que resultarán de un procedimiento en el que el azar desempeña un papel fundamental, es fácil concluir que el objetivo es inalcanzable. Un espejismo, dice Hayek. Al mismo resultado se llega, si se describe a la autoridad como igualitarista ingenua, al punto de que tuviera la pretensión de que los recursos distribuidos, o no sean usados, o lo sean de acuerdo a un patrón que preserve la estructura de la distribución original. Hasta donde sé, ningún populista justiciero aspira a esto o imagina algo así.

REFERENCIAS

Allingham, M. *Distributive Justice*. New York: Routledge, 2014.

Breakey, H. *Property*, (Internet Encyclopedia of Philosophy - IEP). 1961. Disponible en: https://iep.utm.edu/prop-con/

Brennan, J., B. van der Vossen and D. Schmidtz eds. *The Routledge Handbook of Libertarianism*. New York: Routledge, 2018.

Drahos, P. "A Philosophy of Intellectual Property". 2016. Disponible en: http://press-files.anu.edu.au/downloads/press/n1902/html/cover.xhtml?referer=&page=0#

Friedman, M. *Capitalism and Freedom*. Chicago and London: University of Chicago Press, 2002.

Gaus, G. "Hayekian *Classical* Liberalism". Brennan J., B. van der Vossen and D. Schmidtz, eds. *The Routledge Handbook of Libertarianism*. New York: Routledge. 2018.

Gómez, R. "Globalized Neoliberalism". I. Vásquez y D. O'Connor-Gómez, eds. *Proceedings of the Pacific Coast Council on Latin American Studies 2002-2003.* Los Angeles, CA: Pacific Coast Council on Latin American Studies. 2005. 235-248.

Halliday, D. *The Inheritance of Wealth -Justice, Equality, and the Right to Bequeath*. New York: Oxford University Press, 2018.

Hayek, F. *Law, Legislation and Liberty -A New Statement of the Liberal Principles of Justice and Political Economy*. New York: Routledge, 2013.

Hohfeld, W. "Fundamental Legal Conceptions as Applied in Judicial Reasoning". *Yale Law Journal*, 23; (1913): 16-59.

Honoré, A., M. "Ownership". *Journal of Institutional Economics*, Volume 9, Issue 2, June; (2013) [1961]: 223 – 255.

Huemer, M. "Is Wealth Redistribution a Rights Violation?". Brennan J., B. van der Vossen and D. Schmidtz, eds. *The Routledge Handbook of Libertarianism*, New York: Routledge. 2018.

Kymlicka, W. *Contemporary Political philosophy -An Introduction*. Second edition. Oxford: Oxford University Press, 2002.

Lehto, O. I. *The Three Principles of Classical Liberalism (from John Locke to John Tomasi): A Consequentialist Defence of the Limited Welfare State.* Master's Thesis. University of Helsinki, Faculty of Social Sciences, Social and Moral Philosophy, May, 2015. Disponible en: https://helda.helsinki.fi/bitstream/handle/10138/155211/Lehto_KaytannollinenFilosofia.pdf?sequence=2

Locke, J. *Two Treatises of Government.* P. Laslett, ed., Cambridge: Cambridge University Press; 1988 [1690].

Mack, E. "Robert Nozick's Political Philosophy". Stanford Enciclopedy. 2018. Disponible en: https://plato.stanford.edu/entries/nozick-political/

McGee, R. "Property Rights vs. Utilitarianism: Two Views of Ethics". *Reason Papers*, 27, Fall; (2004): 85-112.

Nozick, R. *Anarchy, State, and Utopia.* New York: Basic Books, 2013.

Schmidtz, D. "The Institution of Property". 2012. Disponible en: http://www.keithhankins.com/uploads/2/1/7/9/21794922/schmidtz_-_institution_of_property.pdf

Racionalidad política de las ciencias y de la tecnología

Ricardo J. Gómez, el largo camino de la crítica epistemológica al neoliberalismo

José Guadalupe Gandarilla Salgado
Centro de Investigaciones Interdisciplinarias
en Ciencias y Humanidades (CEIICH)

> Mucho antes de que haya tomado el control directo de la investigación científica, la lógica capitalista explotó plenamente no solo las producciones científicas sino también sus pretensiones a una objetividad y una racionalidad generales. Estas pretensiones habrían sido motivo de risa si no hubiesen sido promovidas y mantenidas por su poder devastador. A los científicos se les ofreció la libertad y el derecho de ignorar las cuestiones incómodas, de no preocuparse más que de las objeciones surgidas de sus colegas competentes, que comparten los mismos valores y trabajan en entornos similares. Ellos se sintieron reconocidos y respetados, motores inocentes de un desarrollo que, al mismo tiempo, permitían presentarlo como fruto de la razón y no saqueo de los recursos del mundo y de las inteligencias humanas.
>
> Stengers, *Otra ciencia es posible*.

Introducción

Las siguientes notas a propósito del trabajo de un pensador a quien tengo en tan alta estima las he ido redactando en paralelo a toda una discusión (filosófica, pero eminentemente política) que se está desarrollando en México a propósito de una necesaria reformulación de la concepción de ciencia que ha sustentado o dado sentido al sistema de promoción, desarrollo y evaluación de dicho quehacer y al necesario arribo al reconocimiento de que este se erija como parte de una política de estado, que siendo parte de un proyecto nacional pone como una de sus prioridades la promulgación de una Ley General sobre la materia. La lectura o relectura, entonces, de varios de los eruditos trabajos de Ricardo J. Gómez no podía ser sino de intenciones políticas (de transformación) en un espacio en el que ese objeto se dirime en cuanto a permanecer como sirviente del régimen neoliberal vigente o con la capacidad de revelarse capaz de mudar su sentido hacia una orientación diferente, la que antepone, o equipa al modo de premisas, las cuestiones, urgencias y perspectivas éticas de la(s) humanidad(es) a las lógicas de la investigación científica.

En el marco de ese proceso y al centro de esas disputas se ubicaba la capacidad de estremecer la sensibilidad de sujetos que se han insensibilizado hacia otras problemáticas más generales, nacionales, sujetos sumamente inclinados hacia el auto-rendimiento, el éxito individualista, y una visión de mundo egotistamente estructurado, preocupados, en exclusiva, de sus limitados objetos de estudio, pero que en su actuar, rehacen un quehacer como el habituamiento a una representación (que se evalúa periódicamente de modo preferentemente cuantitativo), en que dicha comunidad de sujetos ("privilegiados", en el marco de sociedades altamente polarizadas y con lacerantes niveles de empobrecimiento) reproduce como la *mise en scène* que incluye la escenografía y la danza de sus postulaciones, mostrando en vivo y en tiempo real, los valores que informan su inconsciente político, y hasta colonial. En el marco de esas polémicas y del uso público de la razón, la actual titular del CONACYT, en México, recientemente postuló que "la estructura de la ciencia no ha sido el resultado de un proceso natural inevitable, y por ello ajeno a la historia y a la política, sino resultado impuesto por el capitalismo y como tal susceptible de ser modificado socialmente" (Álvarez-Buylla, 2021), hipótesis que no es lejana, y menos contraria, a lo que ha venido sosteniendo desde hace tiempo, y en muchos de sus trabajos, el autor del que trataremos enseguida. No podía ser mejor, entonces, el espacio de escritura de este trabajo, pues veíamos, conforme avanzábamos en nuestra lectura o relectura de la obra de Ricardo J. Gómez, en nuestra propia plaza, la dialéctica de la cosa (científica) en el movimiento de sus contradicciones. Y si de verdad es cierto, como sostiene Gómez que "el científico, como ciudadano, también tiene la obligación de hacer lo que sea posible para lograr ideales más democráticos en su sociedad" (Gómez, 2020a, 46); ello les implica también en las cuestiones que incumben a la solvencia de su práctica: "Los científicos son responsables de comprometerse con la reflexión político-social y dejar que esa reflexión informe las acciones" (Gómez, 2020a, 47). En conclusión, siempre serán impelidos o impelidas por las cuestiones ontológicas que nos afectan a todos, "viven en un mundo imperfecto (…)

Racionalidad política de las ciencias y de la tecnología

actuan lejos de las condiciones de una ciencia bien ordenada" (Gómez, 2020a, 45).

Las primeras etapas y un itinerario ininterrumpido

El trayecto intelectual de Ricardo J. Gómez (n. 23 de enero de 1935), en sus comienzos, se inscribe dentro de un proceso que ya otros esfuerzos colectivos de investigación (Díaz de Guijarro-Rotunno, 2003) han caracterizado como el de un florecimiento de la institución universitaria en la Argentina, de 1955 a 1966, que, alrededor de su entidad más robusta, la Universidad de Buenos Aires (UBA), generará sinergias que impactan los procesos de enseñanza-aprendizaje, la profesionalización de sus egresados y la extensión universitaria como vínculo con la sociedad, posibilitando también un arrastre hacia otras entidades de educación superior pública de su tipo, y hacia la inicial conformación de las bases para el establecimiento de un cierto subsistema para la procuración de investigación en ciencia, básica o aplicada, en técnicas y en tecnologías. Son esos los años en que Gómez obtendrá sus primeros títulos universitarios: en 1959, habilitado para el profesorado en Matemáticas y Física, y en 1966, como Profesor en Filosofía; años en que, sin duda, germinará también una vocación por el magisterio que no le ha de abandonar jamás.

Años turbios se vivirán en aquel país sureño en las décadas posteriores, por un lado, se dará un vuelco negativo en esa tendencia que apuntalaba el sentido de lo educativo como conformador del ideal de una nación; por el otro, vencerán las fuerzas oscuras y retrógradas que se incorporaron a un proceso sociopolítico más amplio (la Operación Cóndor, las dictaduras de seguridad nacional, etc.) que terminarán por cancelar el orden democrático y abrirá la puerta al estado de excepción y a la imposición de una dictadura que durará casi una década (24 de marzo de 1976 al 10 de diciembre de 1983); pero ni siquiera al ser ése el horizonte que se abría en las escalas nacional o continental, se truncó la vocación profesoral (su amor por el conocimiento) que nuestro autor venía ya desempeñando, pues entre 1966 y 1976, había pasado de ejercer la docencia en Matemáticas en las universidades de Buenos Aires y La Plata, a enseñar Filosofía de las Ciencias en esta última y Metodología de la Ciencia en el Doctorado de la Facultad de Ciencias Económicas de la UBA. Entre 1971 y 1976, Gómez ocupó diversos puestos directivos, desde el de Decano en la Facultad de Humanidades y Ciencias de la Educación, director del Instituto de Lógica y Filosofía de las Ciencias, director y editor de los *Cuadernos de Lógica y Filosofía de las Ciencias*, cargos, todos ellos, en la Universidad Nacional de La Plata, entidad desde la que también se publicarán sus primeros trabajos (Rush, 2009). Se ve con claridad una trayectoria que iba ya en dirección a consolidarle dentro de una de las universidades de mayor prestigio en su país. Todo se vio interrumpido con los sucesos que abrirían la nueva coyuntura.

Aquel sanguinario proceso dictatorial truncó la vida de toda una generación, y a otros les cerró la puerta en su carrera universitaria, o les forzó al exilio, como fue el caso de Ricardo J. Gómez, a partir de 1976, lo que le obligará a reconstruir, en otras condiciones y en otra tierra de acogida, su trayectoria de formación universitaria y de entrega al cultivo de la investigación teórica. La generación a la que pertenece nuestro autor, y que hace parte de toda una pléyade intelectual del Cono Sur del continente que fue represaliada de manera directa, u obligada a la diáspora, o marginada a la actividad clandestina, experimenta en carne viva y del modo más extremo la imposición del nuevo rumbo o la nueva forma social del capitalismo: amputada la posibilidad para el desarrollo autocentrado de la región latinoamericana, ésta pasará a cumplir un papel subordinado ante la hegemonía creciente de los Estados Unidos, una predominancia que no solo será regional sino de intenciones globales. Nuestro autor así lo hace constar en una de sus obras posteriores dedicadas al tema:

> la primera experimentación política plena del neoliberalismo ocurrió en Latinoamérica, más precisamente, en Chile (desde 1973). No en vano Hayek y Friedman viajaban continuamente allí y fueron los asesores económicos de Pinochet. En 1980, eso ya no fue un experimento, sino una implementación política que se fue extendiendo a diversos países (Gómez, 2003, X)

Tras el obligado desplazamiento, que como hemos visto obedece a razones estrictamente políticas, por la represión paramilitar elevada a

Racionalidad política de las ciencias y de la tecnología

práctica cotidiana en el marco del régimen cívico-militar, que irónica, cínica o desvergonzadamente se autocalificaba como Proceso de Reorganización Nacional, Ricardo J. Gómez no solo se verá obligado a reconstruir el rumbo de su vida, en las condiciones que le sean posibles, y que sabemos fueron difíciles, sino que se entregará de lleno, a la reflexión filosófica de las ciencias, fue así que culminó su actividad académica formativa con la obtención de la maestría (1978) y el doctorado en filosofía (1982), por la Universidad de Indiana. Se había iniciado, pues, otra etapa en su itinerario intelectual, la que se consagró a una maduración de su pensamiento filosófico, pero sin que eso, ni por asomo, hubiera significado un abandono en su interés por el entendimiento de las cuestiones políticas, en este caso, como el conjunto de presupuestos o predisposiciones que anteceden, atraviesan o inciden en las concepciones y las prácticas de producción del conocimiento.

Sin embargo, su éxodo no había concluido, habiendo alcanzado su doctorado se vio en la encrucijada de decidir (otra vez, en el marco de las condiciones de posibilidad para que esas decisiones fueran factibles), entre quedarse en esa (Universidad de Indiana) u otra institución universitaria de la costa este de los Estados Unidos o buscar oportunidades en otras latitudes. Hubo incluso posibilidades de que ese lugar de acogida fuera el de alguna universidad pública en México, sin embargo, nuestro autor optará finalmente por dirigirse, desde 1983, hacia la costa oeste de esa nación, y por establecerse en la California State University, campus Los Ángeles. Optar por una región de tan fuerte arraigo de la investigación científica del más alto nivel, pero que también se alimenta en la vida cotidiana de las fuertes nervaduras culturales latinas, hispanas, chicanas y mexicanas, explica también que, desde aquellas fechas, Ricardo J. Gómez prodigara una afinidad muy fuerte con diversos procesos de producción académica, en sus temas, que se estuvieran desarrollando desde el sistema universitario mexicano; fue así que siempre ha ofrecido su generosa colaboración para participar en múltiples iniciativas.[34]

---

[34] Este capítulo de la posible pero finalmente no alcanzada adscripción de Ricardo J. Gómez al sistema público universitario mexicano, requeriría de una investigación aparte, pero, sospechamos, pudo ser alentada, en su momento, por Fernando Salmerón,

Eduardo R. Scarano (compilador)

Filosofía de la ciencia, más allá de los esfuerzos precursores

Las virtudes de aquellos procesos de mediados del siglo pasado que, para el caso de la historia de la UBA, se cerraron con los perturbadores sucesos de la Noche de los Bastones Largos, se habrían articulado también con la emergencia, a mitad del siglo XX, de un ingente cultivo disciplinario, en la región latinoamericana, de las líneas dominantes en filosofía de la ciencia, que acarreó un predominio de la corriente analítica anglosajona, que acompañaba al dominio hegemónico de la economía estadounidense sobre nuestra región. Décadas del despliegue de dicho campo cognitivo son captadas, en sus grandes trazos, por nuestro autor, su relato da cuenta de una serie de sustituciones en las configuraciones dominantes, sin que logre desplegarse, todavía, una propuesta de mayores alcances alternativos. Así lo sintetiza Gómez, para quien la filosofía de la ciencia:

> se desarrolló tomando, al igual que en Estados Unidos, una versión empobrecida del positivismo lógico, dejando de lado, en ambos casos, la importantísima dimensión ético-política que ese programa tuvo en el Círculo de Viena en autores como Neurath, Carnap y Frank. Y cuando dicha filosofía positivista comenzó a perder terreno en Estados Unidos frente a la postura de Popper, siempre más funcional a enfoques político-económicos liberales, y a sanitizar al conocimiento científico concibiéndolo como valorativamente neutro, Popper pasó a ser el filósofo de moda en

---

quien fuera rector de la Unidad Iztapalapa, y después Rector General (1978-1979, 1979-1981, respectivamente), de la Universidad Autónoma Metropolitana (UAM) y había sido por un largo período director del Instituto de Investigaciones Filosóficas de la UNAM (1966-1978). Por aquella etapa se registra ya un curso como profesor invitado que Ricardo J. Gómez impartió sobre Filosofía de la Matemática en la UAM, en 1982, y de ahí, creemos se conservaría un vínculo con relación a ciertos grupos de investigación y con proyectos desarrollados alrededor de la figura de León Olivé Morett (1950-2017) quien fuera también director de ese instituto de 1985 a 1993, y luego esos vínculos se renovarían por la incidencia de quien fuera su alumno en California, Ambrosio Velasco Gómez, con una obra ya incipiente en filosofía de la ciencia, en filosofía y teoría política del republicanismo, ambos temas enfocados desde perspectivas pluralistas, y que llegó a ser director de la Facultad de Filosofía y Letras de la UNAM, de 2001 a 2009.

Racionalidad política de las ciencias y de la tecnología

nuestros países. Kuhn comienza a ser tomado en cuenta sólo diez años después de publicada su ópera magna; ello ocurrió en nuestras latitudes en los setenta, ávidos de cambios radicales, cuando se tomó en cuenta su versión de las revoluciones científicas, la cual fue discutida, como si fuera extrapolable a ámbitos sociales, económicos y políticos, con un optimismo que iba mucho más allá de lo recomendado por el propio Kuhn en relación con dichas extrapolaciones. Finalmente, en los ochenta, y ni que hablar en los noventa, con la imposición en nuestros países del neoliberalismo a la Hayek-Friedman, resurgió la filosofía popperiana de las ciencias sociales que, quizá como nunca antes en nuestras latitudes, pasó a ser la 'filosofía oficial': lo que se oponía a ella era 'mala filosofía' (Gómez, 2009, 336).

Dentro de toda esta etapa, que abarca casi un medio siglo, ya se registran, sin embargo, los nombres de ciertos fundadores que han de incidir en la conformación de ciertas corrientes, que comenzaban a orbitar alrededor de algunos nombres significativos de dicho campo, Mario Bunge, Gregorio Klimovsky, Mario Otero, Ulises Moulines, Francisco Miró Quezada, Roberto Torreti, Rolando García, entre otros (Gómez, 2019), que a su modo establecieron las bases que darían entrada también, en las décadas posteriores, a la discusión, en nuestra región de las nuevas escuelas que disentían de la corriente estándar en teoría del conocimiento y de las versiones normativistas en metodología de la ciencia. Ya se habría generado la atmósfera requerida para el aliento que al tema darán ciertos posicionamientos de una nueva generación de continuadores (por mencionar algunos, J. Alberto Coffa, César y Pablo Lorenzano, Oscar Nudler, Enrique Marí, José Antonio Castorina, y desde México, el ya mencionado León Olivé, y Santiago Ramírez, ambos lamentablemente ya fallecidos, a los que se suman, Mario Casanueva, Ana Rosa Pérez Ransanz, y el ya mencionado Ambrosio Velasco) (Gómez, 2009, y Ransanz-Velasco, 2011).

El proyecto de Ricardo J. Gómez, ya emprendido desde sus actividades de docencia e investigación hasta 1976, en las universidades nacionales de La Plata y Buenos Aires, y luego continuado, en Indiana y California, es de gran amplitud en sus alcances, tanto en extensión (no hay tema significativo de filosofía de la ciencia respecto al que no se haya expresado, y no hay corriente o autor o autora significativos del que no encuentren sus lectores un trabajo en que Ricardo J. Gómez brinde su opinión al respecto) como en profundidad (sea en la aclaración de las relaciones entre conocimiento y aprendizaje, como entre ciencia y tecnología, o entre ciencia e ideología, este último punto será, a la postre, en el que, con más detenimiento, ha tratado la unidad de análisis de la economía neoliberal), de ahí que, a mi juicio, no es arbitrario señalar que su trabajo en historia y filosofía (política) de las ciencias, y de crítica a la concepción de ciencia que subyace en la economía neoliberal, es equiparable a lo que otros exiliados han hecho, en sus diversos terrenos creativos, sea el caso de Ernesto Laclau, en la teoría política, Enrique Dussel, en ética y filosofía, Rolando García, en epistemología e investigación interdisciplinaria, Jorge Alemán, en psicoanálisis, o hasta Juan Gelman, en la poesía.

Difícilmente encontraremos una obra semejante dentro de nuestra región, en el campo disciplinario de la metodología y la filosofía de la ciencia. Ricardo J. Gómez se ha ocupado eruditamente del más amplio espectro de las teorías científicas, desde los trabajos germinales, en la filosofía griega, hasta los clásicos, propios del renacimiento y la revolución científica, a los ilustrados y los románticos. Se ha ocupado así de la tradición aristotélica, como de la kantiana o hegeliana, y ha señalado los límites tanto de las perspectivas logicistas como de la versión empirista tradicional o estándar; se ha interesado tanto por las corrientes hegemónicas como por las que le disputan, en los debates y quiebres paradigmáticos de todo el siglo XX (que incluyen, para dichas coyunturas, a sus autores de preferencia en el marco del Círculo de Viena, como de las tradiciones dialécticas y del marxismo). Será de este último período (el abierto con la revolución kuhniana en historia y filosofía de la ciencia), pero mirado al modo de alimentar de un sentido ético-político los planteamientos de la concepción científica del mundo, en el grupo liderado por Otto Neurath, del que han de extraerse sus mejores planteamientos, con los que nos irá entregando las tesis renovadoras de sus mejores trabajos, antaño como en tiempos recientes; siempre en la mira de documentar:

> una concepción sensata de la ciencia y de su lugar en la vida del ser humano (...) Ni los científicos sensatos creen que lo pueden explicar todo, ni que la ciencia puede resolver todos los problemas; ningún pensador prociencia con cierto grado de información sofisticada cree que el método científico es una panacea universal ni que su aplicación garantiza el progreso automático (Gómez, 2020a, 20).

La extensa obra de Ricardo J. Gómez suma ya varios libros de autor, un cúmulo de capítulos de libros en obras colectivas, y varias decenas de artículos publicados en revistas académicas arbitradas, tanto en nuestro idioma, como en inglés o francés. No podría ser de otro modo en el caso de un autor que ha mantenido un cierto interés unificador de su trabajo en el marco de una reflexión original sobre filosofía e historia de las ciencias, hilo conductor que se extiende desde su primer texto publicado sobre ese tema, que nosotros ubicamos en su trabajo sobre la concepción aristotélica respecto a la ciencia (Gómez, 1971), hasta su obra más reciente que gira alrededor de la necesaria toma de distancia respecto a las posiciones periodizantes y que prevén culminaciones de época, y que en filosofía adhieren a propensiones finalistas, y que nuestro autor explora en tres dimensiones o entidades de gran significación, la ciencia, la historia, y la modernidad (Gómez, 2020a). Nada más y nada menos que un medio siglo de una incesante reflexión sobre las cuestiones del conocimiento, de la ciencia y la investigación, que ha logrado concentrar y derivar hacia otras cuestiones relevantes en una de sus obras más significativas (Gómez, 2014b).

Algo que sorprende favorablemente al revisar esta trayectoria es la inusual permanencia dentro de *una especie de programa de trabajo o proyecto a desplegar*, y que ya se anunciaba desde aquellos primeros textos publicados tan tempranamente como durante su participación en el cuerpo docente de la Universidad Nacional de La Plata, en uno de aquellos artículos nuestro autor ya declaraba:

> Abandonamos la mítica idea de un único concepto de ciencia al que estamos determinados a adscribirnos porque así lo condiciona la ineluctabilidad de tal concepto y la universalidad de su aceptación. No hay tal cosa. (Gómez, 1975, 43-44)

Y, unas líneas más adelante, complementaba ese aserto con la siguiente proposición, muy en la línea de las preocupaciones de época: anticipar aquí algo que sustentaremos: *"la afirmación de ingredientes ideológicos en la actividad científica no impide la propuesta de una concepción objetiva de las ciencias"* (Gómez, 1975, 44, cursivas nuestras).

Su presencia en México, y mi encuentro con su pensamiento

Sin duda alguna hay encuentros que marcan el curso futuro de una determinada línea de trabajo o inciden en la apertura o profundización de un determinado proyecto; fue el caso cuando tuve la oportunidad de acercarme al trabajo filosófico político de Ricardo J. Gómez, pues me abrió a toda una exploración dentro de un continente por él ya bien cartografiado, el de la crítica epistemológica del neoliberalismo, y en ese punto me permitió confirmar, lo que afirmó Borges: que uno es más culto por lo que lee que por lo que escribe.

Esto aconteció en un momento preciso e inmejorable, me encontraba por iniciar mis estudios de maestría, luego de haber concluido el estudio de grado en la Facultad de Economía y habiendo escrito una tesis que, al amparo de un estudio de caso (la crisis del capitalismo mexicano entre 1982-1995), pretendía elaborar una crítica del modelo económico aplicado en la región latinoamericana. México era quizá la principal ejemplificación del desatino en la conducción de la política económica y ejemplo privilegiado de los mayores estragos sobre un endeble mercado interno y más frágil e incipiente estructura industrial, con efectos demoledores para los sectores sociales desfavorecidos. Corría la segunda mitad de los años noventa y tuve la fortuna de escuchar la exposición que Ricardo J. Gómez acudió a ofrecer ante los estudiantes del Doctorado en

Racionalidad política de las ciencias y de la tecnología

Economía, a instancias de Enrique Dussel Peters (quien ya formaba parte de la planta académica de ese posgrado) y con la presencia del padre de este último que se permitió establecer una interlocución del más alto nivel con el conferenciante. Al concluir la reunión, salimos un grupo grande de profesores y alumnos alrededor de los dos filósofos, que seguían profundizando en sus argumentos, cuando Enrique Dussel Ambrosini tuvo la gentileza de recomendar a Ricardo J. Gómez que tal vez no sería tan descabellada la idea de que yo hiciera una reseña del libro (Gómez, 1995) que estaba como telón de fondo de esa brillante conferencia. Acepté de buen grado la propuesta sabiendo que tenía un difícil encargo, toda vez que la discusión que en aquella obra se propone estaba en otro nivel de problematización de las cuestiones metodológicas; a distancia de los modos dominantes (empiristas, manualescos, o normativistas), en que esas cuestiones aún se dirimían entre los profesores que atendían la formación de grado en nuestra facultad de economía. Ni los ámbitos críticos de nuestras facultades en humanidades y ciencias sociales, por aquellos años, se aventuraban a ir más allá de las confrontaciones entre analíticos y dialécticos (según la clásica polémica sobre el positivismo en la sociología alemana).[35]

Fue así como pude no solo conocer de manera personal al por aquel entonces profesor de la Universidad del Estado de California, sino acceder de manera inmediata a uno de sus más recientes libros, *Neoliberalismo y seudociencia*, volumen que, en efecto, tuve ocasión de reseñar y recomendar su lectura en una de las revistas editadas en la Facultad de Economía de nuestra Máxima Casa de Estudios.[36] No sabía en ese momento que el proyecto de Ricardo en esa línea de investigación se extendería hasta las siguientes dos décadas y ese libro no era sino el inicio de una trilogía crítica del neoliberalismo que cualquier ciudadano, estudiante o colega, preocupado en ese tema, debiera leer sin distracción.[37]

A partir de ese momento, cierre del siglo XX, me convertí en lector asiduo de todo lo que me encontraba que hubiera sido escrito por

---

[35] Véase la clásica disputa en (Adorno, et. al.: 1973).
[36] La reseña puede consultarse en (Gandarilla, 1997).
[37] Las tres obras de Ricardo J. Gómez a las que hago referencia son (Gómez, 1995, 2003, 2014a).

Ricardo J. Gómez (capítulos de libros en obras compiladas, artículos en revistas especializadas, preferentemente en idioma castellano) y luego, unos años después, tuve la oportunidad de dirigirme a él solicitándole el permiso para publicar parte de su obra, ya fuera en revistas o en libros que estuvieran bajo mi cargo. También comencé a socializar y dar a conocer su trabajo entre alumnos de los posgrados de Economía y Estudios Latinoamericanos. Como resultado, algunos estudiantes también se convirtieron en fervientes lectores de su obra, la que igualmente incorporaron a sus trabajos de tesis. La amabilidad de Ricardo es tal que nunca dejó de responder a ninguna comunicación, y atendió cuanta invitación le fue ofrecida para que expusiera su trabajo en la UNAM (en las instalaciones del Centro de Investigaciones Interdisciplinarias en Ciencias y Humanidades, o en el Posgrado en Economía, y cuando no pudo viajar lo hizo por Skype; cuando aún la vida académica no transcurría por entero, como ahora casi lo hace, con la pandemia y la postpandemia, a través de videoconferencias y otro tipo de pantallas y plataformas de transmisión). Nuestro autor nunca escatimó el esfuerzo para enviarnos sus colaboraciones, a veces hasta en tiempos apretados de entrega. Para el Programa de Posgrado en Estudios Latinoamericanos preparó un curso de una semana entera, que él deseaba fuera de cuarenta horas y finalmente se concretó con una duración de 20 horas, con una temática que hizo accesible a nuestro *campus* la discusión de frontera sobre historia y filosofía de la ciencia, y sobre la crítica epistémica de la economía de mercado. Ese mismo año, junto con Ambrosio Velasco, presentamos su libro sobre *La dimensión valorativa de las ciencias* (Gómez, 2014a), en el auditorio principal del Instituto de Investigaciones Filosóficas de la UNAM.

En 2017, año en que pude pasar un año sabático en la Ciudad de Buenos Aires, tuvo la gentileza de abrirme las puestas de su casa, y pude así por fin conocer a Lola Proaño, su compañera de vida, y disfrutar de una rica cena que incluyó platillos de estilo quiteño (que ella misma había preparado), tuve oportunidad también de conocer en esa ocasión a Tomás Moro Simpson, de quien solo guardaba referencia por sus libros, pero ahí pude escucharle de viva voz algunas de sus provocadoras proposiciones a propósito de los analíticos, y de ciertos pasajes de la biografía de Marx.

Racionalidad política de las ciencias y de la tecnología

Por otro lado, en tiempo más reciente, ya contando él con la designación de Profesor Emérito jubilado de la California State University, tuvo la osadía de invitarme para que fuera expositor en la Special lecture on Poverty and Human Rights, que él gestionaba desde el Departamento de Filosofía, de esa universidad en Los Ángeles, California, de tal modo que, bajo ese auspicio, pude ofrecer esa desafiante conferencia el 26 de febrero de 2019.[38] La más reciente confirmación de su amistad y la estima a nuestras labores ha sido otra magnífica entrega de su trabajo, con el fin explícito de que fuera difundida en tierras mexicanas (Gómez, 2020b), que hemos podido dar a conocer desde la revista *Memoria*, proyecto editorial que actualmente dirijo.

La crítica epistemológica de la economía neoliberal

Arrancaremos esta parte de nuestro comentario, con un señalamiento a propósito de la importancia y el lugar que ocupa este problema dentro del proyecto e itinerario intelectual de Ricardo J. Gómez, y ahí lo primero a destacar es lo referente al señalamiento, o hasta la denuncia, de los principales autores conformadores de dicha corriente (Hayek, Popper, Friedman) dentro del recambio político que se estaba dando en la formación social capitalista en el último cuarto del siglo XX, puesto que su labor fue activa, nada titubeante, sino de alta militancia. Así lo hace ver Gómez:

> Todos los neoliberales, hipócritamente, legitimaron la barbarie mediante la inacción, amparándose en la supuesta defensa de la libertad, y decimos ´supuesta´ porque la libertad de la que hablaban era esa versión raquítica de la auténtica libertad humana (que incluye la libertad para sobrevivir), cuando esta última jamás les interesó, especialmente porque ella también quedaba fuera del marco normativo que asumían (Gómez, 2020b, 63).

Por otra parte, la crítica de la concepción (limitada e ideologizada) de ciencia que está en la base del discurso de la economía neoliberal, es absolutamente contundente para los fines de legitimar el necesario cambio

---

[38] El texto de esa conferencia se publicó y puede consultarse en (Gandarilla, 2019).

en la unidad de análisis (Gómez, 2013) y para consolidar el destierro de ciertos mitos que alimentan la preponderancia del programa fuerte o del enfoque estándar de la racionalidad científica (Gómez, 2011).Y esto había quedado bien expuesto, desde casi una década atrás, en uno de sus trabajos precisamente publicados en nuestra universidad (Gómez, 2006), donde su propósito es dar luz sobre el *modus operandi* de la actividad científica, de lo cual se desprenden varios sub-proyectos, en primer lugar, distinguir claramente entre el uso (tradicional y dominante) de una unidad de análisis estándar, asociada al programa fuerte, y las tendencias cada vez más propicias hacia un uso (emergente, pero ya poderoso) de una unidad de análisis no estándar más amplia, diversa, realista y pluralista, más acorde a la práctica real de la investigación científica. Para decirlo en las propias palabras de Gómez:

> Ello no significa que los filósofos no estándar de la ciencia hayan recomendado el abandono de toda consideración sobre la racionalidad de la ciencia, o adoptado una posición irracionalista. Por el contrario, lo que ha sucedido en general, es que ellos plantean la necesidad de adoptar una versión más amplia de la racionalidad científica, en primer término no algorítmica y, especialmente, más abarcadora, que incluya la discusión racional de valores y objetivos, así como la presencia de argumentos no siempre lógicamente conclusivos (Gómez, 2020a, 50).

La nueva unidad de análisis, que sigue la ruta a una concepción no estándar de la ciencia, se alimentó de los resquebrajamientos en el programa positivista-empirista fuerte, y de los diversos señalamientos realistas (en sus versiones débiles, a lo Laudan) o hasta de los distanciamientos escépticos (a lo Feyerabend), pues a su modo esos programas también contribuían a la crítica de los valores espurios, presentes pero negados u ocultos, en aquellas versiones convencionales (centradas en las teorías científicas y con pretensiones normativistas), sobre todo, destacadamente, en la concepción de la ciencia económica neoliberal.[39] Así, en el proyecto de iluminar sobre cómo se efectúan real y razonadamente las prácticas científicas, se revelaban como coincidentes dos propósitos imperativos en la obra de Ricardo J. Gómez, de un lado, la crítica epistemológica del neoliberalismo, del otro, la incursión en la senda de una propuesta teórica que es ya la de una filosofía política de las ciencias.

La crítica al neoliberalismo por parte de Gómez se dirige a resquebrajarle en su columna vertebral, en la médula (epistemológica, ontológica y axiológica) que guía a sus planteamientos. Ha procedido a lo largo de su obra a un desmenuzamiento paulatino y cuidadoso, con el fin de demostrar que lo que en el programa estándar comparece al modo de teoría científica, logicista o algorítmica e instrumental o pragmática, para los neoliberales funciona como el establecimiento de un "marco teórico" que está constitutivamente conformado por un "marco normativo", y lo que los economistas neoclásicos o neoliberales llaman "modelo", "modelo teórico", o "teoría", disperso en algunas de las obras de sus mayores exponentes y en otra serie de planteamientos de los nuevos exponentes de tal teoría o filosofía. Esquemáticamente, nuestro autor ha logrado plasmar sus planteamientos en el siguiente diagrama (Gómez, 2020a, 54).

---

[39] En el debate reciente en México, sensibles oídos positivistas, y grupos que han lucrado con la gestión pública y la administración al más alto nivel de organismos y centros de investigación (que no son sino expresión de una *casta tecnoburocrática* que gobierna instituciones), se sintieron ofendidos cuando se habló de desterrar la inefable "ciencia neoliberal" que habría caracterizado al anterior régimen político, y que estaría erosionando el sentido y pertinencia social de nuestra práctica científica. Puede consultarse nuestra opinión al respecto (Gandarilla, 2020).

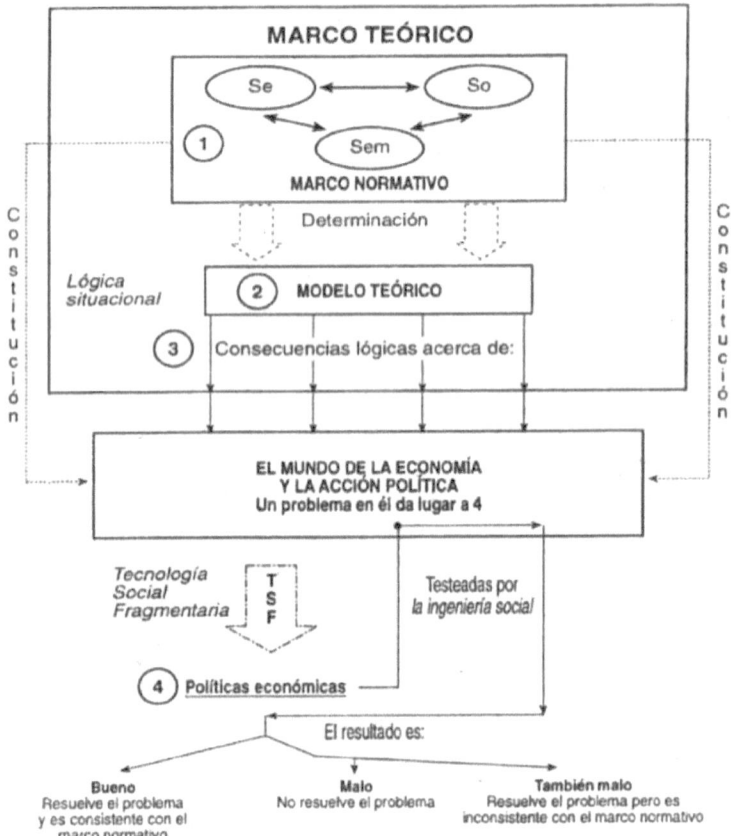

En dicha figura, en el recuadro 1, las siglas *se*, *so* y *sem*, remiten a los supuestos o valores, éticos, ontológicos y epistemológicos, puesto que, como ya se habría sostenido:

> el 'marco normativo' (…) está compuesto por los presupuestos ontológicos, epistemológicos y éticos que se asumen acríticamente, en tanto, por una parte, no son obtenidos o inferidos a partir del mundo factual estudiado, ni, por otra parte, se los somete a testeo empírico alguno. Ellos están más allá de toda posible refutación por parte de la realidad económica (Gómez, 2013, 318).

Racionalidad política de las ciencias y de la tecnología

Tan están más allá, situados a las afueras de toda posible perturbación política que, nos ha sido reiterado, los principios o postulados del marco normativo:

> operan como esenciales, más allá de todo cambio, como la Norma que si se abandona colapsa todo el programa o más precisamente lo que lo define como neoliberal. De ahí que puede haber varias versiones de neoliberalismo, cada una definida por un modelo o teoría económica distinta, pero lo que la hace neoliberal es la vigencia del mismo marco normativo (Gómez, 2020a, 67).

¿Puede una "ciencia" desresponsabilizarse por entero de las consecuencias sociales que se generan por la implementación de lo que se definen como sus más conspicuos planteamientos? Pareciera que, según los neoliberales, ello es posible, y se guarecen cómodamente a toda crítica diciendo que eso ya no compete a la práctica científica. Los economistas neoliberales, al verse cuestionados respecto a que si verdaderamente fuese tan pulcra su teoría económica, por qué no dan respuesta a los problemas de la pobreza y de la justicia social, con su contestación no solo engañarán audiencias puesto que esos no son los temas que les incumben, cuando los que verdaderamente lo son remiten a las cuestiones de *asegurar la mayor acumulación de capital* para los que controlan los mercados, e *impedir que los gobiernos intervengan* para inclinar las políticas públicas hacia otros criterios (sociales) de prioridad, en último caso acudirán a su clásica estrategia de erigirse en los defensores de la sacrosanta libertad; pero como ha dicho Gómez, de un muy especial entendimiento de la libertad, del "mundo libre":

> La libertad es el valor al que se subordinan todos los otros valores. (…) La libertad de la que se habla en tal supuesto es libertad meramente negativa, o sea, libertad entendida como no interferencia. Es libertad *de* pero no libertad *para*. Lo que sucede es que el neoliberalismo iguala libertad con no interferencia para comerciar en el mercado, o sea es la justificación de la carencia de impedimentos formales-legales para competir y obtener ganancia sin límite, sin

ninguna intervención del gobierno de turno. (Gómez, 2020a, 61). (…) El concepto de 'justicia social' no tiene cabida en un marco lingüístico-normativo en el cual la libertad negativa es el valor al que se subordina todo otro valor. (Gómez, 2020a, 62).

En el ámbito de la discusión latinoamericana la propuesta que Gómez viene sosteniendo hace décadas solo es equiparable (y en ciertos puntos análoga) a los planteamientos filosóficos que Franz Hinkelammert ha propuesto para una "crítica de la razón mítica", o a lo que, en su momento, Hugo Zemelman detectó como los problemas utópicos y antropológicos del conocimiento, y que obligaban a su programa a arribar a una crítica epistemológica de los indicadores. La importancia de este conjunto de expresiones críticas del neoliberalismo, y del refinamiento que se ha alcanzado en el edificio teórico de Ricardo J. Gómez, estaría germinando ya en la obra de algunos exponentes que son, en cierto modo, continuadores de estos planteamientos, entre ellos se pueden mencionar, obras coordinadas por Oscar Nudler y Eduardo Scarano e incipientes equipos de investigación de los doctorados en economía y otros proyectos interdisciplinarios en la UBA, y en la Universidad Nacional de Tres de Febrero (UNTREF).

Hacia una filosofía (política) de las ciencias

Rolando García utiliza una figura alegórica que busca dimensionar el aporte del legado piagetiano en su propia obra. Este epistemólogo argentino, cuya última parte de su vida transcurrió en México, y para mayor referencia, adscrito al Centro de Investigaciones Interdisciplinarias en Ciencias y Humanidades, García sostenía que:

> La tarea de los exploradores, abriendo picadas en la selva, difiere de la tarea de los que vienen detrás, construyendo los caminos, buscando trayectos más apropiados y expandiendo las áreas que cubren las rutas […] A quienes vinimos detrás […] nos corresponde, en la medida de nuestras fuerzas, y como homenaje al maestro, hacer el esfuerzo necesario para pulir el camino y expandirlo (García, 11).

Racionalidad política de las ciencias y de la tecnología

Esa metáfora, más desarrollista que ecológica, puede servirnos, de cualquier modo, con su debida proporción, a la identificación del lugar que uno podría conferirle a los desarrollos y descubrimientos de Ricardo J. Gómez en el *work in progress* que uno viene desplegando a propósito del tema del neoliberalismo y de su crítica; con el único agregado de que Gómez no desperdiciaría ocasión para voltear hacia atrás y darnos esos llamados de atención, esos señalamientos de precaución para que no perdamos ni el rastro ni el tiempo, porque en su vocación la crítica del neoliberalismo no solo es necesaria sino urgente, dados el camino y la velocidad al que éste ha llevado a la humanidad entera y que en instantes compresivos de fases o períodos de larga duración y en el estruendo de sus quiebres históricos puede, sin exagerar, precipitarnos a un abismo, y ello porque como fue afirmado a la luz de la crisis financiera del capitalismo en 2008, "pocas fuerzas hay tan destructivas que tengan la potencia de la mala teoría económica" (Baker, 2009, 71), y a esa escala, las nociones económicas que están en la base del proyecto de una sociedad de mercado, actuaron como una verdadera "arma de destrucción masiva" en la contrarrevolución global del neoliberalismo.

Para el tema con el que nos interesa cerrar este trabajo, nuestro autor también nos ha obsequiado su propia metáfora topográfica, en donde a un cierto nivel se trasluce la interconexión (entre "ciencia unificada" e "historia cósmica") que ya se avizoraba en una de las obras de Otto Neurath (1973), y que en la propuesta de Ricardo J. Gómez aparece formulada en el siguiente precepto:

> El atlas ideal es un mito, puesto que corresponde al ideal de una ciencia completa. Lo que cuenta como ciencia significativa debe entenderse en el contexto de un grupo particular con intereses prácticos particulares y con una historia particular. Y así como los mapas pueden desempeñar un papel causal en la remodelación del terreno que los cartógrafos posteriores representarán, también el mundo al que responden los científicos de una época puede ser parcialmente producido por los esfuerzos científicos del pasado (Gómez, 2020a, 34).

Finalmente, las indicaciones de ese instrumento representacional, a nuestro juicio, han de ajustarse más a lo proyectado en aquellos viejos palimpsestos que a los alcances que prometen los dispositivos de posicionamiento global: partamos de lo básico y luego vayamos a lo accesorio. De ese modo también podríamos entender una de sus formulaciones conclusivas:

> nuestra nueva unidad de análisis permite visualizar la economía neoliberal en su pretensión de ser científica de una nueva y más rica manera poniendo de relieve la multidimensionalidad de sus ingredientes (presupuestos, valores, leyes, pautas de testeo, etc.) permitiendo así *no ocultar lo que la versión estándar de Friedman, Hayek y Popper niegan*. (…) dicha unidad de análisis *revela el irremplazable lugar que ocupa la dimensión política en la economía*. (Gómez, 2020a, 68-69, cursivas nuestras)

Esperamos haber podido elucidar con claridad algunas de las razones por las que consideramos muy importante la crítica de la economía neoliberal que, en el caso de los planteamientos filosóficos de Ricardo J. Gómez, es además una dimensión privilegiada para desterrar toda creencia en la objetividad como neutralidad valorativa, y es también un ejercicio que documenta otros propósitos, entre ellos, "se avanza hacia una filosofía distinta de las ciencias que no asuma que se ha arribado o sea posible arribar a versiones últimas totalmente abarcadoras" (Gómez, 2020a, 88). Y, tal vez, más importante aún, se reafirma el programa con el que se viene trabajando desde hace medio siglo:

> reconocer la presencia de valores no cognitivos en la investigación científica, lo cual involucra la presencia de una actitud crítica, desde la adopción de dichos valores, pasando por el rol que juegan y dónde y cuándo lo hacen, hasta la decisión acerca de su aceptabilidad o, en caso contrario, acerca de cuáles otros valores deben utilizarse. Al devenir valorativa, deviene crítica (Gómez, 2014b, 213).

REFERENCIAS

Adorno, T. W., et. al. *La disputa del positivismo en la sociología alemana*. Traducción castellana de Jacobo Muñoz. Barcelona: Grijalbo, 1973.

Álvarez-Buylla, M. E. "Ciencia, transformación y esperanza/I". *La Jornada*, 18 de octubre de 2021. Disponible en: https://www.jornada.com.mx/notas/2021/10/18/politica/ciencia-transformacion-y-esperanza-maria-elena-alvarez-buylla-i/

Baker, D. "La tiranía de la mala teoría económica". *Sin Permiso. República y socialismo también para el siglo XXI*, Núm. 5; (2009): 71-73.

Díaz de Guijarro, E. y C. Rotunno, comps. *La construcción de lo posible. La Universidad de Buenos Aires de 1955 a 1966*. Buenos Aires: Libros del Zorzal, 2003.

Gandarilla, J. "Problemas epistemológicos del neoliberalismo. Entre la conjetura de su cientificidad y su crítica racional". *Economía Informa*, Núm. 255, marzo; (1997): 45-49.

---. "¿Salir del neoliberalismo? Los usos del derecho en el ciclo reciente de América Latina". *Memoria. Revista de Crítica Militante*, 2, número 270; (2019): 40-49.

---. "La ciencia sin adjetivos de los neoliberales asintomáticos". *Memoria. Revista de Crítica Militante*, 2, número 274; (2020): 52-54.

García, R. *El conocimiento en construcción. De las formulaciones de Jean Piaget a la teoría de sistemas complejos*. Barcelona: Gedisa, 2000.

Gómez, R. J. *El fin de la ciencia, la historia y la modernidad -Una mirada crítica*. Buenos Aires: Ediciones Ciccus, 2020a.

---. "Las falacias fundacionales de la economía positiva". *Memoria. Revista de crítica militante*, 3, Núm. 275; (2020b): 83-88.

---. *Neoliberalismo, fin de la historia y después*. Buenos Aires: Punto de encuentro, 2014a.

---. *La dimensión valorativa de las ciencias -Hacia una filosofía política*. Bernal, B. A.: Universidad Nacional de Quilmes, 2014b.

---. "Una nueva unidad no estándar de análisis". C. López Beltrán y A. Velasco Gómez, coords. *Aproximaciones a la filosofía política de la ciencia*. México: Universidad Autónoma de México. (2013): 315-341.

---. "Hacia una racionalidad científica sin mitos". A. R. Pérez Ransanz y A. Velasco Gómez, coords. *Racionalidad en ciencia y tecnología -Nuevas perspectivas iberoamericanas*. México: Universidad Autónoma de México. (2011): 461-471.

---. "La filosofía de las ciencias". E. Dussel, E. Mendieta y C. Bohórquez, eds. *El pensamiento filosófico latinoamericano, del Caribe y 'latino´ (1300-2000)*. México: Siglo XXI editores. (2009): 335-351.

---. "Relativismo y Progreso científico". M. C. Di Gregori y M. A. Di Bernardino, comps. *Conocimiento, realidad y relativismo*. México: Universidad Nacional Autónoma de México. (2006): 133-176.

---. *Neoliberalismo globalizado. Refutación y debacle*. Buenos Aires: Macchi, 2003.

---. *Neoliberalismo y seudociencia*, Buenos Aires: Lugar, 1995.

---. "Ciencia e ideología". *Hechos e Ideas*, año 2, n° 8, Tercera época, enero-abril; (1975): 43-51.

---. "Sobre la Vigencia del Concepto Aristotélico de Ciencia". *Cuadernos del Instituto de Lógica y Filosofía de las Ciencias*, n° 2, La Plata: Universidad Nacional de La Plata, 1971.

Neurath, O. *Fundamentos de las ciencias sociales*. Madrid: Taller ediciones, 1973 [1944].

Rush, A. "Ricardo Gómez (1935-)". E. Dussel, E. Mendieta y C. Bohórquez, eds. *El pensamiento filosófico latinoamericano, del Caribe y 'latino´ (1300-2000)*. México: Siglo XXI editores. (2009): 888-890.

Stengers, I. *Otra ciencia es posible. Manifiesto por una desaceleración de las ciencias*. Barcelona: NED, (2019).

Racionalidad política de las ciencias y de la tecnología

*Una filosofía política de las ciencias desde el Sur**

Ambrosio Velasco Gómez
Instituto de Investigaciones Filosóficas, UNAM

Introducción

Ricardo Gómez es un filósofo de la ciencia latinoamericano con una destacada trayectoria académica en los Estados Unidos de Norteamérica, pero también ha hecho una importante contribución al desarrollo de la filosofía de las ciencias en Iberoamérica con sus investigaciones y con su ejemplar labor magisterial. Es en este espacio donde conocí a Ricardo Gómez en el año de 1982 como mi profesor del curso de filosofía de la ciencia en el primer posgrado latinoamericano especializado en este campo en la Universidad Autónoma Metropolitana (UAM), campus Iztapalapa en la Ciudad de México, que había sido fundado en 1980 por Luis Villoro y León Olivé, quien era entonces el coordinador del posgrado y también nuestro profesor. Ricardo Gómez fue una figura señera en ese posgrado, junto con León Olivé, Ulises Moulines, Mario Otero, Raúl Orayen, Carlos Pereda, entre otros. Con esa planta de profesores latinoamericanos nos formamos las primeras dos generaciones de filósofos especializados en filosofía de la ciencia en México. Entre otras personas, pertenecimos a esas dos primeras dos generaciones Ana Rosa Pérez Ransanz, Raúl Alcalá, Mario Casanueva, Carlos López Beltrán, Ambrosio Velasco Gómez, todos alumnos de Ricardo Gómez. Desafortunadamente este posgrado de excelencia sobrevivió por poco tiempo, pero diez años después el grupo que nos habíamos formado en la UAM Iztapalapa colaboramos con León Olivé, entonces director del instituto de Investigaciones

---

* Este trabajo se desarrolló en el marco del proyecto PAPIIT IN 403219, "Filosofía política de las ciencias en sociedades multiculturales" de la UNAM.

Filosóficas para fundar el Posgrado de filosofía de la Ciencia en la Universidad Nacional Autónoma de México (UNAM), con perspectivas más amplias y mejores apoyos institucionales por parte de la Facultad de Filosofía y Letras y del propio Instituto de Investigaciones Filosóficas de la UNAM. Desde su inicio el nuevo posgrado tuvo una vocación iberoamericana y buscó la incorporación de destacados profesores de Iberoamericanos (Ricardo Gómez, Eduardo Flichman, Ezequiel de Olazo, Oscar Nudler, Alfredo Marcos, Javier Echeverría, Andoni Ibarra, Juan Carlos García Bermejo, Fernando Broncano, Francisco Álvarez) y alumnos de diversos países latinoamericanos (Argentina, Uruguay, Colombia, Cuba y desde luego de México). Gracias a su cuerpo docente, muy pronto este posgrado se convirtió en uno de los más prestigiados de América, al grado tal que un filósofo del más amplio reconocimiento internacional como Larry Laudan se integró como investigador y profesor en nuestro posgrado.

Tuve el honor de ser el primer coordinador de ese posgrado y la primera persona en quien pensé para impartir el primer curso de filosofía de la ciencia del nuevo posgrado, fue precisamente mi querido profesor Ricardo Gómez, quien era desde hacía años destacado profesor de filosofía de la ciencia en la Universidad de California y tenía desde luego compromisos ineludibles, por lo que no le era posible venir a México durante un semestre para impartir el curso, pero, gracias a su generosa vocación magisterial, aceptó impartir un curso semestral de 64 horas de filosofía de la ciencia de manera intensiva en solo dos semanas de clases. Y así pudimos arreglar, que Ricardo Gómez fuera también figura central en la formación de la primera generación de filósofos de la ciencia latinoamericanos, en el año de 1994. Su valiosa colaboración se extendió posteriormente en este y otros posgrados de filosofía en México y otros países latinoamericanos.

Los cursos y seminarios que impartía Ricardo Gómez eran ampliamente informativos y reflexivos dentro de la filosofía analítica e histórica de las ciencias pero, sobre todo, profundamente formativos en un espíritu pluralista, dialógico y crítico que él propiciaba entre sus alumnos

Racionalidad política de las ciencias y de la tecnología

a través intensas, pero siempre edificantes discusiones en las que escuchaba y respondía a los argumentos de los alumnos con elegante autoridad académica. Posteriormente tuve oportunidad de encontrarme con Ricardo Gómez en diferentes congresos y simposios. En especial recuerdo los Congresos de Bariloche organizados por nuestro común y apreciado amigo Oscar Nudler. En estos encuentros académicos me fui percatando de la creciente convergencia entre nosotros de un creciente interés crítico y renovador de la filosofía de la ciencia desde una perspectiva iberoamericana cuyo rasgo distintivo era la preocupación por los presupuestos y consecuencias sociales y políticas de las ciencias y las tecnologías en el mundo contemporáneo. Sin duda Ricardo Gómez es uno de los pioneros de esta nueva perspectiva iberoamericana de filosofía de la ciencia con su libro *Neoliberalismo y seudociencia* (1995).

Con el propósito de consolidar esta nueva perspectiva en filosofía de la ciencia en 1999 organizamos desde el posgrado de filosofía de la Ciencia de la UNAM el *Primer Congreso Iberoamericano de Filosofía de la Ciencia* coordinado con León Olivé y posteriormente en 2005 organizamos el *I Congreso de Filosofía Política de las Ciencias* en la Facultad de Filosofía y Letras de la UNAM, donde Ricardo Gómez presentó trabajos señeros de este enfoque crítico y e innovador que se publicaron posteriormente en ediciones de nuestro posgrado de filosofía de la ciencia. En es especial me centraré en dos artículos que generosamente nos entregó Ricardo Gómez para sendos libros que tuve oportunidad de co-coordinar. El primer artículo se titula "Hacia una racionalidad científica sin mitos" y se publicó en 2011 en el volumen colectivo *Racionalidad en ciencia y tecnología. Nuevas perspectivas iberoamericanas*, coordinado por Ana Rosa Pérez Ranzans y por mí; el segundo se titula "Una nueva unidad no estándar de análisis", que se publicó en el libro colectivo *Aproximaciones a la Filosofía política de la ciencia* (2013), que coordiné junto con Carlos López Beltrán. Las tesis y argumentos estos originales trabajos críticos se ampliaron en dos libros que se publicaron en el año de 2014: *La dimensión valorativa de las ciencias. Hacia una filosofía política* (2014a) y *Neoliberalismo- Fin de la historia y después* (2014b).

Crítica a los mitos de la filosofía estándar de la ciencia

Ricardo Gómez desarrolla una crítica bien fundamentada a la filosofía estándar de la ciencia, tanto en sus aspectos epistemológicos y metodológicos, como en sus presupuestos y propósitos políticos, especialmente en relación con la teoría económica neoliberal. Veamos primeramente la crítica epistemológica y metodológica a la filosofía estándar de la ciencia.

De manera análoga a la crítica de Quine a los dogmas del empirismo, Ricardo Gómez revela y demuele los mitos de la concepción de la racionalidad científica de la filosofía estándar de la ciencia, en la cual incluye a Popper y a los neopositivistas. El primero que considera es el mito que sostiene que la racionalidad científica reside en un método universal, de carácter algorítmico y demostrativo que asegura la verdad y certeza de las proposiciones científicas, eliminando la subjetividad de los actores científicos. Si bien puede haber discusiones sobre ciertas características formales del método, racionalistas como Descartes o empiristas como Newton coinciden en la centralidad del método como principal procedimiento para la justificación de teorías científicas, lo cual excluye otros campos del conocimiento como las humanidades que recurren a procedimientos dialécticos, retóricos y narrativos carentes de rigor deductivo y experimental, por lo que no alcanzan a ser conocimientos racionales sino, a lo más, razonables.

Un segundo mito que cuestiona a fondo Ricardo Gómez es la dicotomía hecho/valor que fundamenta una errónea concepción de la objetividad. Esta dicotomía presupone el dogma acerca de la existencia de hechos objetivos que existen independientemente de todo concepto o teoría y que pueden describirse y experimentarse a través del lenguaje observacional y el método científico. Sólo los hechos pueden ser conocidos objetivamente. En contraste, la filosofía estándar de la ciencia considera que los valores y fines carecen de objetividad, son meras preferencias subjetivas que motivan las acciones, pero están fuera del conocimiento racional. En consecuencia, se niega al conocimiento científico toda discusión

Racionalidad política de las ciencias y de la tecnología

en relación con fines y valores y por ende también se excluye esta discusión del ámbito de la filosofía de la ciencia; en el mejor de los casos, los valores y fines de la acción corresponden a la racionalidad práctica que nada tiene que ver con la racionalidad de las teorías científicas que se refieren exclusivamente a cuestiones conceptuales, lógicas y metodológicas. Carl Hempel, figura principal de la filosofía estándar de la ciencia expresa esta concepción reduccionista y excluyente de la racionalidad científica y de la misa filosofía analítica de la ciencia de manera muy clara y tajante:

> El empirismo analítico contempla la filosofía de la ciencia como una disciplina que por "el análisis lógico" y la reconstrucción racional" busca explicar" el significado de los términos y los enunciados científicos y mostrar la estructura lógica y base empírica de las teorías científicas. La filosofía de la ciencia es considerada, por tanto, como interesada exclusivamente en las características lógicas y sistemáticas de los que pretende lograr el conocimiento científico y con el aspecto racional de los modos científicos de la investigación. Los aspectos psicológicos, sociológicos e históricos de la ciencia como actividad humana se consideran que son tan impertinentes para la filosofía de la ciencia como lo son la génesis y la psicología del pensamiento humano para la lógica pura (Hempel, 115).

Un tercer mito de la filosofía estándar de la ciencia, ya enunciado en la cita anterior, es que el conocimiento científico, en virtud de su validez universal, su naturaleza teórica y su racionalidad metodológica que elimina toda subjetividad individual y colectiva, trasciende los contextos sociales y adquiere absoluta independencia respecto a las sociedades en las que surge y se desarrolla. En términos de Popper, las teorías científicas pertenecen al mundo III de las ideas, que existen independientemente de los seres humanos que las produjeron. Desde esta concepción la racionalidad científica necesariamente se excluye por impertinencia toda consideración social o política.

Es importante señalar que estos mitos habían sido cuestionados severamente por los padres fundadores de la filosofía de la ciencia contemporánea, como Pierre Duhem y Otto Neurtah. El primero de ellos en su obra fundamental El fin y la estructura de la Teoría física (1905) realiza una demoledora crítica al empirismo metódico newtoniano basado en la observación y experimentación libres de hipótesis y también a la pretensión de que el método de la contrastación empírica de teorías es concluyente. Con base en estas críticas Duhem plantea en este libro uno de los problemas fundamentales de la filosofía de la ciencia de todo el siglo XX: el problema de la subdeterminación empírica y metodológica de teorías que echa a tierra el mito de la suficiencia del método científico para la justificación concluyente de hipótesis, y con ello también demuele el mito de la verdad y certeza universal de las ciencias. En su lugar, nos ofrece una concepción más amplia de la racionalidad científica que incorpora la racionalidad práctica y dialógica del *bon sens* que propio, no del espíritu geométrico o formal, sino del espíritu de fineza de las humanidades, de la ética y la política:

> Cuando ciertas consecuencias de una teoría son golpeadas por la contradicción experimental, sabemos que debemos modificar la teoría, pero tal contradicción no nos indica cómo modificarla. Esto deja al físico la tarea de encontrar por sí mismo el punto débil que afecta a todo el sistema teórico. No existe principio absoluto alguno que dirija esta indagación que diferentes físicos pueden conducir de muy diferentes maneras sin que ninguno de ellos tenga el derecho de tachar a otro de ilógico. Eso no quiere decir que no podamos preferir propiamente el trabajo de uno de ellos sobre otros. La lógica pura no es la única regla de nuestros juicios…Estos motivos que no proceden de la lógica pero que, no obstante, dirigen nuestras preferencias y elecciones, "estas razones que la razón no conoce" y que habla del amplio "espíritu de fineza" y no del "espíritu geométrico" constituye lo que es propiamente llamado *bon sens*. (Duhem, 212; traducción mía).

Racionalidad política de las ciencias y de la tecnología

También Otto Neurath realizó desde 1913 una crítica demoledora a la concepción cartesiana de la racionalidad metódica que elimina la dimensión práctica de la ciencia y excluye absurdamente los fines y valores sociales que dan sentido a la investigación científica.[40] Como bien señala Ricardo Gómez, en su original y honesta interpretación del positivismo lógico, esta concepción reduccionista y simplificada de la racionalidad basada exclusivamente en un método algorítmico era para Neurath un pseudoracionalismo:

> La aséptica teoría de la justificación que decide mediante buena lógica y evidencia empírica exclusivamente es en sus palabras seudorracional. En efecto: "el peligro del seudorracionalismo aparece cuando el reemplazo de la decisión práctica de la ciencia [...] se cree posible mediante el cálculo de la lógica de la ciencia". Neurath se opone a la idea de una racionalidad mera y completamente teórica y, Mucho más, a una razón teórica reducida a la logicalidad. (Gómez, 2014a, 40-41)

En el libro que acabamos de citar Ricardo Gómez muestra que además de Neurtah, también Carnap y otros prominentes positivistas lógicos de Izquierda desafiaron los mitos de la concepción moderna de la racionalidad, incluyeron valores epistémicos y sociales y reconocieron el carácter práctico, social plural, histórico y falible de las ciencias. Como bien señala Reisch, en coincidencia con Ricardo Gómez, los filósofos analíticos de la ciencia posteriores a la segunda Guerra mundial desecharon la concepción amplia y crítica de las ciencias del positivismo lógico y "distanciaron a la disciplina de las cuestiones normativas de la ética y la política utilizando argumentos y suposiciones que habían sido desafiadas por Neurath, Frank, Morris, Dewey, y otros en la década de 1930..." (Reisch, 44). Incluso para justificar su enfoque reduccionista realizaron una interpretación mutilada del positivismo lógico al excluir la dimensión práctica, social y humana de las ciencias.

---

[40] Al respecto véase mi artículo (2005, 116-121), "Toward a political philosohy of science".

Ricardo Gómez enfatiza que la crítica a los mitos de la filosofía estándar de la ciencia se desarrolló a partir de los años sesenta del siglo pasado con autores como Kuhn, Feyerabend Lakatos, Laudan, Hacking. Todos estos autores a quien analiza con detalle en su libro recién mencionado, coinciden en cuestionar a las teorías científicas como unidad de análisis de la filosofía de la ciencia, rechazan la idea universal y ahistórica de racionalidad científica restringida a un método formal, algorítmico y concluyente, que excluye a los sujetos y comunidades científicas, así como a los valores de la investigación científica. En confrontación con estas ideas excluyentes y reduccionistas de las ciencias, proponen unidades de análisis más amplias y complejas como paradigmas, programas y tradiciones de investigación, conformadas por una pluralidad de conceptos, teorías, métodos, prácticas, valores y presupuestos ontológicos, metodológicos y normativos. La formación y justificación de hipótesis y teorías ocurren dentro de estas complejas unidades, que surgen, se desarrollan y transforman en contextos históricos específicos.

Con base en las críticas y propuestas de la filosofía post-estándar de la ciencia, Ricardo Gómez ofrece una concepción más amplia de la racionalidad y objetividad científica, desembrazada de los mitos y falsas dicotomías de la filosofía estándar de la ciencia. Su propuesta se puede resumir en la siguiente cita:

> Hemos pues defendido la vigencia de una racionalidad científica, con existencia de principios que gobiernan dicha actividad, mucho de los cuales son expresables en algoritmo alguno... La racionalidad científica abarca la razonabilidad, en tanto dicha racionalidad es no sólo teórica sino primariamente práctica con una dimensión inevitablemente histórico-social. Certezas últimas, fundacionismos absolutistas y monismos definitivos quedan fue-ra. Y debe quedar claro que cuando dejamos de lado la contextualidad histórica ineludible de la ciencia y de la razón operante en ella, nos alejamos de su *locus* natural. Al hacerlo transformamos a la ciencia en algo alienado, distorsionado y falaz (...) La racionalidad sin mitos y sin relativismos extremos, pero contextual y pluralista, es pues

uno de los instrumentos más efectivos no sólo del conocimiento, sino también de la emancipación. (Gómez, 2013a, 470)

Sin duda estos filósofos ofrecen nuevas concepciones de la racionalidad científica que superan varias de la dicotomías y mitos de la filosofía estándar de la ciencia, pero a mi juicio estos autores, con excepción de Feyerabend, comparten con sus antecesores analíticos la exclusión de los aspectos sociales y políticos de las ciencias, pues las reconstrucciones históricas que realizan a través paradigmas, programas y tradiciones de investigación son esencialmente "internalistas", esto es, sólo consideran, contextos, comunidades, prácticas y valores internos a la ciencias. Si bien Ricardo Gómez retoma valiosas contribuciones del giro historicista de la filosofía de la ciencia (Kuhn, Lakatos, Laudan, Hacking) la integración de la dimensión social y política es en buena medida una aportación original del Dr. Gómez como se expondrá a continuación.

Marcos teóricos y la reconstrucción crítica de la teoría económica neoliberal

Ricardo Gómez retoma y amplia las categorías históricas de análisis de los filósofos post estándar de las ciencias para proponer el concepto de Marco teórico como unidad básica de análisis filosófico, social, histórico y político del desarrollo científico. Esta unidad está constituida por el marco normativo y los modelos teóricos. El marco normativo es determinante sobre la practica científica, pero no está formulado explícitamente, sino que opera como un conjunto de presupuestos de carácter ontológico, epistemológico y ético-político que asumen los científicos sin crítica ni cuestionamiento, de manera análoga a como sucede en la interiorización de los presupuestos de un paradigma en la perspectiva de Thomas Kuhn. Los modelos teóricos constituyen la dimensión explícita del marco teórico, que se construye en relación estrecha a los presupuestos asumidos.

Con base en esta unidad de análisis Ricardo Gómez realiza un análisis revelador y crítico de la teoría económica neoliberal, que desde la década de los años ochenta del siglo pasado es la teoría hegemónica del capitalismo globalizado, tanto en el ámbito académico como en el de la política económica a nivel mundial.

Entre los principales presupuestos ontológicos del marco normativo del neoliberalismo Ricardo Gómez destaca la idea de que la sociedad es un agregado de individuos y no tiene una existencia en sí misma más allá de los individuos que se asocian para constituirla. Este presupuesto es una hipótesis básica del liberalismo moderno, iniciada por Francisco Suárez, pero sobre todo sistematizada por Hobbes y Locke a través de la idea de un contrato social. Marx se burlaba de este supuesto históricamente falso con la expresión "robinsonadas". Este constructo imaginario de la filosofía moderna contrasta con el supuesto básico de la filosofía social de la Antigüedad, Edad Media y Renacimiento de que la sociedad o la comunidad es constitutiva del individuo y no al revés. Por definición (real o esencial) el ser humano es un animal político. En la *Historia crítica de la economía política*, Marx señala que la teoría económica burda a partir de Malthus adopta la idea robinsoniana de considerar a la sociedad como un conjunto de individuos que compiten para sobrevivir por recursos escasos con el fin de maximizar los beneficios personales. De esta manera la competencia entre individuos constituye el principio de racionalidad de la acción y de la vida misma. El neoliberalismo retoma esta tesis malthusiana, opuesta al liberalismo de John Stuart Mill y en genera del liberalismo político clásico que se basa en la maximización de la utilidad social y no meramente en la competencia y el beneficio individual sin límite alguno. Debido a que el interés de maximizar el beneficio económico en condiciones de escasez, la concentración de la riqueza en unos pocos y la pobreza de las mayorías es un resultado natural del comportamiento racional de los individuos y por ello es justificable.

Derivado del individualismo ontológico, el principal presupuesto epistemológico del neoliberalismo es el individualismo metodológico, que establece que el conocimiento económico debe fundamentarse en la descripción del comportamiento de los individuos cuya racionalidad es esencialmente competitiva y tiene como resultado en el mercado el equilibrio racional, siempre y cuando exista competencia perfecta sin intervención

Racionalidad política de las ciencias y de la tecnología

del estado para regular el libre mercado. Cualquier injerencia del estado en el mercado es irracional e irresponsable, no sólo porque va en contra de las condiciones del equilibrio del mercado, sino también porque no es posible un conocimiento holístico de la sociedad en toda su complejidad que permita predecir racional y objetivamente las consecuencias de políticas públicas intervencionistas. Según Ricardo Gómez, esta es la idea central de la crítica de Popper al historicismo marxista, que se apropian los neoliberales como Hayek y Friedman pues es muy funcional para reforzar las teorías neoliberalismo no sólo durante la Guerra fría contra las economías socialistas panificadas, sino también en la época actual en el que las políticas económicas keynesianas de distribución del ingreso y ampliación de la demanda social se vuelven indispensables para un mínimo de justicia social en el mundo entero.

De los presupuestos epistemológicos del neoliberalismo sobre la racionalidad en el mercado se derivan presupuestos éticos y políticos y entre éstos destaca la supuesta neutralidad valorativa que conduce al menosprecio de valores como la justica social que debería ser fundamental para la economía y para toda ciencia social. La justica social no es un valor para el neoliberalismo, sino es un sentido, como explícitamente lo señala Hayek. El único valor presupuesto y encubierto bajo la tesis de la neutralidad valorativa que sustenta el neoliberalismo es la libertad de mercado frente a la intervención del Estado:

> Hayek ha enfatizado reiteradamente que "la justicia es un sinsentido". Hay una manera obvia de percibir por qué ha afirmado tamaño dislate. El Concepto de justicia social no tiene cabida en un marco lingüístico-normativo en el cual la libertad negativa es el valor al que se subordina todo otro valor. Así, por ejemplo, Hayek argumenta que para evitar las desigualdades y redistribuir hay que interferir, pero ello es ir contra la libertad (además de ser irracional por lo comentado más arriba). (Gómez, 2013b, 329).

Al excluir la justicia social como un valor central de la economía en aras del valor absoluto de la libertad de mercado frente a la intervención estatal, los neoliberales restringen su presupuesto ético político fundamental a una libertad negativa a lo no injerencia del estado independientemente de cuales sean las consecuencias sociales. De esta manera la libertad negativa excluye la realización de fines sociales y se queda tan sólo como un medio que se agota en su mero carácter instrumental. Ni siquiera Hobbes, creador del concepto de libertad negativa era tan socialmente irresponsable.

Los presupuestos ontológicos, epistemológicos y ético-políticos del marco normativo recortan los hechos que conforman el objeto de estudio de la teoría neoliberal y delimitan los conceptos y modelos que describen y explican esos hechos. En el mundo así constituido lo únicos hechos relevantes son las preferencias y conductas de los individuos guiados por el principio racional de maximizar sus ganancias en el mercado, libre de toda injerencia externa y sin considerar otras causas y consecuencias sociales, "no hay hechos conformados por la explotación de patrones a trabajadores, no se habla de justicia social, el pleno empleo no constituye una ideal a alcanzar" (Gómez, 2013b, 331). Todo lo real es racional en términos de los presupuestos y de las leyes de los modelos teóricos. A partir de estos modelos se formulan escenarios para producir tecnologías económicas sobre problemas delimitados, fragmentarios a escala microeconómica que se intentan resolver por medio de una ingeniería social de relojería (Popper). Estas técnicas funcionan como prueba empírica de los modelos, que si son exitosas los confirman, pero si no los son pueden cuestionar al modelo teórico o las técnicas derivadas, pero nunca a los supuestos del marco normativo que son irrefutables, no por decisión metodológica como lo plantaría Lakatos (heurística negativa), sino simplemente porque los presupuestos permanecen implícitos, tácitos, no sujetos a crítica racional. La irreductibilidad del marco normativo de la teoría económica neoliberal convierte a "dichos presupuestos en postulados metafísicos y al programa de investigación neoliberal en un programa que degenera en un programa no empírico" (Gómez, 2013b, 334). En este punto el neoliberalismo es flagrantemente antipopperiano e inconsistente epistemológicamente, pues sólo retoma de Popper su falsacionismo para criticar el intervencionismo estatal pero no para someter a prueba las hipótesis ocultas en el marco normativo: "Pase lo que pase con el testeo predictivo a los supuestos normativos se los mantiene. La tan mentada falsabilidad económica se abandona cuando no hay más remedio o cuando conviene" (Gómez, 2014b, 87). Esto explica en buena medida por qué a pesar de los fracasos continuos de las políticas económicas neoliberales al intentar resolver los problemas económicos de todos los países del mundo, sobre todo de los dominados por el capitalismo global, la teoría económica neoliberal permanece como hegemónica a nivel mundial, lo cual es una muestra clara no sólo de que el neoliberalismo es un programa degenerativo de investigación en términos de Lakatos, pues ni aporta progreso teórico ni tampoco confirmaciones empíricas, peor aún se trata de una seudociencia encubridora de la depredación capitalista que se degrada a una ideología dominante encubridora de la explotación y la dominación de la inmensa mayoría de la humanidad

Conclusiones

Desde su juventud, el interés primordial de Ricardo Gómez ha sido la investigación y docencia en el campo de la filosofía de la ciencia y ha tenido un papel relevante en la formación de nuevas generaciones de filósofos de la ciencia en Argentina, México, Estados Unidos de Norteamérica y también en otros países latinoamericanos. Su obra filosófica del último cuarto de siglo representa una revisión crítica, ampliación y radicalización de la tradición analítica y del giro histórico de la filosofía de la ciencia de la segunda mitad del siglo XX.

Como hemos visto en el primer apartado, su crítica se centra en los mitos de la filosofía estándar de la ciencia que concibe de manera estrecha y equivocada la racionalidad científica, al considerarla meramente como una racionalidad metódica e instrumental que deja fuera a los sujetos de la ciencia, sus acciones y prácticas, así como los valores y fines de la actividad científica. Ricardo J. Gómez celebra el giro histórico desarrollado a partir de Kuhn, como una superación de los mitos de la racionalidad en virtud de que reintroducen los sujetos, las prácticas y los valores de la ciencia, además de proponer unidades de análisis más complejas que den cuenta de manera objetiva de la racionalidad de las ciencias en su devenir histórico. Sin duda figuras como Kuhn, pero sobre todo como Feyerabend, Lakatos, Laudan y, agregaría yo, al mismo Popper, hicieron importantes contribuciones para la superación de los mitos que cuestiona Ricardo Gómez, pero ciertamente no tuvieron la radicalidad de integrar la dimensión ética, social y política de las ciencias como él lo propone y en esto consiste el aporte más valioso de su filosofía.

Gracias a la integración de los aspectos sociales éticos y políticos de las ciencias como presupuestos fundamentales en los marcos normativos de las ciencia, sin olvidar desde luego las cuestiones teóricas, epistémicas, ontológicas y metodológicas, Ricardo Gómez puede realizar una aguda crítica a teorías hegemónicas en las ciencias sociales, particularmente a las teorías económicas neoliberales que han consolidado su hegemonía a nivel mundial desde hace medio siglo, no sólo en el campo académico, sino también en la esfera política, imponiendo estrategias económicas para proteger y justificar el capitalismo global con todas las profundas injusticias que produce a nivel global, pero con especial gravedad en países periféricos como los latinoamericanos, dominados por las grandes empresas y metrópolis del capital. Frente a la falsa pretensión de neutralidad valorativa de la seudociencia del neoliberalismo y su irresponsabilidad social por las enormes injusticias humanitarias causadas por sus políticas económicas, Ricardo Gómez propone:

> Creemos que puede y debe haber alternativas económico-políticas más afines a la realización de una humanidad en la que el mayor número posible de seres humanos viva en plenitud, acercándose al siempre vigente ideal supremo del florecimiento humano. Y apara que esto sea posible, nuestro estudio propone como condición necesaria la implementación de economías alternativas, cuyo

éxito requiere el abandono de los presupuestos ontológicos, epistemológicos y éticos de la economía neoliberal. (Gómez, 2014b, 177).

De esta manera la filosofía política de la ciencia que propone el profesor Ricardo Gómez constituye una filosofía crítica desde el Sur global latinoamericano que cuestiona de raíz las pretensiones de racionalidad, objetividad y cientificidad de las teorías neoliberales que fundamentan las políticas económicas depredadoras que se han impuesto en nuestros países como instrumentos de control neocolonial y con base en esta crítica filosófica propone alternativas emancipadoras.

REFERENCIAS

Duhem, P. *The aim and structure of physical theory*. Nueva York: Atheneum, 1962.
Hempel, C. G. "Selección de una teoría en la ciencia: perspectivas analíticas *vs* pragmáticas". Balibar, E., et al. *La filosofía y las revoluciones científicas*. México: Grijalbo – Asociación Filosófica de México. 1979. 115-136.
Gómez, R. J. *La dimensión valorativa de las ciencias -Hacia una filosofía política*. Bernal, Buenos Aires: Universidad Nacional de Quilmes, 2014a.
---. *Neoliberalismo, fin de la historia y después*. Buenos Aires: Punto de encuentro, 2014b.
---. "Una nueva unidad no estándar de análisis". C. López Beltrán y A. Velasco Gómez, coords. *Aproximaciones a la filosofía política de a ciencia*. México: UNAM. 2013, 315-338.
---. "Hacia una racionalidad científica sin mitos". A. R. Pérez Ransanz y A. Velasco Gómez, coords. *Racionalidad en Ciencia y Tecnología -Nuevas perspectivas iberoamericanas*. México: UNAM. 2011. 461-471.
---. *Neoliberalismo y Seudociencia*. Buenos Aires: Lugar Editorial, 1995.
Reisch, G. *Cómo la Guerra Fría transformó la filosofía de la ciencia -Hacia las heladas laderas de la lógica*. Bernal, Buenos Aires: Universidad de Quilmes, 2010.
Velasco Gómez, A. "The Hermeneutic Conception of Scientific Traditions in Karl R. Popper". E. Suárez-Íñiguez, ed. *The Power of Argumentation*. Poznan Studies in the Philosophy of Science and the Humanities, vol. 93, Amsterdam: Rodopi. 2007. 129-142
---. "Toward a Political Philosohy of Science". *Philosophy Today*, Vol. 48, No. 5; (2005): 116-121.

Racionalidad política de las ciencias y de la tecnología

La Filosofía de las Ciencias como Filosofía de la Liberación. Una lectura intercultural nuestroamericana a textos de Ricardo J. Gómez

Alcira B. Bonilla
UBA – CONICET

Introducción

La filosofía es una institución discursiva, reconocida como tal por grupos académicos y no académicos de diversos países y regiones. Esto indica también que la idea sobre qué tipo de saber sea la filosofía no se mantiene unánime en todo tiempo y lugar, ni es independiente de las biografías de sus cultores ni de sus contextos político-sociales de creación, producción y recepción, incluso los lenguajes en los que se expresa y los formatos de comunicación (Maingueneau, 2015). La propuesta de una lectura filosófica intercultural sobre los textos de Ricardo J. Gómez, para encontrar datos e indicios que permitan caracterizarla como una Filosofía de la Liberación *sui generis*, responde en esta perspectiva a la necesidad de mostrar una reflexión situada en y entre los dos mundos culturales y académicos habitados por el autor: el Sur y el Norte de América (Bonilla, 2017).[41] En estos tiempos de "nueva mundialización" impuesta por la pandemia de Covid-19 y una consecuente "coronacrisis" sin precedentes en la historia (Bonilla, 2020) la obra de Gómez también aporta sentidos liberadores, para que podamos entender sin desesperanza los límites de un modelo civilizatorio depredador e injusto.

---

[41] Como respuesta a las exigencias de intercambio y diálogo en la mundialización de la información y la comunicación y la globalización de la economía, la Filosofía Intercultural surgió en Europa hacia 1990 y se expandió en América Latina a partir de 1995; en gran medida, constituyó una ampliación de la Filosofía de la Liberación y de otras expresiones de pensamiento crítico previas.

Después de un primer acápite introductorio sobre la Filosofía de la Liberación, el segundo muestra el despliegue de la idea de la Filosofía de las Ciencias (y de la Tecnología) como Filosofía Política desde artículos tempranos de Gómez y en aquéllos donde intensifica la crítica de la tradición hegemónica de la Filosofía de la Ciencia, así como en sus estudios sobre el desarrollo de la Filosofía de las Ciencias en América Latina y sobre la economía considerada como ciencia social. La revisión de diálogos con autores liberacionistas (Rodolfo M. Agoglia, tempranamente, y Arturo Roig y Enrique Dussel más tarde) y las investigaciones sobre el marxismo y la economía neoliberal tratados en el tercer acápite permiten concluir en base a los rasgos siguientes que el pensamiento de Gómez puede adscribirse a la Filosofía de la Liberación: el vínculo entre la Filosofía de las Ciencias y la Filosofía de la Tecnología en su carácter de prácticas histórico-sociales situadas, la propuesta de una Filosofía Política de las Ciencias y de la Tecnología encaminada a la liberación, la superación de la dicotomía humanidad-naturaleza, la revisión de los ideales emancipatorios de la Modernidad en dirección a la liberación de los seres humanos y de los pueblos y la concepción de una historia plural que siempre va "de camino". La Filosofía Política de las Ciencias y de la Tecnología de Ricardo J. Gómez se condensa en su apuesta esperanzada por la liberación, "sureando" desde el Norte en una unidad ejemplar de existencia y pensamiento.

La primera aparición pública del denominado "polo argentino" de la Filosofía de la Liberación tuvo lugar en el Simposio "América como problema", al cierre del II Congreso Nacional de Filosofía (González y Maddonni, 2018a, 2018b).[42] A excepción de Amelia Podetti (1928-1979) -ya entonces conocida por su participación en las Cátedras Nacionales de la Universidad de Buenos Aires (1967-1972)- y de Dina Picotti, el grupo "liberacionista" inicial se integraba con colegas varones de Buenos Aires,

---

[42] En la historia filosófica de la Argentina cabe señalar tres acontecimientos fundantes de proyección internacional: el proyecto de "normalidad filosófica" de Francisco Romero en los años '30 del siglo pasado, el I Congreso Nacional de Filosofía de 1949 y la aparición de la Filosofía de la Liberación en el II Congreso Nacional de Filosofía de 1971, cuya novedad caracteriza Mario Casalla, uno de los "fundadores", como "alteridad fructífera con el pensamiento de la denominada 'normalidad filosófica'" (2021).

Racionalidad política de las ciencias y de la tecnología

Córdoba, Mendoza y Santa Fe. Este simposio fue el hecho más resonante de varios encuentros, como las Jornadas Académicas organizadas entre 1970[43] y 1975 por las Facultades de Filosofía y Teología del Colegio Máximo de San Miguel (Provincia de Buenos Aires) y las reuniones del Grupo Calamuchita (Córdoba) desde el verano de 1971. En esos años de gobiernos dictatoriales y de ebullición política, social y cultural este colectivo integraba un movimiento internacional más vasto que elaboró "articulaciones diversas entre dependencia, liberación y filosofía" (González y Mannonni, 2020, 13). [44]

Ricardo Juan Gómez (nacido en Buenos Aires en 1935) no fue parte de ese núcleo fundacional. Por entonces concentraba su trabajo académico en la Filosofía de las Ciencias y como Director del Instituto de Lógica y de Filosofía de las Ciencias y director-editor de su revista en la Universidad Nacional de La Plata (donde fue Decano de la Facultad de Humanidades y Ciencias de la Educación entre 1973 y 1974), al mismo tiempo que profesor de metodología de las ciencias en el Departamento del Doctorado de la Facultad de Ciencias Económicas de la UBA, había alcanzado el momento más alto de su carrera inicial. Dadas las dificultades para consultar materiales no digitalizados durante la pandemia y por no haber accedido ni a las *Actas* del Congreso (publicadas fragmentariamente) ni al listado de ponentes y participantes,[45] no ha sido posible consignar en este trabajo ninguna ponencia presentada por Gómez. Cabe agregar que en 1972 fue uno de los firmantes del acta fundacional de SADAF (Sociedad Argentina de Análisis Filosófico). Sin embargo, en los textos de Gómez, en sus clases y en sus discípulos se mantiene y profundiza el espíritu de las ideas "matriciales"[46] de este movimiento.

---

[43] La segunda, posterior al Congreso, entre el 14 y el 17 de agosto de 1971, se tituló "La liberación latinoamericana".

[44] Si bien el mayor protagonismo en este momento inaugural fue argentino, hubo adherentes a la Filosofía de la Liberación en toda América y en el resto del mundo.

[45] Según la investigación de González y Maddonni (2018b).

[46] Pese las diferencias notables entre las trayectorias intelectuales y políticas de quienes adhirieron a la Filosofía de la Liberación, este ideario se mantuvo de modo explícito o latente.

Entre las mencionadas ideas "matriciales" de la Filosofía de la Liberación ya incluidas en el *Manifiesto* de 1973 se destacan la conciencia de situacionalidad, la opción por un nuevo sujeto o agente histórico (denominado diversamente: el oprimido, el marginado, el pobre, la víctima, el pueblo, no sólo latinoamericano), un nuevo tipo de universalidad ("universal situado", según Casalla), la necesidad de tomar en cuenta los condicionamientos epistemológico-políticos del pensar en América Latina, la conciencia de ser una filosofía de y para la praxis y, por consiguiente, la constitución de la política como *philosophia prima* (Ardiles *et alii*, 1973, "A manera de manifiesto").

Marcelo González y Luciano Maddonni han elaborado cinco prudentes criterios, para determinar las pertenencias a este grupo: 1) la tematización de cuestiones vinculadas con el campo temático "dependencia-liberación-Latinoamérica"; 2) la autoadscripción; 3) la participación en eventos y publicaciones conjuntas; 4) la heteroadscripción; 5) la legitimación de pertenencia por parte de otros actores (2018a, 69-70). Mediante la aplicación de un cedazo metodológico consistente en inscribir en la Filosofía de la Liberación a quien cumpla al menos con dos de tales criterios han hecho un listado provisorio de veinticuatro nombres, entre los cuales también aparecen personas que no estuvieron en el Congreso o no firmaron el "Manifiesto". Ampliando el alcance de tales criterios, puede añadirse a otras figuras de la filosofía vernácula, algunas ya fallecidas y otros entonces muy jóvenes que siguen hoy produciendo.[47] Extendiendo aún más el universo abarcado, pueden incluirse en este marco liberacionista las contribuciones *sui generis* de Ricardo J. Gómez.

La Filosofía de las Ciencias (y de la Tecnología) como Filosofía Política

La selección de los trabajos de Gómez aquí estudiados empieza cronológicamente con "Sobre la vigencia del concepto aristotélico de

---

[47] El registro de publicaciones no sólo "sobre" sino "de" Filosofía de la Liberación realizadas durante los últimos cincuenta años, llenaría varias páginas. Por su carácter de homenaje, se cita el Vol. III, N° 5 de *Nuevo Mundo. La Filosofía de la Liberación contada por sus fundadores. Desafíos y perspectivas*, donde se insinúa la vigencia de una generación intermedia y de otra aún más reciente de filósofas/os liberacionistas.

ciencia", de comienzos de la década de 1970.[48] Su lectura retrospectiva proporciona dos rasgos característicos de la producción del filósofo: 1) su formación erudita, resultante en análisis precisos de problemas tratados por los clásicos del "canon" académico (en éste, Aristóteles) así como por filósofos y teóricos contemporáneos de las ciencias, la matemática, la economía y el lenguaje; y 2) una metodología de trabajo consistente en la exposición precisa, fina y didácticamente organizada de las ideas del pensador o teoría en cuestión, para mostrar supuestos, logros y debilidades y confrontarlas luego con otros estudios, hasta arribar a conclusiones plausibles.[49]

Desde entonces hasta ahora Gómez practica en sus trabajos y clases la "dilucidación actualizada del concepto de ciencia" que preside el escrito mencionado. Dada la vigencia que entonces todavía tenía la concepción aristotélica de la ciencia en el sentido estricto de "conocimiento teórico" como ciencia demostrativa, en este texto el autor se autoimpuso una revisión crítica comenzando por los cinco criterios de cientificidad que Aristóteles expone en los *Segundos Analíticos*. Así, puso de relieve los supuestos metafísicos, gnoseológicos y ético-políticos del Estagirita (el conservadurismo y los temores a un cambio en el orden social y político) y reforzó la operación comparando con desarrollos contemporáneos. Además, frente a una ciencia unificada sobre la base de "esencias" atemporales, sugirió las ventajas que tendría una teoría no unificada de la ciencia y el cultivo de una Filosofía de las Ciencias abierta y plural que remplace la Filosofía de la Naturaleza todavía vigente. Así, ya entonces optó

---

[48] En 2016 fue reeditado sin variantes, a excepción del título "Sobre el concepto aristotélico de ciencia. Reconstrucción y vigencia" (Gómez, 2016b, 237-265). Se emplea esta versión.

[49] En un trabajo apenas posterior se evidencia la misma metodología, aunque inversa: la presentación de las tesis fundamentales de W. Sellars, T. S. Kuhn y P. Feyerabend conduce a refutar la tesis del "retorno a Kant" (J. A. Coffa), razón por la cual se exponen elementos del pensamiento kantiano que permiten concluir la crítica (Gómez, 1976, 25-61). Este tipo de esquema está presente en la mayor parte de sus contribuciones. Muestra reciente es su reconstrucción del carácter de predicado que la existencia tenía para Kant y la crítica a la interpretación que B. Russell hizo del tema (Gómez, 2016c, 77-89).

definitivamente por una filosofía "siempre en camino" y para el bien de la comunidad.

Exiliado en los Estados Unidos, pero con estadías periódicas en Ecuador, Gómez terminó entre 1976 y 1977 el primer volumen de una obra sobre la filosofía de las teorías científicas, trabajo de Filosofía de la Matemática destinado a cursos de doctorado de la Facultad de Ciencias Económicas de la UBA. En el mismo son llamativos tanto el subtítulo (*En torno al poder y límites de la razón científica*) como la dedicatoria a Georg Cantor, cuya Teoría de Conjuntos fue prohibida por la última dictadura cívico-militar argentina. Tal dedicatoria indica la relevancia del matemático y el interés de Gómez por la imbricación entre las ciencias y la política. En el "Prólogo" de la reedición señala que ya en 1976 buscaba mostrar el poder de la razón formal y sus límites, ya que éstos invitan al pluralismo y al rechazo del teleologismo lineal y subrayan la necesidad de estar "siempre de camino" (Gómez 2015, XIII-XIV). La ausencia de un fin "final" despeja el sentido político del trayecto, dejando abierta la posibilidad de alternativas negadoras del *status quo* impuesto como pretendidamente definitivo.

En las entregas posteriores insistió sobre estos tópicos reforzando la idea de una crisis de la razón instrumental, profundizando la discusión sobre la neutralidad axiológica de las ciencias, defendiendo la Filosofía de la Economía en tanto ciencia social y, en consecuencia, criticando tenazmente al neoliberalismo y a Karl Popper como su "legitimador".[50] En un artículo intermedio de 1993 dio, así, un buen indicio de los alcances políticos de sus trabajos sobre la racionalidad científica, al discutir al respecto las tesis kuhneanas de 1990. Según Gómez las desavenencias fundamentales entre el "kantismo post-darwiniano" y Kant se encuentran en las respectivas concepciones de la racionalidad científica: si para Kuhn la misma se desarrolla por especialización, la kantiana es arquitectónica; mientras que la razón kuhneana se confina en la ciencia misma, la kantiana la trasciende, porque ubica su fin supremo más allá de la ciencia. Al optar por

---

[50] Estos temas constituyen el centro de las preocupaciones teóricas de nuestro autor sustentadas en su convicción básica: la Filosofía de las Ciencias (y de la Tecnología) es una Filosofía Política.

Racionalidad política de las ciencias y de la tecnología

una razón instrumental, el reduccionismo kuhneano impide la complementariedad entre racionalidad técnico-científica y práctica. Así es que Kuhn deviene parte y agente de la crisis de la racionalidad contemporánea (Gómez, 1993, 162). Dos años más tarde, en "Racionalidad: Epistemología y Ontología" Gómez confrontó los modelos mostrencos de racionalidad científica neopositivista y popperiano con teóricos de la ciencia y del método científico contemporáneos,[51] arribando a un esquema abarcador de diversas posiciones sobre la racionalidad científica así como de tendencias que reconocen el carácter histórico y localizado de la racionalidad científica, se preocupan por la racionalidad de los fines y objetivos, consideran tanto elementos internos como externos (entre éstos, los valores y objetivos éticos, sociales y políticos) y buscan fundar la racionalidad científica en una más amplia, complementando la racionalidad teórica con la práctica (Gómez, 1995, 24-25).

Esta concepción política de la Filosofía de las Ciencias también reapareció con fuerza en la entrada sobre Filosofía de las Ciencias que Gómez escribió para la *Historia del pensamiento filosófico latinoamericano, del Caribe y "latino"*. La información sobre orientaciones y autores contemporáneos, aun con un tratamiento respetuoso, no le impidió dejar sentada su crítica[52] y sus posiciones. En las reseñas de los "iniciadores" (Mario Bunge, Gregorio Klimovsky, Roberto Torretti, Mario Otero, Francisco Miró Quesada, y Rolando García)[53] y de sus "continuadores" pertenecientes a dos generaciones no faltan elogios a aquellas contribuciones que el autor valora así como el reconocimiento a posiciones y actitudes ético-políticas

---

[51] Las breves menciones en este capítulo a los análisis de Popper realizados por Gómez no significan desconocimiento de los mismos y de su preocupación por mostrar los perfiles de su teoría de la racionalidad crítica y su explicación del progreso científico, su influencia en la Filosofía de las Ciencias contemporánea, los límites de su defensa de la neutralidad axiológica de las ciencias y de su debate con el marxismo (y con quienes proponen un cambio al modelo capitalista vigente) y, sobre todo, su carácter de "legitimador" epistemológico de la economía marginalista de la escuela austríaca.

[52] La crítica más radical de Gómez a los filósofos de las ciencias latinoamericanos es su instalación en la idea de un conocimiento científico descontextualizado con la visión de que la filosofía debe tener "(...) como objetivo central 'comprender' el mundo y no cambiarlo radicalmente" (Gómez, 2009, 336 a y b).

[53] A éstos debe añadirse la entrada sobre Ulises Moulines (2009, 954-955).

antidictatoriales, progresistas, patrióticas y liberadoras. Más allá del propósito crítico-informativo subrayó los rasgos creativos de la filosofía de las ciencias latinoamericana y presentó sus "notas deseables" (…) "para el futuro de Latinoamérica" (335 a): el refuerzo de las formas de realismo "loables" o "sanas", la dedicación a la filosofía especial de las ciencias, la necesidad de proseguir la reflexión crítica cosmopolita sobre las ciencias sociales -la economía, en particular- y la tecnología. Asimismo, junto con el rechazo a la neutralidad del conocimiento científico afirmó la dimensión ético-política de las ciencias, la investigación crítica de los presupuestos ontológicos, epistemológicos, éticos, económicos y políticos de toda teoría y la primacía de la razón práctica, para que la práctica científica sea consistente "(…) con el objetivo supremo e innegociable de hacer posible y favorecer una vida cada vez más plena para todos los seres humanos sin excepción en Latinoamérica" (337 a) o, en términos dusselianos que empleará más tarde, "la reproducción de la vida en plenitud" (2016ª, 18). En síntesis: Filosofía de las Ciencias como Filosofía Política cercana a la Filosofía de la Liberación.

La discusión intensa sobre la presencia y necesidad de valores científicos y extracientíficos en las ciencias constituye, sin duda, el punto nodal de su propuesta: si, por una parte, "(…) desencadena nada menos que una nueva concepción de dicho conocimiento en todos sus aspectos y, fundamentalmente, en su unidad de análisis" (2014c, 149), por otra, justifica la presunción de que la Filosofía de las Ciencias (y la Filosofía de la Tecnología) es Filosofía Política. Su tratamiento mayor, sistemático y conclusivo se encuentra en *La dimensión valorativa de las ciencias. Hacia una filosofía política* (2014b), que retoma y matiza en trabajos posteriores, sobre todo en los libros de 2020 y 2021. Si, tal como se lee en la "Introducción": "(…) la ciencia está cargada de valores no epistémicos, e incluso de valores éticos, en el contexto de justificación" (2014b, 14), su presencia enriquece la actividad científica y pone de manifiesto la multidimensionalidad de la razón.[54] Los primeros ocho capítulos del libro tratan la revisión histórica del problema que los siguientes encaran sistemáticamente.

---

[54] El esquema de siete posiciones respecto de la relación entre ciencia y política de la página 43 no sólo es hilo conductor del texto, sino que, por su simplicidad y potencia,

Racionalidad política de las ciencias y de la tecnología

Baste aquí solamente destacar la enjundia de la primera parte y la relevancia que otorga a la posición de Philip Kitcher, analizada en el capítulo VIII, quien plantea las "prácticas científicas" (las individuales y las consensuadas)[55] como una unidad de análisis de la investigación científica más multidimensional y compleja que las de sus predecesores y defiende la idea de que el objetivo de las ciencias es la verdad significativa, sea epistémica o práctica, pero siempre contextualizada.[56] En tanto liberal, Kitcher postula una especie de "imperativo moral", que limita la libertad de investigación para resguardar libertades superiores y la necesidad de ordenar la ciencia dentro de una sociedad organizada democráticamente.[57]

En el primer capítulo sistemático Gómez encaró las cuestiones que se derivan de la presencia en la investigación científica de valores epistémicos y extra epistémicos ("vectores de decisión" aceptados por una determinada comunidad), entre otras, la de una redefinición de la objetividad. Con Helen Longino, concluyó que la presencia de valores no atenta contra la objetividad de la ciencia ni contra su racionalidad, entendida ésta como racionalidad teórico-argumentativa y práctico-evaluativa (Gómez, 2014b, 143), y compartió el entusiasmo de H. Putnam por el colapso de la dicotomía moderna juicios de hecho-juicios de valor. Para el tratamiento de la dimensión ética de las prácticas científicas partió de la distinción de N. Rescher entre siete tipos de problemas éticos e incorporó a

---

puede ser considerado de gran valor didáctico para el estudio de otros autores y propuestas.

[55] Kitcher distingue siete componentes de la práctica científica, cada uno de los cuales "involucra la presencia y uso ineludible de valores contextuales" (Gómez 2020b, 81).

[56] Esta dependencia contextual pone de relieve la historicidad de las ciencias: "Los gráficos de significatividad reflejan siempre las preocupaciones de una época. Los desafíos del presente, teóricos y prácticos, y por ende el mundo estudiado, están conformados por las decisiones hechas en el pasado" (Gómez 2014b, 128),

[57] La utopía de una "ciencia perfectamente ordenada" plantea la existencia de instituciones democráticas reguladoras de la investigación en las cuales deliberadores ideales determinen las agendas, la evaluación de las investigaciones y la política de aplicación (o de traducción de resultados) (Gómez, 2020b, 40).

cada uno los que encontró más significativos para la situación del momento.[58] El reconocimiento de la dimensión ética de la ciencia también debilita la separación empobrecedora entre ciencias y humanidades y plantea la necesidad de pensar la normativa ética de la actividad científica según la directiva democrático liberal de Karen Shrader-Frechette, quien partió del megaprincipio de la promoción del bien común mediante discusiones democráticas rechazando toda investigación contraria al megaprincipio y reclamando códigos profesionales consistentes con éste. Según Gómez, los valores intra y extraepistémicos en la investigación duplican y refuerzan la objetividad, ya que a la objetividad teórica se añade la ética (Gómez, 2014b, 153-158). Según formuló nuestro autor en otro escrito, la objetividad así entendida puede definirse como "acuerdo o consenso alcanzado por la discusión crítica interactiva" (2016a, 16).

El "megacaso" de la imbricación hecho/valor se da especialmente en la relación entre ética y economía.[59] A partir de textos de Amartya Sen, Gómez señaló dos formas contrapuestas: la que entiende dicha ciencia como parte de un complejo de ciencias sobre los fines humanos (la "vida buena"), relacionada con la ética y subordinada a la política, y el enfoque "ingenieril" que la reduce a "economía positiva", con la consiguiente eliminación de todo enunciado normativo. Tanto en los trabajos de Sen como en los de Gómez la crítica al modelo económico neoliberal[60] muestra que éste no sólo empobrece la economía cuando la separa de la ética sino también la racionalidad, porque la reduce a mero algoritmo. En este punto es preciso destacar los aportes de Gómez al análisis de la ciencia económica, en particular la neoliberal, sobre todo al introducir una nueva

---

[58] En la "coronacrisis" o "Covidcrisis" actual estas páginas de Gómez resultan una guía imprescindible para una reflexión pormenorizada sobre los compromisos ético-políticos de las políticas científicas, de salud, ambientales, culturales y económicas contemporáneas.

[59] Cf., Gómez, 2004b, 2014a, 2015c, 2015d, 2018.

[60] Según Gómez el neoliberalismo no constituye una versión superadora del liberalismo clásico sino su versión "conservadora" y carente de los méritos de las contribuciones de Smith, Ricardo y Mill (2020 b: 89). Además, acepta el argumento de Dan Hicks para concluir que el ideal de la neutralidad valorativa está teñido de los valores ético-políticos del libertarianismo (Gómez, 2014b, 220).

Racionalidad política de las ciencias y de la tecnología

unidad de análisis científico denominada "marco teórico",[61] constituido por el "marco normativo" (el "mundo económico-político") y el "modelo teórico" o "teoría". Si en el análisis se prescinde del primero, se enmascara la carga normativa de la economía, el tipo de objetividad que se le puede adscribir, la elección entre alternativas económicas y, finalmente, la propia definición de la economía. El marco teórico "revela el irremplazable lugar que ocupa la dimensión política en la economía" (2020b, 69). Al poner en evidencia el procedimiento de Popper: "hipostasiar una teoría económica como paradigma metodológico y de racionalidad científica, y extrapolarlo a todas las ciencias" (2020b, 70), Gómez ubicó a sus lectores "en el camino" fértil de un trabajo crítico en condiciones de ser ampliado.[62] Además, el autor reivindica la idea de la economía como ciencia social crítica y de una Filosofía de la Economía alternativa, "funcional a la liberación" (2015c, 153).

Como cierre didáctico el capítulo XI expone la rigorización de la versión estándar de Hugh Lacey, que refuta con los trabajos de Longino señalando con ella, la ventaja de explicitar la no libertad valorativa de las ciencias, para hacer evidentes sus dimensiones políticas y ampliar la concepción de la Filosofía de las Ciencias (Gómez, 2014b, 183). "De camino" a las conclusiones finales, su estudio sobre T. D. Lysenko esclarece diferencias entre quienes defienden con argumentos y constataciones válidas la presencia de valores en las prácticas científicas (incluso en el contexto de justificación) y su carácter político y la ruinosa actitud de subordinación a la partidocracia del detractor de la genética (Gómez, 2014b, 210).

A modo de conclusión puede decirse que esta Filosofía Política de las Ciencias parte del hecho de que la investigación científica se realiza en contextos histórico-políticos, es "apartidaria", no "fundamentista", no individualista en el sentido liberal, no reducida a mera epistemología, ni tampoco original en sentido absoluto y se la puede caracterizar con palabras-

---

[61] Su primer desarrollo para la crítica del modelo económico neoliberal está en el libro *Neoliberalismo, fin de la historia y después* (Gómez, 2014a, 73-103).
[62] En el libro de 2014 citado, Gómez puntualizaba con prudencia que carecía de fundamento para extender la propuesta a otras ciencias, a la economía keynesiana o a la economía política marxista (Gómez, 2014a, 74-75); al año siguiente, empero, señalaba que estaba estudiando su traslado al análisis del keynesianismo (Gómez, 2015c, 145).

clave para investigaciones futuras: crítica, inclusiva, dinámica, socialmente relevante, pluralista, contextual, política y, en consecuencia, humana e histórica. La denominación de "Filosofía política de las ciencias" expresa la reinserción de una dimensión política no espuria en todos los contextos de las prácticas científicas que se adscribe al valor ético irrenunciable

> el Bien de los seres humanos, algo que pueden lograr las personas que viven en comunidades, con sus valores e instituciones (siempre de la *pólis*), utilizando entre otros instrumentos las prácticas científicas, sin renegar de su dimensión valorativa, lo que incluye de manera imprescindible los valores éticos (Gómez, 2014b, 217).

El ideal de integración entre lo epistémico y lo ético no significa permanente convergencia de los valores epistémicos (variables en función de los contextos) con los éticos sino coherencia con los valores éticos de la comunidad (Gómez, 2014b, 218) y la necesidad de reflexionar filosófica e interdisciplinariamente sobre los códigos éticos para la práctica científica promoviendo su revisión contextualizada.

Se trata de una filosofía política de las ciencias *in fieri*, "de camino", que se niega tanto al empobrecimiento de la filosofía de las ciencias por su reducción a mera lógica del lenguaje científico como al de la filosofía misma (sobre todo en las versiones positivistas y/o empiristas), pero que también se niega a la desaparición de la política, vale decir, a la deslegitimación de los canales representativos y participativos y a su sustitución por una tecnificación experta de la toma de decisiones políticas (Gómez, 2014b, 224).

Estos desarrollos se complementan con la defensa política de una Filosofía de la Tecnología, cuya versión más acabada se encuentra en el reciente *Tecnología y sociedad. Una filosofía política*. En una "Introducción" y cuatro partes este libro Gómez sistematiza y completa artículos que fueron publicados a partir de 1990. Para finalizar este acápite, se sintetiza esta concepción de la Filosofía de la Tecnología como Filosofía Política, para tratar en el próximo su específico carácter liberador.

Racionalidad política de las ciencias y de la tecnología

Al igual que en la Filosofía Política de las Ciencias, el carácter político de la Filosofía de la Tecnología viene dado por el rechazo del ideal de neutralidad axiológica y la afirmación de la presencia necesaria de valores ético-políticos en las tecnologías. Sin negar la existencia de interrelaciones, en la huella de Bunge, Gómez comienza planteando la distinción entre ciencia pura, ciencia aplicada y tecnología, según los criterios de estructura y contenido, método, objetivo y los respectivos "patrones de cambio".[63] Como su maestro, considera que la Filosofía de la Tecnología debe dividirse sistemáticamente en tecno-epistemología, tecno-metafísica, tecno-axiología y tecno-praxiología, criterio con el que revisa críticamente las filosofías de la tecnología más tempranas (el aristotelismo, el pesimismo tecnológico de Jacques Ellul, el optimismo tecnológico, la concepción ontológica heideggeriana, el megamaquinismo de Lewis Munford y los neomarxismos), antes de pasar a las recientes. Elogia las críticas al constructivismo hechas por L. Winner y su reconocimiento del carácter político de la tecnología (Gómez, 2021, 55-59), así como el intento democratizador de la tecnología de A. Feenberg (Gómez, 2021, 59-62) y defiende la ecosofía como "sabiduría política" (Gómez, 2021, 62-64), retornando a las cuestiones de ética de la tecnología de Shrader-Frechette y de Hans Jonas (Gómez, 2021, 64-71), que le permiten ponerse "en camino" con optimismo moderado para concluir en una renovación heterodoxa y "desteologizada" de la tecnociencia (Gómez, 2021, 75-82). Parte esencial de este trayecto es su programa para una plausible filosofía (política) de la tecnología en doce notas: antifinalismo, multidimensionalidad, complejidad, externalismo valorativo, interrelación entre tecnología y ciencias y entre seres humanos y naturaleza, anti-progresismo, anti-reduccionismo, pluralismo, futurismo responsable y humilde, conflictivismo, anti-imperialismo y anti-fatalismo. Todas ellas se subordinan a la pregunta política central por el tipo de vida y el mundo que los pueblos quieren para el futuro (Gómez, 2021, 71-73). Una filosofía de la tecnología socialmente

---

[63] Crítico de la idea moderna de progreso, Gómez prefiere esta expresión (2021, 31-32). En el capítulo 3 señala su desacuerdo con las versiones simplistas extremas del optimismo celebratorio y con la resignación del pesimismo, así como su mayor proximidad con los pesimistas tecnológicos por sus denuncias del progresismo tecnocrático (85-119).

responsable, en definitiva, "debe tomar en cuenta el hecho básico de la imbricación social de toda práctica científica o tecnológica y, por ende, colaborar para promover que las ciencias traten de ser funcionales al logro social" (Gómez, 2021, 177). Tal ideal es político en tanto "está informado por cierta visión de una relación apropiada entre ciencia y política" (Gómez, 2021, 179).

La Filosofía de las Ciencias (y de la Tecnología) como Filosofía Política de la Liberación

El grupo de trabajos que se seleccionó para la redacción de este apartado[64] comienza cronológicamente con "Scientism in Crisis. Good News for Latin American Philosophy" publicado en el primer número de *Libertação / Liberación* (1989),[65] cuyo Consejo Editorial Gómez integraba. Este texto ofrece el primer hito argumentativo del modo *sui generis* con el que nuestro autor se insertó en la Filosofía de la Liberación. Se aboca al análisis de la conferencia de Richard Rorty en el XI Congreso Interamericano de Filosofía de 1985 y, al discutir sus conclusiones, sostiene la posibilidad, pertinencia y legitimidad de una Filosofía de la Liberación. Gómez sintetiza y comparte el esquema en cuatro etapas de la filosofía contemporánea (continental y anglosajona) que Rorty bosquejó, aunque difiere parcialmente en la interpretación y diametralmente en la conclusión. Para

---

[64] En el artículo "Ciencia e ideología" (1975), publicado en *Hechos e Ideas*, Gómez preguntaba por las relaciones entre ciencia e ideología desplegando un breve esclarecimiento que culminaba en un esquema de investigación/publicación cuatripartito, con el objetivo de arribar a la "Concepción justicialista del conocimiento científico y relaciones entre ciencia e ideología según tal concepción" (Gómez, 1975, 45). Aquí trataba la concepción tradicional de la ciencia y el proyecto quedó pendiente porque los acontecimientos adversos de los meses siguientes impidieron la salida de la revista. Allí no se nombraba la "Filosofía de la Liberación"; en textos posteriores, como su homenaje a Agoglia, queda claro que considera el justicialismo como liberacionista (Gómez, 2020a, 153-167).

[65] La revista, órgano oficial de AFYL, fue publicada por el CEFLA (Centro de estudos de Filosofía Latino.americana) de Porto Alegre, para afirmar la pertinencia de la Filosofía de la Liberación en el contexto de la Filosofía Latinoamericana, como "(...) uma corrente do pensamento filosófico que busca a reflexão crítica sobre a opressão do homem, a partir de uma perspectiva latino-americana", según la "Carta de Gramado" del 7 de septiembre de 1988 (*Libertação liberación*, 1989, 6).

Racionalidad política de las ciencias y de la tecnología

Rorty, estos desarrollos recientes tienden a rechazar la instauración de "filosofías nacionales" ("parroquiales"), es decir, a rechazar toda posibilidad de existencia de una filosofía latinoamericana enfocada en una realidad política "que requiera ser cambiada radicalmente"[66] (Gómez, 1989, 149). La estrategia argumentativa de Gómez consiste en mostrar que de la última etapa (4) señalada por Rorty no resulta la conclusión (5) y que dicho autor tampoco interpreta adecuadamente cada etapa. Contrariamente a lo afirmado por Rorty, que en la década de 1960 se superara la concepción de la filosofía como mero análisis lógico del lenguaje que predominaba a mediados del siglo XX no sólo significó la superación del cientificismo, sino un paso para fundar "*a different particular philosophy*", dándose un movimiento de interrogantes fecundos que volvió consistente hacer filosofía como crítica de las estructuras de opresión económica, política y social con el triple objetivo de tomar conciencia de éstas, evaluarlas e identificar lo que deba cambiarse. Rorty arribó a una conclusión equivocada no sólo por haber denegado la realidad crucial del imperialismo, sino porque concebía el filosofar como mera interacción de los diversos marcos conceptuales de los filósofos.

La Filosofía de la Liberación latinoamericana también subraya la importancia de los marcos constitutivos que resultan de una interacción entre teoría y praxis, pero desde una diferencia radical, dado que tiene como referencia el punto de vista del oprimido contrapuesto al de las filosofías estándar de la dominación, y su meta, histórico-política, no filosófica, es la liberación de la opresión. Esta filosofía resulta del rechazo a cualquier marco que legitime algún tipo de dominación y no necesita fundarse en filosofía del "centro" alguna (Gómez, 1989,153). Si bien en este texto Gómez no se presentó como explícitamente "perteneciente" a la Filosofía de la Liberación, señaló la posibilidad de ésta, la legitimó e indicó un criterio de pertenencia: "Los temas pueden ser diferentes, pero no el tipo de discurso, o el método o sus categorías esenciales (en nuestra terminología 'pero no el marco filosófico')" (Gómez, 1989, 154, n.15).

---

[66] Las citas del original están traducidas por A. B. B.

En 2004 Gómez editó *The Impact of Gobalized Neoliberalism in Latin America. Philosophical Perspectives*.[67] Los autores, entre ellos Dussel y Roig, "fundadores" de la Filosofía de la Liberación, coincidieron en la crítica al Neoliberalismo. Dussel inauguró el volumen con su propuesta madura de "Ética de la Liberación", partiendo del esclarecimiento histórico y geopolíticamente situado del fenómeno de la globalización y procurando dar voz a sus víctimas: "La forja de una Ética crítica de la Liberación debe darse entre estos *nuevos sujetos históricos* para justificar sus fines, programas y decisiones" (Dussel, 2004, 49). En la huella del martiano "Nuestra América", Roig denunció como estrategias de imposición neoliberal el unilateralismo, el proteccionismo, el colonialismo y la guerra. Sagaz historiador de las ideas, advirtió que el ideal de una filosofía incontaminada vigente en Latinoamérica convierte en cómplices del neoliberalismo a las posiciones posmodernas y posmarxistas, al "pragmatismo edificante" y al postcolonialismo (que minusvalora los conceptos de "nación" e "independencia") (Roig, 85) culminando el trabajo con una redefinición de la occidentalidad y la modernidad como elementos constitutivos del pensamiento latinoamericano (Roig, 86-91).

En los cinco apretados acápites de "Globalized Neoliberalism and Its Plagues" Gómez desplegó la tesis de que "el Neoliberalismo ha sido empíricamente refutado y deja una debacle ética" (Gómez, 2004b, 157). Aceptó las distinciones entre "globalidad", "globalismo" y "globalización" de Rabossi (139-155) y, con Roig, entendió por "globalización" la expansión mundial del Neoliberalismo, el nuevo, multinacional y tercer estadio del capitalismo (Gómez, 2004b,174, n. 2). A nueve rasgos constitutivos de la globalización que menciona, añadió un listado de sus consecuencias deletéreas: la legitimación de la economía neoliberal como única posible, la justificación del fin de la historia y de las utopías, así como de las desigualdades, la pobreza, el hambre y la exclusión, la pérdida de la memoria histórica (con la consiguiente aceptación del *status quo*), de la au-

---

[67] El libro reúne seis ensayos de filósofos latinoamericanos: Enrique Dussel, Arturo A. Roig, Lía Berisso, Carlos Paladines, Eduardo A. Rabossi y el propio Gómez, más un DVD de entrevistas.

Racionalidad política de las ciencias y de la tecnología

tonomía democrática, de la soberanía, de las identidades nacionales y regionales, de las conquistas laborales, el crecimiento masivo del desempleo y de personas sin seguridad de salud, el imperialismo cultural de los Estados Unidos, el consumismo y la desregulación del capital financiero internacional (Gómez, 2004b, 174, n.3). Los datos empíricos del aumento de pobres y la ampliación de la brecha entre ricos y pobres son índice de una "debacle ética", según Gómez derivada de los presupuestos antihumanistas del Neoliberalismo enunciados por F. Hayek (Gómez, 2004b, 164), particularmente el de la deificación del mercado: "Adam Smith había considerado a Dios cómo último fundamento del mercado. Hayek va un paso más allá al hacer de la economía neoliberal un nuevo tipo de dogma: el mercado es como Dios" (Gómez, 2004b, 167). En consecuencia, para considerar el Neoliberalismo como "mera ideología fundada en malos o muy discutibles supuestos", basta refutar premisas de Hayek tales como la naturalización del proceso social, la imposibilidad de toda planificación social por el desconocimiento de la totalidad de variables, la participación libre en el "juego" del mercado, la racionalidad humana como racionalidad del mercado y la libertad reducida a libertad negativa, (Gómez, 2004b, 169-170).

En esta contribución y en publicaciones posteriores Gómez sostuvo que si "(…) el objetivo principal de la economía no es describir, explicar y predecir, sino denunciar críticamente lo que necesite ser cambiado", ésta se convierte en "mediación" para el proyecto práctico de la emancipación humana, cuyos supuestos ontológicos, epistemológicos y éticos resultan diametralmente opuestos a los del Neoliberalismo: "El principio ético supremo debe ser (…) un principio de vida y no un principio de muerte" (Gómez, 2004b, 170). La adopción de este principio conduce al pluralismo científico, en tanto pueden existir varias ciencias económicas críticas según varíe la estructura social, el conocimiento, la racionalidad, etc. Si se interpreta el *diktum* de Popper "Ninguna libertad a los enemigos de la libertad" en el sentido consecuente con su doctrina considerando "enemigos" a quienes se oponen al libre mercado, no extraña que tal ideología libertaria neoliberal haya sido empleada por Hayek para legitimar la dictadura de Pinochet (Gómez, 2004b,171). Este recuerdo luctuoso remite a la contradictoria oposición entre la condena del terrorismo y el uso del terrorismo de estado por parte de los gobiernos dictatoriales que Gómez relaciona con "la diferencia entre violencia directa e indirecta", señalada por Rabossi (Gómez, 2004b, 171-172). Si el Neoliberalismo siempre es indirectamente violento, porque impide la satisfacción de las necesidades humanas básicas, la represión estatal es violencia directa, porque reduce el disfrute de las libertades básicas (Gómez, 2004b, 171-172):

> el Neoliberalismo no solamente empeoró la situación global de la humanidad, aumentando la pobreza y las desigualdades sociales, sino que redujo y distorsionó conceptos fundamentales como humanidad, libertad, conocimiento, racionalidad y bondad (Gómez, 2004b, 173).

La contribución al homenaje a Enrique Dussel publicado en 2018 es concluyente respecto al carácter liberador de las investigaciones de Gómez sobre la economía como ciencia social crítica y su pertenencia expresa a la Filosofía de la Liberación desde su modo de entender la Filosofía de las Ciencias y la Filosofía de la Tecnología, al que cabe añadir la ampliación en una ecosofía. Profundiza el diálogo con Dussel[68] mediante el establecimiento de coincidencias y despliega algunos conceptos que acuerdan con los señalados como "matriciales" de la Filosofía de la Liberación.

Además de mostrar que la economía neoliberal es "supuestamente científica", el artículo propone una "alternativa científica" a la misma des-

---

[68] El vínculo académico entre Dussel y Gómez es intenso. En el artículo de *Libertação / Liberación* lo cita como autoridad principal en el tema (Gómez 1989). Dussel reconoce la fecundidad del diálogo con Gómez: ya en 2001 lo califica de "querido amigo", encomia sus estudios sobre Popper y recuerda la "experiencia inolvidable" de un *quarter* académico en la *State University of California* durante el cual releyeron a Marx (2001, 305, n. 8); en el mismo capítulo recurre a la distinción entre "científico" y "crítico" de Gómez (313). También está citado en la *Ética de la Liberación en la edad de la globalización y la exclusión* (1998, 184, 303, 307). Al final del libro de 2020, Gómez señala que le queda pendiente encontrarse "con el pensamiento de Enrique Dussel acerca de modernidad y descolonización" (149).

Racionalidad política de las ciencias y de la tecnología

de "el punto de vista de la filosofía de la liberación" (Gómez, 2018, 169). Partiendo de textos de Dussel que reconocen el carácter opresor de la alienación económica como "realización de todas las alienaciones" y la liberación económica como "realización concreta de la liberación humana" y "primer objetivo" (Dussel *apud* Gómez, 2018, 169), Gómez a) proporciona ejemplos de la intensificación de la pobreza y la distribución injusta a partir de la década de 1990 como consecuencia de la aplicación de políticas consistentes con los principios neoliberales, b) al ser la economía neoliberal el modo "crucial" y "el estructuralmente más importante" de la opresión, desarrolla y critica los presupuestos ontológicos, epistemológicos y éticos constitutivos del marco teórico de la economía neoliberal -marco normativo (presupuestos) + modelo (leyes económicas)-, que, a su entender, es el "mayor intento de legitimación de la sociedad capitalista, en tanto abandonarla sería abandonar la racionalidad científica" (Gómez, 2018, 177) y, por último, c) discute "cómo avanzar hacia una concepción de la economía como ciencia social crítica" (Gómez, 2018, 169).

Gómez lee de modo constructivo a otros autores que ofrecen críticas y alternativas teóricas relevantes y que acompañan y de algún modo habilitan su propuesta liberacionista. Así, para reafirmar el vínculo entre ética y economía y rechazar la concepción instrumentalista "ingenieril" de ésta, al aristotélico Sen y a su reivindicación de la teoría de los sentimientos morales de Smith. Cuando discute el libertarianismo de Robert Nozick, apela a la crítica utilitarista de Peter Singer, quien refuta la concepción mostrenca de los derechos de Nozick y argumenta la obligación de ayudar a los pobres. Gómez concluye:

> desde perspectivas éticas tan diversas como las de Sen, el utilitarismo extremo de Singer y el neokantismo ético se puede argumentar a favor de la obligatoriedad de ayudar a otros seres humanos para lograr la erosión de la pobreza con la consiguiente disminución de la injusticia social (Gómez, 2018, 186).

Para tender un lazo entre estas posiciones y la Filosofía de la Liberación, incluye una cita de Hilary Putnam quien expresa esta obligación de ayudar derivándola de la radicalidad del encuentro "cara a cara con un ser humano necesitado". Con esa expresión, Putnam se hizo eco del núcleo del pensamiento levinasiano,[69] fuente inspiradora, no sólo de Dussel, sino de varios integrantes del momento fundacional de la Filosofía de la Liberación.[70]

Por último, en su libro más reciente, que sintetiza colaboraciones importantes a la cuestión de la Filosofía de la Tecnología como Filosofía Política y su "realista" utopía ecosófica, Gómez planteó conclusivamente esta visión liberadora expresando de modo actualizado y propio las "ideas matriciales" de la Filosofía de la Liberación. Importa notar el rasgo intercultural de su escritura que coincide con su propia errancia existencial y universitaria. Conocedor del campo académico hegemónico, el filósofo reflexiona desde dos "universales situados": el de los estudios mayoritariamente anglosajones sobre la temática y el de la coyuntura de dominación tanto económica, cuanto cultural, teórica y política de América Latina, privilegiando textos de filósofos liberacionistas afines para sus análisis críticos, pero sin dejar de lado su apertura al ideal más amplio de un mundo alternativo posible. Gómez "surea" desde del Norte y universaliza desde el Sur.

De modo más intenso que en los momentos iniciales de la Filosofía de la Liberación nuestro tiempo es consciente de que la tecnología ha ampliado los alcances de la acción humana, así como de las falacias involucradas en la distinción moderna entre seres humanos (agentes históri-

---

[69] Esta cita puede ampliarse con la interpretación de Levinas en "Levinas y el judaísmo". Allí vincula el término bíblico *hineni!* ("¡heme aquí!", el acto de habla de ponerme a disposición de otro) con el *me voici* levinasiano entendido como "responsabilidad infinita": "La obligación fundamental que tenemos, dice Levinas, es la de ponernos a disposición de la necesidad (y en especial del sufrimiento) del otro. Se me ordena decirle *hineni* al otro (y sin reservas, así como el *hineni* de Abraham ante Dios es sin reservas)" (Putnam, 50-51).

[70] En 1971 se produjo el "viraje liberacionista" de Dussel, resultando decisiva la influencia de *Totalidad e infinito* de Lévinas, lectura sugerida por Juan Carlos Scannone (González y Maddonni, 2020, 269-270).

cos) y la naturaleza (objeto pasivo de conocimiento y explotación). Haciéndose eco de las teorías filosóficas y movimientos precedentes, Gómez se pregunta "¿Qué sistema de valores representa el futuro en el presente?" (2021, 124) y despliega una ética de la tecnología consistente con una ética de la liberación que también da cabida a lo no humano y cuyos pasos son el rechazo de la ética neoliberal, el estudio de la teoría crítica de la tecnología y el abordaje desde la Filosofía de la Liberación - también praxis de liberación- de la desigualdad ecológica para evitar la muerte planetaria (Gómez, 2021,124-143).

La revisión de las filosofías de la tecnología y de las políticas tecnológicas aplicadas en América Latina resulta fundamental en la propuesta de Gómez y no es ajena a esta ética liberacionista, puesto que la dependencia tecnológica, encubierta como crecimiento y desarrollo, es un "aspecto crucial" de su dependencia económica, política y cultural (Gómez, 2021, 155). La ciencia y la tecnología pueden desempeñar un papel "enmascarador y perjudicial", si se las concibe como autónomas, valorativamente neutras e independientes de las estructuras fundamentales de la comunidad en que se generan y/o aplican. Así, dedica varias páginas al esclarecimiento de los supuestos técnico-filosóficos que subyacen a las políticas tecnológicas propuestas por plataformas políticas a fines del siglo XX (Gómez, 2021,155-164), brindando una metodología de trabajo que podría ser empleada para el análisis de constelaciones políticas actuales.

Si contra la idea neoliberal del fin de la historia Gómez sostiene que en América Latina "estamos moviendo su rueda nuevamente" (2020, 173), en sus escritos más recientes esta agencia se despliega como una "ecosofía liberadora radical", "que tiene a la filosofía política como parte de ella y a la ética como su centro" (2021, 189), y cuyos ocho principios-normas pueden sintetizarse en el rechazo de la dicotomía seres humanos/naturaleza "en favor de una imagen relacional totalizadora" (Gómez, 2021, 187) y del igualitarismo biosférico, la defensa de la diversidad, la simbiosis y el anticlasismo, el rechazo del dilema "crecer o morir" y la aceptación de los principios de complejidad y autonomía. Según Gómez, hoy la ecosofía se inscribe en y es parte de una filosofía liberadora auténticamente nuestroamericana (Gómez, 2021, 190). Con Dussel, señala que el principio material de la ética ecosófica se convierte en el núcleo ético del principio material crítico político: "Debemos en todo actuar de tal manera que la vida del planeta Tierra pueda ser una vida perpetua" (Dussel *apud* Gómez, 2021, 191), que debe complementarse con la vigencia de un principio económico normativo que imponga la necesidad de alternativas plurales al paradigma económico reinante, para que sea posible efectivizar el principio material crítico político. "Sureando" con Agoglia y Roig, Gómez concluye su convocatoria ecosófica ético-política liberadora como propuesta utópica de futuro de liberación integral realizable para América Latina y con extensión planetaria: "La ecosofía es la filosofía para ese lugar utópico; para el lugar de lo que es nuevo en el futuro, requerido por lo que es el presente, al cual queremos superar como condición de nuestra propia supervivencia humana" (Gómez, 2021, 192).

Gracias, Ricardo Juan Gómez, filósofo de la liberación y "maestro" intercultural de tres generaciones en las dos Américas.

REFERENCIAS

Ardiles, O. et al. *Hacia una filosofía de la liberación latinoamericana*. Buenos Aires: Bonum, 1973.

Bonilla, A. "En la espera, la esperanza". *Cuadernos de ASOFIL, Seminario principal 2020: El imaginario cultural, disputas por la construcción de sentido. Primera reunión: Desde la ventana: Miradas y algunas primeras observaciones*. N° 1, junio, (2020): 14-18.

---. "La Filosofía Intercultural como diálogo crítico necesario en el cambio de época. Desafíos epistemológicos y ético-políticos". *Cuadernos del CEL*, II, N° 3; (2017): 8-23.

Casalla, M. "La Liberación como paradigma del pensamiento latinoamericano". *Revista de Filosofía Latinoamericana y Ciencias Sociales*, Año XLVI, n° 29; (2021): 5-22.

Catalán, J. (Dr.). *Nuevo Mundo, La Filosofía de la Liberación contada por sus fundadores. Desafíos y perspectivas*, III, N° 5; (2018).

Dussel, E. "Globalization and The Victims of Exclusion: From a Liberation Ethics Perspective". R. J. Gómez. *The Impact of Gobalized Neoliberalism in Latin America. Philosophical Perspectives*. Newbury Park, Cal.: Hansen House. 2004. 11-64.

---. *Hacia una Filosofía Política Crítica*. Bilbao: Desclée de Brouwer, 2001.

---. *Ética de la Liberación en la edad de la globalización y la exclusión*, Madrid: Trotta, 1998.

Gómez, R. *Tecnología y Sociedad. Una filosofía política*. Buenos Aires: Ciccus, 2021.

---. "Rodolfo M. Agoglia: filósofo, maestro y mártir". A. B. Bonilla y M. Casalla, eds. *Actas. Perspectivas de la filosofía argentina. Jornada de homenaje al Prof. Carlos Astrada y a los profesores de la Universidad de Buenos Aires que participaron en el I Congreso Nacional de Filosofía 1949-2019*. Ciudad Autónoma de Buenos Aires: UPCN. 2020a. 153-167.

---. *El fin de la ciencia, la historia y la modernidad. Una mirada crítica.* Buenos Aires: Ciccus, 2020b.

---. "Enrique Dussel y la economía como ciencia social crítica". José Guadalupe Gandarilla Salgado y Mabel Moraña, eds. *Del Monólogo Europeo al Diálogo Interfilosófico. Ensayos sobre Enrique Dussel y la Filosofía de la Liberación.* México: Universidad Nacional Autónoma de México. 2018. 169-192.

---. "La dimensión valorativa de las ciencias". R. J. Walton, F. T. Gratton y l. A. de Vedia, comps. *Filosofía de la ciencia y la tecnología.* Ciudad Autónoma de Buenos Aires: Academia Nacional de Ciencias de Buenos Aires. 2016a.

---. Sobre el Concepto Aristotélico de Ciencia. Reconstrucción y Vigencia. *Disputatio. Philosophical Research Bulletin*, vol. 5, n° 6, dic.; (2016b): 237-265.

---. "Lo real no contiene más que lo meramente posible". A. Moretti, E. Orlando y N. Stigol, comps. *A medio siglo de Formas lógicas, realidad y significado de Thomas Moro Simpson.* Buenos Aires: Eudeba-Sadaf. 2016c. 77-89.

---. *Sir Karl Popper. El Legitimador.* Buenos Aires: Editorial Docencia, 2015a.

---. *El largo camino de Euclides a Gödel. En torno al poder y límites de la razón científica.* Buenos Aires: Editorial Docencia, 2015b.

---. "Los marcos normativos como constitutivos de la economía en tanto ciencia social". *Avatares filosóficos*, N° 2; (2015c): 142-160.

---. *Neoliberalismo y seudociencia*, Buenos Aires: Lugar Editorial, 2015d.

---. *Neoliberalismo, fin de la historia y después.* Buenos Aires: Punto de Encuentro, 2014a.

---. *La dimensión valorativa de las ciencias. Hacia una filosofía política.* Bernal, BA: Universidad Nacional de Quilmes, 2014b.

---. "Hacia una filosofía política del conocimiento científico". M. C. Di Gregori, L. Rueda y L. Mattarollo, eds. *Investigación, valoración, ciencia y difusión*. La Plata: Universidad Nacional de La Plata. 2014c. 149-168.

---. "Lenguaje y elección de teorías: contra la historia oficial". *Metatheoria*, 1, 1; (2010): 31-41.

---. "4. La Filosofía de las Ciencias". E. Dussel y E. Mendieta y C. Bohórquez, eds. *Historia del pensamiento filosófico latinoamericano, del Caribe y "latino" [1300-2000]*. México: CREFAL/Siglo XXI editores. 2009. 335-351.

---. "Racionalidad: Epistemología y Ontología". L. Olivé, ed. *Racionalidad Epistémica*. Madrid: Trotta. 2006 [1995]. 19-40.

---., ed. *The Impact of Gobalized Neoliberalism in Latin America. Philosophical Perspectives*. Newbury Park, Cal.: Hansen House, 2004a.

---. "Globalized Neoliberalism and Its Plagues". R. J. Gómez, ed. *The Impact of Globalized Neoliberalism in Latin America. Philosophical Perspectives*. Newbury Park,Cal.: Hansen House. 2004b. 156-175.

---. "Kuhn y la Racionalidad Científica". G. Klimovsky y O. Nudler, eds. *La Racionalidad en Debate*, vol 1. Buenos Aires: Centro Editor de América Latina. 1993. 142-166.

---. "Scientism in Crisis: Good News for Latin American Philosophy". *Libertação liberación,* 1, n.1; (1989): 147-154.

---. "Filósofos "Modernos de la Ciencia". *Crítica*, 8, n.23; (1976): 25-61.

---. "Ciencia e ideología". *Hechos e Ideas*, 2, 8, enero-abril 1975; (1975): 43-51.

González, M. y L. Maddonni. "La Filosofía de la Liberación en su 'polo argentino'. Aportes para una interpretación histórica y filosófica del período 1969-1975". *Cuadernos del CEL*, V. III, N° 5; (2018a): 72-109.

---. "El Segundo Congreso Nacional de Filosofía (1971) como espacio de encuentro y despunte del "polo argentino" de la Filosofía de la Liberación". *Cuadernos del CEL*, V. III, N° 5; (2018b): 63-71.

---. *La explosión liberacionista en la filosofía latinoamericana. Aportes iniciales de Enrique Dussel y Juan Carlos Scannone (1964-1972)*. Buenos Aires: Gabriel Andrés Kozel, 2020.

Libertação Liberación. 1, n.1; (1989).

Maingueneau, D. *La philosophie comme institution discursive*. Limoges: Éditions Lambert-Lucas, 2015.

Putnam, H. "Levinas y el judaísmo". E. Levinas, *Difícil libertad*. Buenos Aires: Lilmod. 2004. 43-77.

Rabossi, E. "Notes on Globalization, Human Rights, and Violence". R. J. Gómez, *The Impact of Gobalized Neoliberalism in Latin America. Philosophical Perspectives*. Newbury Park, Cal.: Hansen House. 2004. 65-94.

Roig, A. "Notes on Globalization, Human Rights, and Violence". R. J. Gómez, ed. *The Impact of Gobalized Neoliberalism in Latin America. Philosophical Perspectives*. Newbury Park, Cal.: Hansen House. 2004. 139-155.

ANEXO

Curriculum Vitae de Ricardo J. Gómez

TITULOS

Profesor de Matemáticas y Física (Instituto Superior M. Acosta, Buenos Aires, 1959)
Profesor de Filosofía (Universidad de Buenos Aires, 1966)
Master of Arts (History and Philosophy of Science: Indiana University, 1978)
Philosophical Doctor (Philosophy: Indiana University, 1982)

ANTECEDENTES PROFESIONALES

Profesor de Matemática (Universidad de Buenos Aires, 1966-68)
Profesor de Matemática (Universidad de La Plata, 1969-76)
Profesor de Filosofía de las Ciencias (Universidad de La Plata, 1968-76)
Profesor de Metodología de la Ciencia (Departamento del Doctorado, Facultad de Ciencias Económicas, Universidad de Buenos Aires, 1971-76)
Profesor Invitado, Facultad de Ciencias Humanas, Departamento de Filosofía, Pontificia Universidad Católica del Ecuador, Quito, 1978-1985
Profesor de Filosofía de las Ciencias (Universidad de Quito, Sesiones de Verano, 1978-84)
Profesor de Filosofía de la Matemática (Universidad Metropolitana, México, 1982)
Profesor Visitante (Department of Philosophy, Indiana University, 1982-83)
Profesor Asociado (Department of Philosophy, Cal. State, LA: 1983-87)
Profesor Titular (Department of Philosophy, Cal. State, LA: 1987-)
Profesor de Filosofía de la Física (Art Center College of Design, Pasadena: Summer Sessions, 1991-1998)

Profesor Invitado (Departamentos del Doctorado: Facultad de Filosofía y de Ciencias Económicas, Universidad de Buenos Aires, 1990-2016)

Profesor Invitado (Departamento del Doctorado: Facultad de Ciencias Naturales y Museo, Universidad de La Plata, Argentina, 1990-99)

Profesor Invitado (Maestría en Filosofía de las Ciencias, Universidad de Mar del Plata, Argentina, 1995,96,98,2000 y 2007)

Profesor Invitado (Universidad de San Luis, 1993, 1994,96, 98 y 2003)

Profesor Invitado (Maestría en Ciencias Sociales, Universidad de San Juan, Argentina, 1993-94).

Profesor Invitado (Instituto de Estudios Superiores, Universidad de Buenos Aires, 1995)

Profesor Invitado (Programa de Maestría, Universidad del Noreste, Argentina, 1995)

Profesor Invitado (Programa del Doctorado, Instituto de Filosofía, Universidad Nacional Autónoma, México, 1994 y 2008)

Profesor Invitado (Centro de Estudios Interamericanos, Quito, 1995)

Profesor Invitado (Maestría en Filosofía de las Ciencias, Universidad de Catamarca, 1997 y 98)

Profesor Invitado (Maestría en Epistemología, Universidad Nacional de Salta, 2000)

Profesor Invitado (Universidad Nacional de Tucumán, 2000-2002, 2004 y 2006.

Profesor Invitado (Doctorado en Ingeniería, Universidad Nacional de Buenos Aires, 2000.

Profesor Invitado (Doctorado en Ingeniería, Universidad Nacional de La Plata, 2000)

Profesor Invitado (Maestría en Epistemología e Historia de la Ciencia, Universidad Nacional de 3 de Febrero, 2000-2015)

Profesor Invitado (Doctorado en Economía y Administración, Universidad Nacional de Misiones, 2005-2014)

Profesor Invitado (Doctorado en Arquitectura, Universidad de Buenos Aires, 2014 y 2015)

POSICIONES DIRECTIVAS

Director del Instituto de Lógica y Filosofía de las Ciencias (Universidad de La Plata, Argentina: 1971-76)
Decano (Facultad de Humanidades y Ciencias de la Educación, Universidad de La Plata, Argentina: 1973-74)
Director del Programa de Doctorado en Filosofía de las Ciencias, (Universidad de La Plata, Argentina: 1972-76)
Director y editor de *Cuadernos de Lógica y Filosofía de las Ciencias* (Universidad de La Plata, Argentina: 1971-76)

PUBLICACIONES

(1971). "Sobre la Vigencia del Concepto Aristotélico de Ciencia". *Cuadernos de Lógica y Filosofía de las Ciencias*, n°2. La Plata: Universidad Nacional de La Plata.
(1975). "Ciencia e ideología". *Hechos e Ideas*, 2, 8, enero-abril; 43-51.
(1976). "Filósofos Modernos de la Ciencia". *Crítica*, 8, n.23; 25-61.
(1977). *Las Teorías Científicas*. Buenos Aires: El Coloquio.
(1979). "Bosquejo Crítico de la Concepción Instrumentalista de la Ciencia". *Problemas Actuales de la Filosofía en el Ámbito Latinoamericano*. Quito, Ecuador: EDUC; 83-96.
(1978). "Categorialismo y Error en la Filosofía de la Ciencia". *Revista Latinoamericana de Filosofía*, v.4, n.3; 255-268.
(1981). "En Torno a una Revisión del Logicismo". *Crítica*, v.13, n.38; 77-95.
(1984). "Vigencia del Logicismo". *Diálogos*, 44; 37-52.
(1986). "Beltrami's Kantian View of Non-Euclidean Geometry". *Kant-Studien*, 77, n.1; 102-107.
(1987). "Resonancias Kantianas en el Pensamiento de Bohr". *Revista Latinoamericana de Filosofía*, v.13, n.1; 3-23.

(1987). *Enfoques Metodológicos en Ciencias Sociales*. Tandil: Universidad Nacional del Centro de la Provincia de Buenos Aires.

(1987). "Tercer Mundo y Objetividad Científica". *Revista de la Pontificia Universidad Católica de Ecuador*, 15, n. 47; 86-97.

(1988). "A Student Centered Pedagogy for Critical Thinking". *Proceedings of the First National Conference on Student-Centered Pedagogy*. Bellingham, Washington: Western Washington University.

(1988). "Is Science Progressive?". *Nous*, 22, n.2; 315-321.

(1989). "Filosofías de la Tecnología". Buenos Aires: Facultad de Ciencias Económicas-Universidad de Buenos Aires, Departamento del Doctorado.

(1989). "Scientism in Crisis: Good News for Latin American Philosophy". *Libertaçao*, 1, n.1; 147-154.

(1990). "Las Filosofías de la Tecnología y las Políticas Tecnológicas en América Latina". C. Mitcham, M. Peña, eds., con E. Lugo and J. Ward. *El Mundo Nuevo de la Filosofía y la Tecnología*. University Park, Pennsylvania: STS Press; 113-121.

(1991). "Totalidades Analíticas: Un Eslabón Perdido entre Leibniz y Kant". *Análisis Filosófico*, 13, n.2; 133-141.

(1991). "Science and Analytic Wholes". *Proceedings of the 7th International Kant-Congress*. Bonn, Germany: Bouvier Verlag, vol. 2; 463-472.

(1992). "On Marxian Theory: A Reply to Neoliberals". *California Sociologist*, 15, n. 1-2; 121-131.

(1992). "Scientific Progress". *Nous*, 26, n.2; 264-270.

(1992). "Kant, 1747: Filósofo No-Euclideano?". *Quinto Simposio Internacional de Filosofía*. México: UNAM, vol. 2; 163-173.

(1993)."Progreso Científico e Ideología". *Revista de Historia de las Ideas*, n.11-12; 107-115.

(1993). "Kuhn y la Racionalidad Científica". G. Klimovsky y O. Nudler, eds. *La Racionalidad en Debate*. Buenos Aires: Centro Editor de América Latina, vol 1; 142-166.

(1995) "Más Allá de la Polémica Realismo-Instrumentalismo". *Crítica*, 27, n.80; 97-118.

- (1995) "Racionalidad: Epistemología y Ontología". L. Olivé, ed. *Racionalidad Epistémica*. Madrid: Trotta; 19-40.
- (1995). *Neoliberalismo y Seudociencia*. Buenos Aires: Lugar Editorial.
- (1996). "Límites y Desventuras de la Racionalidad Crítica Neoliberal". G. Klimovsky y O. Nudler, eds. *Racionalidad: Su Poder y Límites*. Buenos Aires: Paidos; 225-249.
- (1996). "Indeterminismo y Libertad: Físicos cuánticos responden a Popper". *Análisis Filosófico*, XVI; 157-166.
- (1997). "Was Einstein Really a Realist?". M. L. Dalla Chiara, K. Doets, D. Mundici and J. van Benthem, eds. *Logic and Scientific Methods, Volume One of the Tenth International Congress of Logic, Methodology and Philosophy of Science, Florence, August, 1995*. Dordrecht: Kluwer.
- (1997). "Antineoliberalismo = Idiotez: Una respuesta crítica". *Economía informa*, VIII; 4-11.
- (1997). "Progreso, determinismo y pesimismo tecnológico". *Redes*, vol. 4, 10; 59-94.
- (1997). "La Geometría del Universo". *Revista Latinoamericana de Filosofía*, vol.23, n.2; 359-364.
- (1998). "Leibniz's Spark of Kant's Great Light". F. Orilia y W. Rapaport, eds. *Truth, Language and Ontology*. Amsterdam: Kluwer Academic Publishers; 313-320.
- (1999). "¿El Fin de la Historia?". G. Marques y E. Scarano, comps. *Economía y Epistemología*. Buenos Aires: A-Z; 69-84.
- (1999). "La huida de la ciencia y la razón". E. Scarano, ed. *Metodología de las Ciencias Sociales- Lógica, lenguaje y racionalidad*. Buenos Aires: Macchi; 19-44.
- (2000). "Contra la mala ciencia y peor filosofía". G. Denegri y G. Martínez, eds. *Tópicos actuales en filosofía de la ciencia. Homenaje a Mario Bunge*. Mar del Plata: Universidad Nacional de Mar del Plata-Editorial Martin; 117-138.
- (2000). "La historicidad de la ciencia y la razón". *Ponencias de la Primera Jornada Anual de Investigación de la Universidad Nacional de General Sarmiento*. Conferencia de Cierre de la Jornada, Los Polvorines, Provincia de Buenos Aires: Universidad Nacional de General Sarmiento; 19-30.

(2001). "Los límites de la ciencia". Barbosa *et. al. De Caín a la clonación. Ensayos sobre el límite: lo prohibido y lo posible*. Buenos Aires: Grupo Editor Altamira.

(2001). "Unidad de las ciencias. Una multifacética y recurrente metanarrativa". P. García, S. Menna, V. Rodríguez, eds. *Epistemología e historia de la ciencia- Selección de Trabajos de las X Jornadas*, v.6, n.6, Córdoba: Universidad Nacional de Córdoba; 201-209.

(2001). "Una nueva aproximación al conocimiento científico". *Educación Física y Ciencia*, 5. Disponible en:

http://www.fuentesmemoria.fahce.unlp.edu.ar/art_revistas/pr.97/pr.97.pdf

(2001). "Popper, Hayek e i limiti della razionalita neoliberali". *Critica Marxista. Nuova serie*, Noviembre-Diciembre, (6); 57-69.

(2002). "El fin de la ciencia y la anticiencia". *Herramienta*, 20. Disponible en: https://herramienta.com.ar/?id=24

(2002). "El mito de la neutralidad valorativa de la economía neoliberal". *Energeia- Revista Internacional de Filosofía y Epistemología de las Ciencias Económicas*, 1, 1; 32-51.

(2002). "Queda alguna esperanza en la caja de Pandora". *Estudios de Epistemología IV*, San Miguel de Tucumán: Universidad Nacional de Tucumán; 45-64.

(2003) *Neoliberalismo Globalizado. Refutación y Debacle*. Buenos Aires: Macchi,

(2003). "Filosofía posmoderna: sobre muertes anunciadas y otros menesteres". En O. Nudler y F. Naishtat, eds. *El filosofar hoy*. Buenos Aires: Biblos; 77-90.

(2004). Ed. *The Impact of Globalizad Neoliberalism in Latin America. Philosophical Perspectives*. Newbury Park, California: Hansen House.

(2004). "Globalized Neoliberalism and Its Plagues". *The Impact of Globalized Neoliberalism in Latin America. Philosophical Perspectives*. Newbury Park, Cal.: Hansen House; 156-175.

(2004). "La Polémica Mach-Planck: ¿Ni Vencedores ni Vencidos?" *Análisis Filosófico*, 24, 7, Mayo; 5-27.

(2005). "Globalized Neoliberalism". I. Vásquez y D. O'Connor-Gómez, eds. *Proceedings of the Pacific Coast Council on Latin American Studies 2002-*

2003. Los Angeles, CA: Pacific Coast Council on Latin American Studies; 235-248.

(2005). "¿El capitalismo es insuperable? Crítica a la tesis del fin de la historia en la versión Hayek-Popper". *Herramienta*, n.29, Junio. Disponible en:
https://herramienta.com.ar/?id=313

(2005). "Las ciencias hoy: una reflexión desde su filosofía". *Pensar la Ciencia II*. Buenos Aires: Biblioteca del Congreso de la Nación;.117-154.

(2006). "Revolución, irracionalidad y fin de la historia". *Revista de Historia de las Ideas*, Tercera Etapa, 2; 59-70.

(2006). "Relativismo y Progreso científico". C. Di Gregori y M. Di Bernardino, eds. *Conocimiento, realidad y relativismo*. México: Universidad Nacional Autónoma de México; 133-176.

(2008*)*. "Abuso o distorsión de la razón?". H. Faas y H. Severgnini, eds. *Epistemología e Historia de la Ciencia- Selección de Trabajos de las XVIII Jornadas*. Vol. 14, Córdoba: Universidad Nacional de Córdoba; 232-239.

(2008). "No a la teología del tecnocientificismo". *Revista de la Universidad*, Universidad Nacional de San Juan, año V, n.33, abril. Disponible en:
http://www.revista.unsj.edu.ar/revista33/especial.php

(2008). "Educación y Pensamiento Crítico". Mario y María Casalla, eds. *Pensar la Educación. Encuentros y Desencuentros*. Buenos Aires: Altamira; 133-148.

(2009). "Karl Marx: Una concepción revolucionaria de la economía política como ciencia". *Revista Herramienta*, N°40. Disponible en:
https://herramienta.com.ar/articulo.php?id=723

(2009). "Hacia una filosofía política de las ciencias". J. G. Gandarilla Salgado, ed. *La Universidad en la Encrucijada de Nuestro Tiempo*. México: CEICH-UNAM; 181-203.

(2009) "La filosofía de las ciencias". E. Dussel, E. Mendieta y C. Bohórquez, eds. *El pensamiento filosófico latinoamericano, del Caribe y 'latino' [1300-2000]*. México: Siglo XXI editores; 335-351.

(2010). "Filósofos Latinoamericanos de las Ciencias". E. Dussel y E. Mendieta, eds. *Historia del pensamiento filosófico latinoamericano, del Caribe y "latino"*. México: Siglo XXI editores.

(2010). "Ecosofía: una apertura filosófica hacia el futuro". *Educación Superior. Cifras y Hechos,* 8, n.49-50; 5-14.

(2010). " Lenguaje y elección de teorías: contra la historia oficial". *Metatheoria*, 1, 1; 31-41.

(2011). "Otto Neurath: lenguaje, ciencia y valores. La incidencia de lo político". Arbor, 187, 47; 81-87.

(2011). "What is That Thing Called Philosophy of Technology?". EOLSS (Encyclopedia of Life Supporting Systems), Unesco.

(2011). "Hacia una racionalidad científica sin mitos". A. R. Pérez Ransanz y A. Velasco Gómez, coords. *Racionalidad en Ciencia y Tecnología -Nuevas perspectivas iberoamericanas.* México: UNAM; 461-471.

(2012). "Mach en Einstein. Un caso paradigmático de oportunismo metodológico". *Estudios de Epistemología*, IX, Octubre; 5-26.

(2012). "On Economics and the impossibility of its reduction to physics". A. Lazzarini y D. Weisman, eds. *Perspecives on Epistemology of Economics- Essays on Methodology of Economics*, Buenos Aires: CIECE; 139-160.

(2013). "Una nueva unidad no estándar de análisis". C. López Beltrán y A. Velasco Gómez, coords. *Aproximaciones a la filosofía política de a ciencia.* México: UNAM; 315-338.

(2014). *Neoliberalismo, fin de la historia y después*. Buenos Aires: Punto de Encuentro.

(2014). *La dimensión valorativa de las ciencias. Hacia una filosofía política*. Bernal, Buenos Aires: Universidad Nacional de Quilmes.

(2014). "Mario Bunge y la Interpretación de Copenhague" G. Denegri, coord. *Elogio de la Sabiduría. Ensayos en Homenaje a Mario Bunge en su 95 Aniversario.* Buenos Aires: Eudeba; 161-185.

(2014). "Hacia una filosofía política del conocimiento científico". M. C. Di Giorgi, L. Rueda y L. Mattarolo, coords. *El conocimiento como práctica, investigación, valoración, ciencia y difusión.* La Plata: FHCE-UNLP; 149-168.

(2015). *Sir Karl Popper. El Legitimador.* Buenos Aires: Editorial Docencia.

(2015). *Neoliberalismo, fin de la historia y después*. Buenos Aires: Punto de Encuentro.

(2015). *El largo camino de Euclides a Godel. En torno al poder y límites de la razón científica*. Buenos Aires: Editorial Doencia.

(2015). "Los marcos normativos como constitutivos de la economía en tanto ciencia social". *Avatares filosóficos*, N° 2; 142-160.

(2016). "Lo real no contiene más que lo meramente posible". A. Moretti, E. Orlando y N. Stigol, comps. *A medio siglo de Formas lógicas, realidad y significado de Thomas Moro Simpson*. Buenos Aires: Eudeba-Sadaf; 77-89.

(2016). "La dimensión valorativa de las ciencias". R. J. Walton, F. T. Gratton y L. A. de Vedia, comps. *Filosofía de la ciencia y la tecnología*, Ciudad Autónoma de Buenos Aires: Academia Nacional de Ciencias de Buenos Aires; 6-18. Libro digital disponible en: chrome-extension://efaidnbmnnnibpcajpcglcle-findmkaj/https://www.ciencias.org.ar/user/DOCUMENTOS/FINAL%20REUNION%20CONJUNTA%201.pdf

(2016). "Sobre el concepto aristotélico de ciencia. Reconstrucción y vigencia". *Disputatio. Philosophical Research Bulletin*, Vol. 5, N° 6, Dic.; 237-265.

(2017). "Tecnología y nueva ética". *De raíz humana*, vol.3, n.6; 115-136.

(2017). "La Polémica Franklin-Pickering: una perspectiva estructuralista". *Tecnología y Sociedad*, n.6; 43-58.

(2018). "Enrique Dussel y la economía como ciencia social crítica". J. G. Gandarilla Salgado y M. Moraña, eds. *Del Monólogo Europeo al Diálogo Interfilosófico. Ensayos sobre Enrique Dussel y la Filosofía de la Liberación*. México: Universidad Nacional Autónoma de México; 169-192.

(2020). *El fin de la ciencia, la historia y la modernidad. Una mirada crítica*. Buenos Aires: Ciccus.

(2020). "Las falacias fundacionales de la economía positiva". *Memoria. Revista de crítica militante*, 3, Núm. 275; 83-88.

(2020). "Rodolfo M. Agoglia: filósofo, maestro y mártir". A. B. Bonilla y

M. Casalla, eds. *Actas. Perspectivas de la filosofía argentina. Jornada de homenaje al Prof. Carlos Astrada y a los profesores de la Universidad de Buenos Aires que participaron en el I Congreso Nacional de Filosofía 1949-2019*. Ciudad Autónoma de Buenos Aires: UPCN; 153-167.

(2020). *El fin de la ciencia, la historia y la modernidad. Una mirada crítica*. Buenos Aires: Ciccus.

(2021). *Tecnología y Sociedad. Una filosofía política*. Buenos Aires: Ciccus.

BECAS, PREMIOS Y ASOCIACIONES

Diploma de Honor (Universidad de Buenos Aires, 1968)
Beca del Reino de Bélgica (1969)
Mahlon Powell Grant (Indiana University, 1977)
Affirmative Action Grant (Cal. State, LA. 1983 y 1984)
Faculty Enrichment Grant (Cal. State, LA, 1985)
Academic Program Improvement Grant (Cal. State University, 1986).
Premio Konex (Argentina, 1996)
Outstanding Professor Award (Cal. State Univ., 1996)
Honors Professor of the Year (California State University,1998)
Miembro de: American Philosophical Association, Philosophy of Science Association, North-American Kant Society, Society for Philosophy and Technology, British Society for the Philosophy of Science, Sociedad Iberoamericana de Filosofía y Sociedad de Filosofía Latinoamericana, entre otras asociaciones.
Profesor Emérito (California State University, 2011).
Investigador Honorario. SADAF, Buenos Aires, 2014
Diploma al Mérito Académico, Pontificia Universidad Católica, Quito, 2015.
Diploma Konex, Buenos Aires, 2016.
Premio Konex de Platino, Buenos Aires, 2016.

AUTORES

Racionalidad política de las ciencias y de la tecnología

Agustín Berasategui

Licenciado en Economía, Facultad de Ciencias Económicas, Universidad de Buenos Aires. La tesis, "La ilusión detrás del fracaso de las grandes reformas: lo que el Consenso de Washington nos dejó", conforma un capítulo del libro con Sandra Maceri: *Estado, Mercado y otras yerbas*, Ediciones Z, Buenos Aires, Argentina, 2021. Con Juan Pablo Paez De La Fuente publicó, "Anomalías cognitivas en la toma de decisiones: Un análisis empírico realizado en la Facultad de Ciencias Económicas de la Universidad de Buenos Aires", *Revista Internacional de Ciencias Sociales Interdisciplinares* 9 (1): 29-39. doi:10.18848/2474-6029/CGP/v09i01/29-39, 2021. Se trata de una profundización de la exposición realizada en el XV Congreso Internacional de Ciencias Sociales Interdisciplinares. Fue becario UBACyT, Secretaría de *Ciencia y Técnica*, *UBA*, dirigido por Sandra Maceri. Es colaborador en su cuso de Epistemología de la Economía desde 2019.

Alcira Bonilla

Doctora en Filosofía y Letras (Universidad Complutense y Ministerio de Educación y Ciencia España, 1985); Licenciada en Filosofía (Universidad Complutense, 1978; USal, 1968); Estudios de Letras (UBA 1972-1974); Postdoctorado en Ética (CEC, Canadá, 1992). Actualmente: Investigadora Principal del CONICET, desde 1991; Directora de la sección de Ética, Antropología Filosófica y Filosofía Intercultural "Prof. Carlos Astrada" del Instituto de Filosofía y Profesora titular consulta del Departamento de Filosofía (Facultad de Filosofía y Letras, UBA); docente universitaria desde 1968; Profesora de seminarios de maestría y doctorado en universidades argentinas y extranjeras. Directora de proyectos de investigación, becarios y tesistas de doctorado, maestría y licenciatura. Autora de libros y artículos sobre temas de filosofía contemporánea, filosofía práctica, filosofía de la cultura, etc. Socia fundadora de la Escuela Internacional de Filosofía Intercultural (EIFI) desde 2017 y membresía titular en sociedades y asociaciones de filosofía. Organizadora de y participante en numerosos congresos y actividades académicas.

Mario Casalla

Es doctor en Filosofía por la Universidad de Buenos Aires. Ha ejercido la docencia y la investigación superior en la UBA y en la Facultad de Filosofía de la Universidad del Salvador (Colegio Máximo, San Miguel). Así como en numerosas universidades (públicas y privadas) del país y del extranjero. Ha sido asesor del Senado de la Nación y consultor de organismos nacionales e internacionales, en materia de cultura, educación, ciencia y tecnología. Se especializó en temas de filosofía contemporánea, psicoanálisis y pensamiento latinoamericano (en la perspectiva de una *Filosofía de la Liberación*, de la que participó desde sus inicios, a comienzos de la década del '70). Preside actualmente la *Asociación de Filosofía Latinoamericana y Ciencias Sociales*. Ha recibido varios premios nacionales e internacionales y es autor de numerosos artículos y libros, el último de los cuáles es: *"América Latina en perspectiva. Dramas del pasado, huellas del presente".*

José Antonio Castorina

Profesor en Filosofía, UNLP; Magister en Filosofía, Sociedad Argentina de Análisis Filosófico (SADAF); Doctor en Educación, por la Universidad Federal do Rio Grande do Sul. Dr. *Honoris Causa*, por la Universidad Nacional de Rosario. Profesor Consulto de la Facultad de Filosofía y Letras, UBA. Profesor Titular de la UNIPE (Universidad Pedagógica Nacional); Profesor del Doctorado en Epistemología e Historia de la Ciencia, UNTREF. Investigador Principal del Conicet (jubilado). Ha sido director del Instituto de Investigaciones en Ciencias de la Educación (IICE), Facultad de Filosofía y Letras, de la UBA. Su actividad intelectual se ha centrado en la investigación de los conocimientos sociales de los niños y en las cuestiones epistemológicas de la psicología del desarrollo, de la teoría de las representaciones sociales, y la investigación educativa. Ha dictado numerosos seminarios en universidades nacionales y extranjeras, así como libros y artículos en revistas especializadas.

José Guadalupe Gandarilla Salgado

Doctor en Filosofía Política, por la UAM – Iztapalapa. Investigador Titular C, Definitivo, del CEIICH; Miembro del Sistema Nacional de Investigadores Nivel II. Fue profesor en varias facultades de la UNAM, y profesor invitado en otras universidades del extranjero. Su obra *Asedios a la totalidad. Poder y política en la modernidad, desde un encare de-colonial* (Anthropos – CEIICH – UNAM, 2012), obtuvo *Mención Honorífica* en el Premio Libertador al Pensamiento Crítico 2012, y el *Premio Frantz Fanon 2015*. Sus libros recientes son, *Atravesar la pandemia. Ensayos a cuatro manos* (2021, con M. H. García Bravo), *Colonialismo neoliberal. Modernidad, devastación y automatismo de mercado* (2018) y coordinador de *La crítica en el margen. Hacia una cartografía conceptual para rediscutir la modernidad* (2016) y *Del monólogo europeo al diálogo inter-filosófico. Ensayos sobre Enrique Dussel y la filosofía de la liberación* (2018). Fundó y dirigió *De Raíz Diversa. Revista especializada en Estudios Latinoamericanos* y actualmente dirige *Memoria. Revista de crítica militante*.

Alicia E. Gianella

Profesora de Filosofía y Doctora en Filosofía en la Facultad de Filosofía y Letras (UBA) de ambas carreras. Fue becaria de investigación de la Sociedad Argentina de Filosofía (Sadaf). Cursó seminarios de posgrado con G. Klimovsky, M. Bunge, G. Von Whight y J. Kim, entre otros.

Profesora titular regular de Lógica y Metodología de la Ciencia y de Metodología de las Ciencias Sociales en la Facultad de Ciencias Económicas (UBA).

Racionalidad política de las ciencias y de la tecnología

En la actualidad Profesora titular consulta. Profesora titular regular de Metodología de la Ciencia en la Facultad de Humanidades (UNLP). Es investigadora categoría I. Dictó cursos de posgrado sobre temas de su especialidad en distintas universidades nacionales. Publicó *Lógica Simbólica y Elementos de Metodología de la Ciencia* (Ed. El Ateneo), *Introducción a la Epistemología y a la Metodología de la Ciencia* (Ed. de la UNLP) y otros 5 libros en colaboración.

Cecilia Hidalgo

Profesora Plenaria de la Universidad de Buenos Aires. Formada como antropóloga de la ciencia y epistemóloga se ha dedicado a la creatividad científica y la innovación en entornos de investigación inter y transdisciplinarios. Es investigadora del Instituto de Ciencias Antropológicas de la UBA y del Instituto de Investigaciones Filosóficas de la Sociedad Argentina de Análisis Filosófico (SADAF). Ha ocupado posiciones de relevancia en el área de gestión científica, entre ellas, directora del Instituto Nacional de Antropología (1987-1989), Prosecretaria y Secretaria de Investigación de la Facultad de Filosofía y Letras, UBA (1991-1998/2002-2006). Ha formado a numerosos tesistas y becarios. Entre sus publicaciones, *La inexplicable sociedad. Cuestiones de epistemología de las ciencias sociales*, texto que escribiera con Gregorio Klimovsky, es de amplia difusión en el contexto de la formación universitaria en la materia. En la actualidad dirige la Colección *Ciencia en Sociedad* (coeditada por CICCUS y CLACSO).

Leonardo Ivarola

Es licenciado en Economía y doctor en Filosofía, ambos por la Universidad de Buenos Aires. Es profesor de la materia Epistemología de la economía en la Facultad de Ciencias Económicas de la Universidad de Buenos Aires. Es investigador asistente de CONICET, con pertenencia al Centro de Investigaciones en Epistemología de las Ciencias Económicas (CIECE) y al Instituto Interdisciplinario de Economía Política de Buenos Aires (Universidad de Buenos Aires /CONICET).

Néstor Pablo Lavergne

Licenciado en Economía (Universidad del Salvador, Escuela de Economía, 1989). Docente Titular concursado de Economía en la Carrera Ciencias Políticas, Facultad de Ciencias Sociales (UBA). Jefe del Departamento de Economía Facultad de Ciencias Económicas de la UMSA. Es funcionario concursado miembro de la Encuesta Permanente de Hogares (EPH) del INDEC e integrante del equipo de reformulación del diseño conceptual, experto en análisis de panel longitudinal.

Javier Legris

Es Licenciado en Filosofía por la Universidad de Buenos Aires y Doctor en Filosofía por la Universidad de Regensburg (Alemania). Actualmente es investigador independiente del CONICET, desempeñándose en el Instituto Interdisciplinario de Economía Política de Buenos Aires (IIEP-BAIRES) y Profesor Regular Titular de Lógica en el Departamento de Humanidades de la Facultad de Ciencias de Económicas, Universidad de Buenos Aires. También es director del Centro de Investigación de Epistemología de las Ciencias Económicas (CIECE), FCE-UBA. Sus áreas de especialización son: filosofía de la lógica, historia de la lógica simbólica, filosofía de la matemática y epistemología de la economía. Desde hace unos años está investigando sobre la obra lógica de Charles S. Peirce en su contexto histórico. Ha publicado tres libros y numerosos artículos en revistas especializadas internacionales.

Sandra Maceri

Doctora en Filosofía por la Universidad de Buenos Aires, Argentina. Realizó su Posdoctorado en Economía en la Universidad de Buenos Aires. Miembro de la Carrera del Investigador Científico del Consejo Nacional de Investigaciones Científicas y Técnicas. Profesora Adjunta Regular de Epistemología de la Economía en la Facultad de Ciencias Económicas de la Universidad de Buenos Aires. *Subdirectora* del Centro de Investigaciones en Epistemología de las Ciencias Económicas (CIECE), FCE, UBA. Último artículo "La ingeniería de Robert Owen como antecedente del diseño de mecanismos: una polémica de índole popperiana" *Filosofía de la Economía,* 9, 2020; ISSN 2314-3606. Último libro en coautoría *Estado, Mercado y otras yerbas*, Ediciones Z, Buenos Aires, Argentina, 2021.

Gustavo Marqués

Es Doctor en Filosofía (Facultad de Filosofía, Universidad de Buenos Aires). Ha sido profesor titular de Metodología de las Ciencias Sociales y profesor adjunto, dedicación exclusiva, de Epistemología de las ciencias económicas (Facultad de Ciencias Económicas, UBA). Asimismo, ha sido Profesor Titular de Introducción a la Filosofía (FCE, Universidad Nacional de Lomas de Zamora). Es autor de libros y numerosos artículos sobre epistemología de la economía. Fue director del CIECE (Centro de Investigaciones sobre Epistemología de las Ciencias Económicas), e investigador del IIEP (FCE, UBA). Es un sufrido hincha de Gimnasia y Esgrima de La Plata, que festeja alborozado cada empate.

Racionalidad política de las ciencias y de la tecnología

Tomás Moro Simpson

Fue miembro fundador de la Asociación Filosófica Argentina y Miembro de la junta directiva de la Sociedad Argentina de Análisis Filosófico (SADAF). Dirigió seminarios anuales en esa institución relativos a Semántica Filosófica y Epistemología. Fue becario del CONICET e Investigador superior. Se desempeñó como vicerrector del CAECE (1976-1983). Recibió de la Fundación Konex, en 1986, el Diploma al Mérito en la categoría de Lógica y Teoría de la Ciencia y en 1994 en la categoría Ensayo Filosófico. En 1996 formó parte del jurado que otorga estos premios. Ha escrito *Formas lógicas, realidad y significado* (Buenos Aires, Eudeba, 1964), *Semántica filosófica: problemas y discusiones* (Madrid, Siglo XXI, 1973) y *Dios, el mamboretá y la mosca* (Buenos Aires, La Pléyade 1974).

Eduardo R. Scarano

Es Doctor en Administración por la Universidad Nacional de Misiones, Magister en Política y Gestión de la Ciencia y la Tecnología por la Universidad de Buenos Aires, profesor de Filosofía por la Universidad Nacional de La Plata. Fundó y dirigió el Centro de Investigación en Epistemología de las Ciencias Económicas (CIECE) en la Facultad de Ciencias Económicas (UBA), y fue Secretario de Investigación y Doctorado en esa casa de estudios y actualmente Profesor Titular Consulto de la misma. Es investigador categorizado I, pertenece al CIECE del Instituto Interdisciplinario de Economía Política (IIEP), UBA-CONICET y sus dos líneas de investigación son la epistemología de la economía y la filosofía de la tecnología.

Ambrosio Velasco Gómez

Obtuvo su maestría en Filosofía de la ciencia en la UAM Iztapalapa, México y el doctorado en Filosofía en el área de historia y filosofía de la teoría política en Universidad de Minnesota, es actualmente Investigador titular C del Instituto de Investigaciones Filosóficas y profesor de la Facultad de Filosofía y Letras de la UNAM, donde fue director (2001-2009). Fue presidente de la Asociación Filosófica de México de 2014 a 2016. En 2019 recibió el premio Alonso de la Veracruz. Durante 45 años ha trabajado en las áreas de Filosofía de las ciencias, hermenéutica, filosofía política, diversidad cultural y la filosofía iberoamericana y mexicana. Ha publicado 8 libros de autoría, coordinado 30 libros colectivos, 180 artículos en libros y revistas y dirigido 75 tesis. Sus libros recientes son: *Aspectos epistemológicos, hermenéuticos y políticos de la diversidad cultural* (2014) y *500 años de filosofías sobre la Conquista y el colonialismo* (2021).

Alicia M. Zamudio

Licenciada en Ciencias de la Educación, por la Facultad de Filosofía y Letras, (UBA); Doctoranda en Epistemología e Historia de la Ciencia (UNTREF). En la Universidad nacional de Lanús: docente regular en materias de grado y posgrado relacionadas con los campos de la didáctica y el *curriculum*; directora de proyectos de investigación sobre *curriculum* y enseñanza en el Nivel Superior; coordinadora del Programa de capacitación docente en servicio y asesora de la Secretaría Académica. Docente de Introducción al Pensamiento Científico y actualmente coordinadora pedagógica en el Programa UBA XXI. Profesora de Epistemología de las ciencias sociales en el Instituto Superior del profesorado Joaquín V. González. Desarrolla su tesis de doctorado bajo la dirección de José A Castorina, sobre problemas epistemológicos de las investigaciones sobre cambio conceptual. Ha publicado, entre otros temas, artículos en publicaciones nacionales e internacionales sobre cambio conceptual y enseñanza de las ciencias.

Otras publicaciones de Argus-*a*:

Virgen Gutiérrez
Con voz de mujer. Entrevistas

Alicia Montes y María Cristina Ares, compiladoras
*Régimen escópico y experiencia.
Figuraciones de la mirada y el cuerpo
en la literatura y las artes*

Adriana Libonatti y Alicia Serna
*De la calle al mundo
Recorridos, imágenes y sentidos en* Fuerza Bruta

Laura López Fernández y Luis Mora-Ballesteros (Coords.)
*Transgresiones en las letras iberoamericanas:
visiones del lenguaje poético*

María Natacha Koss
Mitos y territorios teatrales

Mary Anne Junqueira
*A toda vela
El viaje científico de los Estados Unidos:
U.S. Exploring Expedition (1838-1842)*

Lyu Xiaoxiao
*La fraseología de la alimentación y gastronomía en español.
Léxico y contenido metafórico*

Gustavo Geirola
*Grotowski soy yo.
Una lectura para la praxis teatral en tiempos de catástrofe*

Alicia Montes y María Cristina Ares, comps.
Cuerpo y violencia. De la inermidad a la heterotopía

Gustavo Geirola, comp.
Elocuencia del cuerpo.
Ensayos en homenaje a Isabel Sarli

Lola Proaño Gómez
Poética, Política y Ruptura.
La Revolución Argentina (1966-73): experimento frustrado
De imposición liberal y "normalización" de la economía

Marcelo Donato
El telón de Picasso

Víctor Díaz Esteves y Rodolfo Hlousek Astudillo
Semblanzas y discursos de agrupaciones culturales
con bases territoriales en La Araucanía

Sandra Gasparini
Las horas nocturnas.
Diez lecturas sobre terror, fantástico y ciencia

Mario A. Rojas, editor
Joaquín Murrieta de Brígido Caro.
Un drama inédito del legendario bandido

Alicia Poderti
Casiopea. Vivir en las redes. Ingeniería lingüística y ciber-espacio

Gustavo Geirola
Sueño Improvisación. Teatro.
Ensayos sobre la praxis teatral

Jorge Rosas Godoy y Edith Cerda Osses
Condición posthistórica o Manifestación poliexpresiva.
Una perturbación sensible

Alicia Montes y María Cristina Ares
Política y estética de los cuerpos.
Distribución de lo sensible en la literatura y las artes visuales

Karina Mauro (Compiladora)
Artes y producción de conocimiento.
Experiencias de integración de las artes en la universidad

Jorge Poveda
La parergonalidad en el teatro. Deconstrucción del arte de la escena como coeficiente de sus múltiples encuadramientos

Gustavo Geirola
El espacio regional del mundo de Hugo Foguet

Domingo Adame y Nicolás Núñez
Transteatro: Entre, a través y más allá del Teatro

Yaima Redonet Sánchez
Un día en el solar, expresión de la cubanidad de Alberto Alonso

Gustavo Geirola
Dramaturgia de frontera/Dramaturgias del crimen. A propósito de los teatristas del norte de México

Virgen Gutiérrez
Mujeres de entre mares. Entrevistas

Ileana Baeza Lope
Sara García: ícono cinematográfico nacional mexicano, abuela y lesbiana

Gustavo Geirola
Teatralidad y experiencia política en América Latina (1957-1977)

Domingo Adame
Más allá de la gesticulación. Ensayos sobre teatro y cultura en México

Alicia Montes y María Cristina Ares (compiladoras)
Cuerpos presentes. Figuraciones de la muerte, la enfermedad, la anomalía y el sacrificio.

Lola Proaño Gómez y Lorena Verzero / Compiladoras y editoras
Perspectivas políticas de la escena latinoamericana. Diálogos en tiempo presente

Gustavo Geirola
Praxis teatral. Saberes y enseñanza. Reflexiones a partir del teatro argentino reciente

Alicia Montes
De los cuerpos travestis a los cuerpos zombis. La carne como figura de la historia

Lola Proaño - Gustavo Geirola
¡Todo a Pulmón! Entrevistas a diez teatristas argentinos

Germán Pitta Bonilla
La nación y sus narrativas corporales. Fluctuaciones del cuerpo femenino en la novela sentimental uruguaya del siglo XIX (1880-1907)

Robert Simon
To A Nação, with Love: The Politics of Language through Angolan Poetry

Jorge Rosas Godoy
Poliexpresión o la des-integración de las formas en/desde La nueva novela *de Juan Luis Martínez*

María Elena Elmiger
DUELO: Íntimo. Privado. Público

María Fernández-Lamarque
Espacios posmodernos en la literature latinoamericana contemporánea: Distopías y heterotopíaa

Gabriela Abad
Escena y escenarios en la transferencia

Carlos María Alsina
De Stanislavski a Brecht: las acciones físicas. Teoría y práctica de procedimientos actorales de construcción teatral

Áqis Núcleo de Pesquisas Sobre Processos de Criação Artística
Florianópolis
Falas sobre o coletivo. Entrevistas sobre teatro de grupo

Áqis Núcleo de Pesquisas Sobre Processos de Criação Artística
Florianópolis
Teatro e experiências do real (Quatro Estudos)

Gustavo Geirola
El oriente deseado. Aproximación lacaniana a Rubén Darío.

Gustavo Geirola
Arte y oficio del director teatral en América Latina. Tomo I México - Perú

Gustavo Geirola
Arte y oficio del director teatral en América Latina. Tomo II. Argentina – Chile – Paragua – Uruguay

Gustavo Geirola
Arte y oficio del director teatral en América Latina. Tomo III Colombia y Venezuela

Gustavo Geirola
Arte y oficio del director teatral en América Latina. Tomo IV Bolivia - Brasil - Ecuador

Gustavo Geirola
Arte y oficio del director teatral en América Latina. Tomo V. Centroamérica – Estados Unidos

Gustavo Geirola
Arte y oficio del director teatral en América Latina. Tomo VI Cuba- Puerto Rico - República Dominicana

Gustavo Geirola
Ensayo teatral, actuación y puesta en escena. Notas introductorias sobre psicoanálisis y praxis teatral en Stanislavski

Argus-*a*
Artes y Humanidades / Arts and Humanities
Los Ángeles – Buenos Aires
2022

www.ingramcontent.com/pod-product-compliance
Lightning Source LLC
Chambersburg PA
CBHW021833220426
43663CB00005B/234